幼保一体化施設の運営と行財政

―就学前教育・保育の一元化をめぐって―

手塚 崇子【著】
Takako Tezuka

専修大学出版局

目　次

序章　研究の課題と方法、構成 ―――――――――――――1
第1節　研究の課題 …………………………………………… 2
第2節　研究の方法と構成 …………………………………… 8
　1　研究の方法　8
　2　研究の構成　10

第1章　幼保一元化の政策と国際的展開 ――――――――13
第1節　日本の幼保一元化政策の歴史 ………………………14
　1　戦前の幼保一元化構想　14
　2　戦後の幼保一元化構想　17
　3　幼稚園と保育所の振興計画（1970年代）　22
　4　各種団体の幼稚園と保育所の主張　25
　5　政党の幼保一元化についての見解　29
　6　臨時行政調査会と臨時教育審議会　30
第2節　先進諸国における就学前教育・保育の一元化―スウェーデンを中心に― ……………………………………33
　1　幼保一元化の背景と経緯　33
　2　保育財政　38
　3　幼保一元化の特徴　44
　4　他国の取り組み　45
第3節　小括 ……………………………………………………47
　1　OECDの乳幼児期の教育とケアに対する考え方　49
　2　OECD「*Starting StrongII*」の提言について　50

i

第2章 戦後における幼稚園と保育所の歴史―――59
第1節 幼稚園の歴史と財政 …………………………………60
　1　幼稚園の変遷　60
　2　公立幼稚園と私立幼稚園の財政　61
　3　幼稚園振興計画から幼児教育振興アクションプログラムまで　64
　4　預かり保育推進事業を中心とした幼稚園の保育所化　69
第2節 保育所の歴史と財政 …………………………………72
　1　保育政策の動向　72
　2　エンゼルプランからはじまる少子化対策と保育所予算　76
　3　「三位一体の改革」と保育所　90
第3節 幼保一元化検討のあゆみ ……………………………93
　1　社会保障審議会少子化対策特別部会　93
　2　子ども・子育て新システム　98
　3　社会保障・税一体改革後の修正―認定こども園の拡充―　103
第4節 小括 ……………………………………………………110

第3章 幼保一体化施設の運営実態と時期区分―――119
第1節 1960年代後半〜1970年代前半における幼保一体化施設の試行 …………………………………………………121
　1　兵庫県神戸市垂水区多聞台町多聞台方式―幼保一体化に失敗し、解体した事例―　122
　2　兵庫県神戸市北須磨区北須磨保育センター―「保育一元化」の理念型施設―　126
　3　大阪府交野市あまだのみや幼児園―先駆事例　あまだのみや幼児園からみえてくるもの―　132
　4　小括　138
第2節 1990年代幼稚園と保育所の共用化の時代 …………139

1　地方分権推進委員会第一次勧告　140

　　2　施設の共用化と規制緩和による影響　142

　第3節　2000年代構造改革特区による幼保一体化施設 …………144

　第4節　2006年以降の認定こども園制度………………………………149

　　1　総合施設モデル事業　149

　　2　認定こども園の分類　152

　　3　認定こども園の問題と実態　161

　第5節　小括 ……………………………………………………………165

第4章　過疎地と都市部における幼保一体化施設の課題　———173

　第1節　過疎地の幼保一体化施設……………………………………175

　　1　過疎地が幼保一体化施設を運営する目的　175

　　2　群馬県六合村六合こども園を事例として—旧公立幼稚園と六合こども園の財政比較—　181

　　3　和歌山県白浜町白浜幼児園を事例として—幼稚園と保育園のコスト比較—　196

　　4　福島県鮫川村さめがわこどもセンターを事例として—過疎債とニューアル債を利用した一体化による効果—　209

　第2節　都市部の幼保一体化施設……………………………………225

　　1　都市部の幼保一体化施設の目的　225

　　2　大阪府交野市の幼児園を事例として—先駆事例、公立幼稚園と公立保育所が全て幼保一体化施設—　226

　　3　東京都千代田区いずみこども園を事例として—年齢区分方式と「要保育」の緩和—　231

　　4　東京都品川区「二葉すこやか園」と「のびっこ園台場」を事例として—設置基準確保による「年齢区分型」と「幼保連携並列型」の運営方法の違いによる異年齢交流等幼保一体化の弊害—　242

第3節　小括─過疎地と都市部の違い……………………………253

終章　日本の就学前教育・保育の現状と課題 ─────263
　第1節　日本の幼保一元化 …………………………………………264
　　1　幼保一元化の重要性　264
　　2　幼保一体化施設の成功例　266
　　3　幼保一体化施設の課題　271
　第2節　認定こども園の拡充 ………………………………………274
　第3節　小括 …………………………………………………………279
　　1　既存の施設の種類による幼保一体化施設開所への財政の影響　279
　　2　幼保一体化施設と幼稚園・保育所の単体施設との比較　279

引用文献 ──────────────────────────285
おわりに ──────────────────────────291

序　章

研究の課題と方法、構成

第1節　研究の課題

　2010年1月29日、内閣府に設置された「子ども・子育て新システム」検討会議では、3つの作業グループ（基本制度ワーキングチーム、幼保一体化ワーキングチーム、子ども指針ワーキングチーム）に分かれて議論が進められた。「子ども・子育て新システム」は、2009年12月8日に閣議決定された「明日の安心と成長のための緊急経済対策」に基づき議論されたものである。

　「子ども・子育て新システム」検討会議は、幼保一体化を含む新たな次世代育成支援のための包括的・一元的なシステムの構築について検討を行うために開催された。そして2012年3月2日、「子ども・子育て新システム」に関する基本制度である「子ども・子育て支援法（案）」「総合こども園法（案）」「子ども・子育て支援法案及び総合こども園法の施行に伴う関係法律の整備等に関する法律（案）」が少子化社会対策会議で決定された。しかし、社会保障・税一体改革のメインである消費税増税を成立させるため、当時の与党である民主党は自・公民との3党合意のため、「子ども・子育て新システム」修正を余儀なくされた。

　このように日本の就学前教育・保育として、幼保一元化政策が大きくクローズアップされることはこれまであまりなかった。もちろん幼稚園と保育所の制度を一元化するという幼保一元化政策についての検討は戦前より幾度となく行われてはいたが、両者の制度の一元化と給付制度の一元化についての議論は遅々として進まなかった。その背景には、日本の就学前教育・保育は、親の就労状況で子どもを区分し、教育と養護の2つの機能があるという歴史的背景と思想があるためである。そして幼稚園は、文部科学省の管轄で「学校教育法」で定められ、保育内容は「幼稚園教育要領」で定められている。保育所は厚生労働省の管轄で「児童福祉法」で定められた施設であり、保育内容は「保育所保育指針」で定められている。このように2つの施設は、制度上も分けられ、補助金等の財政措置についても幼稚園と保育所そして、私立と公立で分けられ、縦割の制度が両者の関係を複雑にしているのである。しかし他の諸外国の例をみると、就学前教育・保育が日本と同様に二元化されていたが、省庁を統

合して一元化を推し進めた国もある。

　日本で行われてきた幼稚園と保育所の取り組みは、制度の一元化ではなく両者を一体化として取り組む制度であった。近年最初の幼保一体化の動きとしては、2003年総合規制改革会議が、「規制改革推進のためのアクションプラン」を発表し、重点検討事項12点の中に「幼稚園と保育所の一元化」が盛り込まれたことである。施設整備基準の統一や資格・配置基準の統一、入所対象の統一等が求められ、その後幼保一元化政策は現在に至るように話題となった。さらに、2012年に「社会保障税・一体改革」の子育て支援の中核として、さらに大きくクローズアップされることとなった。

　幼保一体化が進められる理由は、少子化による幼稚園の就園率の減少、女性の就労増加による保育所不足、老朽化した幼稚園や保育所施設の建て替えや、小学校や幼稚園の空き教室を有効活用した保育所利用等があげられる。また近年の地方財政の悪化により、幼稚園と保育所を廃止、統合するケースもある。

　保育用語辞典（2012）[1]によれば、幼保一元化とは、「幼稚園は文部科学省、保育所は厚生労働省にそれぞれ所管が分かれているが、これを一元化し、保育の制度、保育内容、研究・研修等についても、そのすべてを一元化する」ことをさす。

　一方、幼保一体化とは、「幼児の保育が幼稚園と保育所の2つに分かれている現行制度を維持しながらも、両者の設置基準や最低基準、保育内容、免許と資格、待遇、職員の設置、研修などをできるだけ近づけ、両者の関係を密にしようとするもの。」である。したがって現在、規制緩和等で行われている施設は、すべて幼保一体化施設となる。

　幼保一体化は、就学前教育・保育を一体化し、地域の子どもを親の就労状況に関係なく、地域で育てるという側面と、前述したように地方財政の悪化等による財政効率化を図る側面がある。構造改革以降、幼保一体化施設を開所する市町村や既存の幼稚園や保育所が出てきており、幼保一体化施設は、今後増えるであろうと考えられる。

　そこで、本研究では、幼保一体化施設の運営と行財政について調査分析し、幼保一体化施設の問題や課題を検討することとする。幼保一体化施設について記した論文や書籍は下記のものがあるが、内容は施設開所の経緯や、運営方法

のみで、開所の際の施設設備費や運営費を論じたものはない。また幼稚園と保育所の財政の縦割りの状況や、従来の施設と幼保一体化施設での財政面での変化を論じているものはない。

①山下由紀夫（2009）「地域における保育の公共性と「子育ての一元化」」『現代と保育』第73号、ひとなる書房 PP. 35 − 49。
②森田明美編（2001）『幼稚園が変わる保育所が変わる―自治体発：地域で育てる保育一元化』、明石書店。
③中山徹・杉山隆一・保育行財政研究会（2004）『幼保一元化―現状と課題』、自治体研究社。
④中山徹（2005）『子育て支援システムと保育所・幼稚園・学童保育』、かもがわ出版。
⑤無藤隆他編（2005）『「幼保一体化」から考える／幼稚園・保育所の経営ビジョン』、ぎょうせい。
⑥大阪保育研究所（2006）『「幼保一元化」と認定こども園』、かもがわ出版。
⑦野津牧（2008）『さめがわこどもセンター誕生物語―"幼保一元"と過疎の村の選択』、ひとなる書房。
⑧東京都千代田区（2006）『いずみこども園3年間の実践』、明治図書。
⑨伊藤良高（2011）『保育制度改革と保育施設経営―保育所経営の理論と実践に関する研究』、風間書房。

　幼保一元化の検討の内容について分析しているのは、①～④である。⑤は、幼稚園と保育所の優れた点を課題とし、どのように統合していくのか実践を用いて示しているが、財政面での分析はない。⑥は、保育行財政研究会が、幼保一体化施設と現行の幼稚園と保育所との違いを示し、政府が幼保一体化を進めている狙いと今後の施設の在り方について記しているが、財政面でのアプローチはない。⑦⑧は、幼保一体化施設の現場の先生が施設開所の背景や運営状況と取組を報告しているが、その効果等は子どもの一日の流れやカリキュラムについてのみで、開所前後の財政面での変化や開所にあたり施設整備をどのようにしたか等、数値的なものは何も記されていない。⑨は、「保育自治」を目指

序　章　研究の課題と方法、構成

す立場から保育所経営の理論的・実践的アプローチをしている点に特徴があるが、財政面での指摘はない。

　就学前教育・保育についての一元化の検討の経緯等については、次の文献があり、歴史的流れについて詳しく述べられており、規制改革前に1960年代後半から1970年代前半に開所された幼保一体化施設等、当時の状況を理解することができる。

①一番ヶ瀬康子編（1978）『幼保一元化の原理―子どもの全面的発達をめざして―』、勁草書房。
②岡田正章他編（1980）『戦後保育史　第一巻』、フレーベル館。
③岡田正章他編（1980）『戦後保育史　第二巻』、フレーベル館。
④岡田正章（1982）『保育制度の課題―保育所・幼稚園の在り方』、ぎょうせい。
⑤岡田正章（1986）『保育制度の展望』、ぎょうせい。
⑥友松諦道他編（1997）『戦後保育50年史―証言と未来予測―第5巻　保育運動と保育団体論』、栄光教育文化研究所。
⑦池田祥子他編（1997）『戦後保育50年史―証言と未来予測―第4巻　保育制度改革構想』、栄光教育文化研究所。
⑧日本保育学会編（1997）『わが国における保育の課題と展望』、世界文化社。
⑨日本保育学会編（1997）『諸外国における保育の現状と課題』、世界文化社。
⑩村山祐一（2008）『「子育て支援後進国」からの脱却―子育て環境格差と幼保一元化・子育て支援のゆくえ』、新読書社。
⑪中村強士（2009）『戦後保育政策のあゆみと保育のゆくえ』、新読書社。

　①は、北須磨保育センターを中心とする幼保一体化施設の理念を取り上げており、幼保一元化の課題を検討している。②・③は、日本の幼稚園と保育所の歴史について述べており、幼保一元化をめぐる取り組みや、省庁の動向について記している。④・⑤は、幼稚園と保育所をめぐる文科省と厚生省の意見だけ

でなく幼稚園と保育所の関連団体の意見により、幼保一元化への取り組みの違いが詳しく述べられ、幼保一元化への先駆的事例を詳しく分析している。⑥・⑦は、幼稚園と保育所関係の幼保一元化に関する意見や動向の歴史が詳細に記され、一元化政策の動向が記されている。⑧は、日本の幼稚園と保育所の関係についてその現状が示されている。⑨は、他国の幼保一元化した国の歴史と経緯と日本の現状の違いが示されている。⑩は、戦後の保育所政策をとおして、幼保一元化の取り組みの経緯が記されている。

保育所については、待機児童問題、国と地方の負担割合、保育料、地域格差等があげられるが、代表的なものをあげると次のものになる。

①八代尚宏（2000）「福祉の規制改革—高齢者介護と保育サービス充実のために」八代尚宏編『社会的規制の経済分析』、日本経済新聞社、pp. 133 - 167。
②福田素生（2002）「保育サービスの供給—費用面からの検討を中心に—」国立社会保障・人口問題研究所『少子社会の子育て支援』、東京大学出版会、pp. 265 - 290。
③駒村康平（2002）「保育サービスの費用分析と需要のミスマッチの現状」国立社会保障・人口問題研究所『少子社会の子育て支援』、東京大学出版会、pp. 291 - 312。
④保育サービス価格に関する研究会（2003）『保育サービス市場の現状と課題』内閣府国民生活局物価政策課。
⑤周燕飛・大石亜希子（2005）「待機児童問題の経済分析」国立社会保障・人口問題研究所『子育て世帯の社会保障』、東京大学出版会、pp. 185 - 208。
⑥内山昭（2009）『分権的地方財源システム』、法律文化社。
⑦加藤美穂子・渋谷博史（2008）「地方財政」渋谷博史編『日本の福祉国家財政』、学文社、pp. 230 - 262。

①は、施設補助型の保育システムの問題点はコストを度外視した公立保育園の費用構造であると指摘している。保育所の多機能化へのニーズの遅れ、設置

序　章　研究の課題と方法、構成

基準の弊害の防去ため参入自由化等を行い、バウチャーの導入を提案している。②は、公立と民間では、公立保育所は民間も保育所の5割も高い、保育所は、民間にして効率化を図るべきであると主張している。③は、0歳児保育で待機児童が多い、費用に与える影響としては保育士の賃金構造が原因であると述べている。④は、認可保育所と認可外保育所のコスト比較を行い、保育料設定と補助金の在り方の見直しの必要性を述べている。⑤は保育費用と保育料が乖離しているため、保育所運営は市町村に依存している負担構造であることを指摘している。⑥は、唯一幼保一元化にふれており、「保育という概念が、就学前の子どもを対象としているので、保育施設（1日保育所）、幼稚園（半日保育所）を初等教育前の教育として同一に扱い幼保一元化という考え方に立脚すべきである。建設・補修費、保育に係る標準人件費は公費負担とし、他の維持管理や追加サービスは保育料として支払うべき。」としている。⑦は、保育料の保護者負担の低さ、保育を受けている人と受けていない人との不平等について指摘しており、保育料の設定の見直しを述べている。

　以上のように、財政学からみた保育の研究はあっても、幼保一体化施設の事例の財政分析をしているものはないのである。幼保一体化施設の財政分析として、筆者はこれまで下記の論文を発表している。

①手塚崇子（2010）「過疎地における幼保一体化施設の財政分析―和歌山県白浜町幼保一元化施設白浜幼児園を事例として」日本保育学会『保育学研究』第48巻第2号、pp. 119 - 130。
②手塚崇子（2010）「旧公立幼稚園と幼保一体化施設の財政比較―群馬県六合村「六合こども園」を事例として」日本乳幼児教育学会『乳幼児教育学研究』第19号、pp. 121 - 132。

　本研究は、上記の①②の過疎地の幼保一体化施設の事例の財政分析の成果を

本研究のテーマに即して取り入れることとする。

第2節　研究の方法と構成

1　研究の方法

　本研究では、就学前教育・保育の一元化を課題として、現在開所されている幼保一体化施設の運営と行財政を分析し、その問題と課題についての実態を明らかにすることを目的としている。この課題について、本研究で行う方法について述べることとする。
　幼保一体化施設については、次の4つの区分にしたがって、幼保一体化施設と役所での現地ヒアリング調査を行った。
　①1960年代後半から1970年代に開所された幼保一体化施設の先駆的事例
　②総合施設モデル事業として開所された幼保一体化施設
　③規制改革で開所された幼保一体化施設（過疎地）
　④規制改革で開所された幼保一体化施設（都市部）

　①は、先駆的事例をみることにより、なぜ幼保一体化施設が規制改革まで増えなかったのか、また幼保一体化施設の課題は何かを検討する。1960年代後半に最初に開所された幼保一体化施設である多聞台方式（数年で廃止となった失敗例）以外は、全て現地でのヒアリング調査を行った。
　　対象施設：大阪府神戸市北須磨保育センターは、「保育一元化」の理念型の
　　　　　　　施設であり、現在もなお開所している点で、参考になる点が多い
　　　　　　　と考える。
　　　　　　　兵庫県交野市あまだのみや幼児園は、市内の公立は全て幼保一体
　　　　　　　化施設であり、公立で初めての幼保一体化施設である。公立の幼
　　　　　　　保一体化施設の問題や課題を検討する。

　②は、総合モデル事業に選ばれ、幼保一体化施設として運営している施設について分析した。総合施設モデル事業として早く、開所しており、認定こども

園制度の前の時点での施設開所であるためである。
　対象施設：和歌山県白浜町白浜幼児園については、幼稚園と保育所の財政の
　　　　　縦割り構造について詳しく分析する。

　③と④は、過疎地と都市部では、幼保一体化施設を開所する背景や目的、内容、効果等が異なると捉えたため、過疎地と都市部にわけ、事例分析を行った。
　③規制改革で開所された施設（過疎地）
　対象施設：群馬県六合村[2]六合こども園については、幼稚園3園を廃止して、
　　　　　幼保一体化施設にしたため、旧幼稚園3園の場合と幼保一体化施
　　　　　設との財政比較を分析した。
　　　　　福島県鮫川村さめがわこどもセンターについては、過疎債とリ
　　　　　ニューアル債を使用した効果と旧幼稚園1園と旧保育所2園の場
　　　　　合と幼保一体化した場合の財政比較を分析した。

　④規制改革で開所された幼保一体化施設（都市部）
　対象施設：東京都千代田いずみこども園については、決算書がひとつのため
　　　　　こども園全体としての費用を分析する。
　　　　　東京都品川区二葉すこやか園とのびっこ園台場については、品川
　　　　　区の公立保育所、公立幼稚園とこども園全体の費用を比較分析す
　　　　　る。

　幼保一体化施設の現状を明らかにするために、現地の調査では、幼保一体化施設と市町村の役所（子ども関連の課及び財政課及び総務課等）に行き、実際に運営の状態を見学、園長や他の教職員にヒアリング調査を行い、現状や問題点等を調査した。役所職員については、施設の現場及び開所の背景や経緯、財政状況の資料の提供を受け、ヒアリング調査を実施した。
　決算資料及び幼保一体化施設の開所の資料、一体化施設の幼稚園部分と保育所部分の別建ての決算書、施設の職員の人数や子どもの年齢ごとの保育者の配置数等の資料を分析した。

2　研究の構成

　本研究については、序章・終章を含め全体で6章構成となり、以下の内容の各章から成り立っている。

　「第1章　幼保一元化の政策と国際的展開」では、日本の幼保一元化政策の歴史を概観し、幼保一元化政策が、文部省と厚生省、幼稚園側と保育所側でどのように話し合われてきたかをみる。その後、スウェーデンで行われた幼保一元化による省庁の一元化と保育財政を通して、スウェーデンの幼保一元化と財政調整制度等をみる。またその他の国の幼保一元化の経緯について述べ、日本の幼保一元化の検討について述べる。

　「第2章　戦後における幼稚園と保育所の歴史」では、幼稚園と保育所の歴史と財政について両者の施設の振興と抑制、財政の違い等を述べる。そして女性就労の増加により、幼稚園での預かり保育が振興され、「幼稚園の保育所化」と呼ばれるようになり、保育所はエンゼルプランから始まる待機児童対策による保育所促進と三位一体の改革等による保育所財政の変化を述べる。

　第3節では、近年の幼保一元化の検討について、「子ども・子育て新システム」と「社会保障税・一体改革」の消費税増税法案成立のための「新たな幼保連携認定こども園の拡充」について、その経緯と内容について検討する。

　「第3章　幼保一体化施設の運営実態と時期区分」では、幼保一体化施設の開所時期を4つに区分し分析を行った。第1節は、1960年代後半〜1970年代前半に開所された幼保一体化施設の先駆的事例についての現状調査を行い、その問題点や課題を明確にした。先駆的事例については、次の点で事例を取り上げた。1967年一番最初に幼保一体化施設を開所したが失敗し、廃止となった兵庫県神戸市多聞台方式である。1969年地域の住民自治により開所し、「保育一元化」を理念とし、民間として初めての幼保一体化施設である北須磨保育センターを取り上げた。そして1972年に公立として初めて幼保一体化施設を開所し、現在も継続して施設を運営している大阪府交野市あまだのみや幼児園である。現在交野市は、あまだのみや幼児園を含めた3つの幼児園（幼保一体化施設）を運営している。

　第2節は、1990年代幼稚園と保育所の共用化の時代とし、地方分権推進委員

序　章　研究の課題と方法、構成

会第 1 次勧告等の幼保連携について取り上げた。第 3 節は、2000年代構造改革特区により開所した幼保一体化施設とし、構造改革特区の内容や、特区により幼保の一体化が可能となったこと等特徴を検討した。第 4 節は、2006年以降の認定こども園制度を対象とし、認定こども園制度の特徴と問題点、そして認定こども園の保育料設定と施設との直接契約についての現状分析を行い、類型による特徴を明らかにした。

「第 4 章　過疎地と都市部における幼保一体化施設の課題」では、幼保一体化施設の開所目的や経緯は過疎地と都市部で異なるのではないかという視点に立ち、過疎地と都市部にわけて幼保一体化施設の運営と行財政について分析を行った。

過疎地の事例については、次の事例に基づき次の視点で分析を行った。

①群馬県六合村六合こども園については、旧公立幼稚園 2 園と幼保一体化施設の財政比較を行った。

②和歌山県白浜町白浜幼児園については、幼保一体化施設を知るために幼稚園と保育所の財政の縦割りについて、施設設備費と運営費にわけて比較を行った。

③福島県鮫川村さめがわこどもセンターについては、旧保育所 2 園と旧幼稚園 1 園を幼保一体化した施設であるため、旧保育所・旧幼稚園と幼保一体化施設の財政比較と過疎債とニューアル債を利用した一体化による効果を分析した。

都市部の事例については、次の事例に基づき次の視点で分析を行った[3]。

①大阪府交野市のあまだのみや幼児園については、先駆的事例として幼保一体化施設を幼稚園と保育所に分けて分析した。

②東京都千代田区いずみこども園については、こども園全体でしか資料が作成されていないため、こども園全体の分析と「年齢区分方式」と「要保育」の緩和について分析した。

③東京都品川区「二葉すこやか園」と「のびっこ園台場」については、設置基準確保による「年齢区分型」と「幼保連携並列型」の運営方法の違いによる異年齢交流等幼保一体化の弊害を分析した。財政面では、二葉すこやか園は幼保一体化施設として合計の決算しかないため、幼保一体化施設と公立の幼稚園

11

と保育所の費用を比較して分析した。

　以上のような過疎地と都市部の事例分析により、過疎地と都市部の幼保一体化施設の運営と行財政についての問題点や目的の違い等について検討を行った。

　「終章　日本の就学前教育・保育の現状と課題」では、幼保一体化施設の重要性と第3章と第4章で分析、検討した幼保一体化施設の成功例と課題について検討した。既存の施設の種類による幼保一体化施設の行財政への影響や幼保一体化施設と単体の幼稚園と保育所の比較について検討した。最後に新たな幼保連携認定こども園の拡充について、今後の日本の幼保一体化施設についての課題を検討した。

　なお保育所については、名称として「保育園」を使用している場合と、引用文献等で「保育園」と記載されている以外のものは、すべて児童福祉法の正式名称である「保育所」で統一した記載とする。

　また「保母」という名称は、1999年より「保育士」と名称変更された。そのため第2章等の引用文献中の語句や第3章の先駆的事例の一部については「保母」を使用し、それ以外は「保育士」とした。

1）　森上史朗・柏女霊峰編（2012）『保育用語辞典　第6版』ミネルヴァ書房、P49。
2）　2010年3月、六合村は市町村合併し、現在中之条町となっている。
3）　都市部については、施設ごとの決算書等（幼稚園と保育所別等）が作成されていないため、過疎地のように詳細な財政分析はできないが、幼稚園と保育所部分の財政については過疎地と同様である。幼稚園と保育所別の縦割りの財政分析をするには、過疎地の方が詳細なデータがあるため、分析することが可能であった。

第1章

幼保一元化の政策と国際的展開

第1節　日本の幼保一元化政策の歴史

　我が国の幼保一元化政策は、近年に始まったことではなく、就学前教育・保育のあり方をめぐる歴史において何度も課題としてあげられた経緯がある。我が国では、就学前教育・保育については、幼稚園と保育所で二元化されており、幼稚園は文部科学省管轄で「学校基本法」で位置づけられ、保育所は、厚生労働省管轄で「児童福祉法」に基づき運営されてきた。
　幼保一元化は、省庁を統合し、幼稚園の保育内容である「幼稚園要領」と保育所の保育内容である「保育所保育指針」、幼稚園教諭と保育士の研究、研修等や両者の補助金等を含めた財政制度を含めた制度を一元化することである。保育所と幼稚園の制度ができ約60年経過した現在においても幼保一元化は、実現されておらず、現在は幼保一体化という施設を共有、もしくは機能を近づけて行われているに過ぎない。日本の幼保一元化政策の議論は、戦前から懸案事項として問われているものの、遅々として進んでいない。我が国で幼保一元化が実現されていない背景には、幼稚園と保育所の歴史的背景や、理念、思想、施設の機能の違いや財源構造の違い等さまざまな問題があげられる。
　そこで本節では、日本の幼保一元化政策の歴史について取り上げ、幼保一元化政策の内容や省庁の見解、保育所と幼稚園の見解とそれを阻んでいる要因について検討することとする。

1　戦前の幼保一元化構想

　戦前の幼保一元化構想は、「幼稚園令」と「保育所令」の成立過程にさかのぼる。1899年に文部省は、我が国最初の幼稚園の施設設備、保育内容、保育時間を定めた「幼稚園保育及設備規定」を定めた。この「幼稚園保育及設備規定」により、我が国の幼稚園制度の基礎が固められた。この制度以前は、幼稚園については「小学校令」の中に幼稚園の設置・廃止についての簡単な規定や保母[1]の資格があるだけであった。
　その後1926年、日本で初めて幼稚園単独の勅令として「幼稚園令」が公布された。同時に文部省令として「幼稚園令施行規則」が制定された。「幼稚園令」

第1章　幼保一元化の政策と国際的展開

と「幼稚園施行規則」は、幼稚園、園長、保母に教育及び制度上の明確な地位を与えるものであり、1947年に制定された「学校教育法」[2]まで幼稚園制度の基本法として用いられていた。「幼稚園令」は3歳未満児を入園することを許可し、保育時間の規定を排除、幼稚園に託児所的な性格を盛り込んでいた。

この「幼稚園令」をめぐっては、1926年第1回全国児童保護事業大会[3]で制定された「幼稚園令」をめぐり、託児所をどう位置づけるかが議論となった。「幼稚園令」では、託児所の在所や託児所で働く保母への認識不足という視点から「幼稚園令」の修正意見が決議された。

1930年、「幼稚園令」の修正の1つの方向性として、第2回全国児童保護児童会議では、東京府社会事業協会の岡弘毅が提出した「託児所令」を求める決議が支持された。岡の案は、「幼稚園令」により幼稚園と託児所の制度を統一し、3歳未満児の乳幼児の場合には、「託児所令」を制定し、保健衛生を主とする社会事業的な保育をするというものであった。

1932年社会事業関係者は、全国保育事業協議会で岡弘毅案の一元化を放棄し、「幼稚園令」とは別に独自の保育内容や施設等を定めた「保育所令」を制定する方向に向かっていった。「保育所令」を制定する試みは繰り返し行われたが、制定するには至らなかった。

1938年1月、厚生省は二元化の契機となる、社会事業法案「保育所令要綱」を議会に提出し、同年4月同要綱は、制定され幼稚園と保育所は二元化されることになったのである。このような流れの中、この要綱は、保育所と幼稚園を区別し、低所得家庭及び勤労家庭の乳幼児を保育する社会事業的施設と位置付けている。この「保育所令要綱」の制定により、名実ともに幼稚園と保育所は二元化されるに至った。この二元化は、社会事業的施設である保育所が、国や道府県・市町村から補助金を確保するものであった。

「保育所令要綱」制定に伴って、戦前の幼保一元化の議論は新たな展開をむかえる。1938年、内閣直属の教育諮問機関である教育審議会は、「国民学校、師範学校及幼稚園に関する件」という答申を発表し、「幼稚園に関する要綱」を採択した。教育審議会では、幼稚園と託児所の関係が審議の対象となり、「幼稚園令」が目標とした幼保の実質的な一本化が実施されていないことを指摘し、多くの委員から一元化が要望されたのである。

1940年、日本の幼児教育の基礎を築いたといわれている幼児教育学専門の倉橋惣三は、文部省講習会で「国民幼稚園」を提唱した。「国民幼稚園」の内容は、日本の就学前保育機関は、同じ目的により行われるものであり、国民的普遍性をもつ国民幼稚園とする。国民的普遍性とは、「国民的普及と国民的無差別」の2つの側面を含み、幼保一元化の理念を継承するため、幼保一元化の理念的基礎づけを行った。倉橋の「国民幼稚園」提唱の動きに対して、社会事業団関係者からは、一度諦めていた幼保一元化を再検討する動きがでてきた。1940年、倉橋の「国民幼稚園」の提晶により、第9回全国社会事業大会では、「教育と社会事業」として、「幼児の一元化を図り家庭事情に適応する保育施設を完備普及し速やかに……」と表明したのである。

　1941年保育問題研究会[4]は、『保育問題研究』（1941年3月号）で「国民幼稚園要綱試案」を発表した。保育問題研究会は、1936年に城戸幡太郎を会長として結成され、乳幼児保育の実践者と研究者が共同で「保育の実践問題」を科学的・実践的に研究するためのことを目的とした研究会である。「国民幼稚園要綱試案」の内容は、満4歳児以上の保育施設は全て「国民幼稚園令」のもとに統合し、満4歳未満児の乳幼児は「保育所令」を制定すること等7つの改革案が出されていた。「国民幼稚園要綱試案」は、幼保一元化の提案だけでなく、国民である幼児全般を対象としている国民的保育施設である「国民幼稚園」を「国民たる幼児全般を対象として包摂する意味においての国民的保育施設」と記していた点に理念が感じとれる。

　その後、社会事業研究所が施設標準の作成、保育制度刷新を行う目的で幼稚園と託児所の実情を明らかにする調査を行った。1940年から2年間、社会事業研究所は、「本邦保育施設に関する調査」を実施し、「戦時保育施設標準設定のために」を発表した。児童福祉学専門であり、戦後民主保育連盟を結成した浦辺史は、幼稚園と託児所は本質的区分は認められないとして、乳幼児の保育内容を健康指導と教育指導の2分野にし、統合を図ろうとした。

　以上のような一元化への動きがあったにもかかわらず、1938年に内務省から分離する形で発足した厚生省は、社会事業法案の制定により託児所を社会事業として位置づけた。つまり保育所と幼稚園は、多くの一元化論の動きにもかかわらず、法律上二元化され、今日に迄至っているのである。

2　戦後の幼保一元化構想

戦後の幼保一元化論は、1946年日本教育会[5]が、新しい学校教育制度構想を提起するにあたり、「幼児教育刷新方策（案）」を公表し、提案したことに始まる。

1946年、内閣総理大臣の諮問機関として教育刷新委員会が設けられた。委員の中には、日本の幼児教育の基礎を築いたといわれている大正・昭和時代の幼児教育学専門である倉橋惣三や心理学・教育学専門であった城戸幡太郎がおり、5歳児保育の義務制を強く主張していた。

提案では、「幼稚園と託児所が異なる所管下にあり、別途に取り扱われていることを除き、幼児保育施設を統一すること。」としたうえで次の3つを述べている。

① 満4歳児以上の幼児を継続的に収容するのは原則として、就学前教育を原則として就学前教育を主とする施設とし、幼稚園（仮称）とする。
② 季節的または一時的に幼児を収容するものは、託児所とすること。
③ 満2歳児以下の乳幼児を収容するものは特殊の託児所と見なし、乳幼児託児所とすること。

その上で従来の幼稚園、託児所、保育所等は異なる設立趣旨や沿革であるが、実際には教育と養護の両機能を持っており、保育の平等が確立されなければならないことを主張した。そして年齢区分と保育の平等と両機能を持つことを強調したのである。

「幼児教育刷新方策（案）」は所管に関係なく、教育の内容が平等で公費による助成が均等になること等を要請するものであった。教育刷新委員会のメンバーである倉橋と城戸は、「幼児教育刷新方策（案）」を提唱し、この考えをもとに厚生省に話をした。厚生省は、戦前から戦中までは保育一元化に積極的であったが、戦後児童福祉法が制定され、官庁のセクショナリズムが強くなると、文部省との折り合いがつかなかった。

一方、この考えと異なる議論をしていた婦人民主クラブの会員を母体として、戦前にあった保育問題研究会のメンバーを加えて設立された民主保育連盟は、1946年に創立総会を開き、設立趣旨書の中で子どもたちに対する社会的養

護と教育の強い要求、母性の社会的活動、家庭の生活文化向上のためにも一元化が必要であることを主張している。岡田（1980）[6]によれば、「民主保育連盟は、勤労家庭を守り、生活を高めるという視点から、一日8時間の保育を保障する保育所が中心として、教育機能を充実させる観点が強調されていた。」と述べている。

　2つの施設の二元化が定着したのは、学校教育法の中に幼稚園が位置づけられ、児童福祉法の中に保育所が位置づけられたことによる。1946年3月、幼稚園は、学校の一種として「学校教育法」の中に位置づけられ、「満3歳児から小学校就学の時期までの幼児」が対象の教育施設となった。保育所は同年11月、「児童福祉法」として位置づけられた。保育所は、「保護者の委託を受けて、その乳児または幼児を保育することを目的とする施設」とされ、「市町村は…乳児または幼児が保育に欠けると認められるときには…保育所に入所させて保育をしなければならない。」と市町村の保育義務を提示したのである。ここが2つの法律の二元化ができた大きな節目であり、二元化が定着していった。

　幼保一元化の実現にあたり、前述の「学校教育法」及び「児童福祉法」の2つの法律の制定が幼保一元化実現のための1つのチャンスであった。例えば倉橋惣三は、幼児教育の義務化を提唱し、満3歳未満児を厚生省の保護を中心として教育機能を持たせるものであり、年齢に応じて教育内容を調節することを考え、満3歳児以上を文部省の教育とした。これは「年齢別二省管轄一元化論」[7]と呼ばれるが、この構想が議会で検討されることはなく収束してしまった。2つの制度ができても両者の関係は曖昧であり、現場のレベルであると同じような所もあり、明確化されていなかった。

　1947年、厚生省児童局養護課長の松崎芳伸は、保育所と幼稚園の関係について「保育所と幼稚園の二枚看板」と称し、保育所中心の一元化構想を次のように述べている。松崎は、「児童福祉法の保育所は、労働婦人の第一の期待に沿うものであり、就学前児童の理想教育が幼稚園でなされるのなら、保育所の人的施設において可能であるなら第一は保育所であり、第二は幼稚園である。児童福祉法で認可された保育所は学校教育法で幼稚園の認可をとり、○○保育所と○○幼稚園の二枚看板をかけることを妨げるものではない。」と述べてい

第 1 章　幼保一元化の政策と国際的展開

る[8]。この考えは「幼保の二枚看板論」と呼ばれ、管轄省庁の二元化に配慮して、両方の認可を取ることで両者の一元化を考えたものである。松崎は、保育所保母の向上と児童福祉法案における保育所構想の発展をもたらすために、中央児童福祉委員会の委員として保育所の保母の代表者を委員として選出し、保育所保母を構成員とした自主的組織ができることを希望していたのである。

　以上のように一元化論がいくつかあげられたにもかかわらず、制度の二元化により、幼稚園と保育所の一元化は進まなかったのである。

　1947年、文部省は「学校教育法」の制定に伴い、幼稚園教育の基準となるものを作成するために、幼稚園教育内容調査委員会を設置した。翌1948年、文部省は、幼稚園の保育の手引書及び保育所の保育や家庭での育児参考となることもあわせて「保育要領」を公刊した。「保育要領」は従来の5項目[9]に、見学、リズム、休息、自由遊び、音楽、お話、絵画、製作、自然観察、ごっこ遊び・劇遊び・人形芝居、健康保育、年中行事の12項目をプラスし、幼児の生活に即した内容を盛り込んだ。「保育要領」は幼稚園と保育所の共通の手引書として刊行され、幼保協調政策が行われた。理学専門である山下俊郎と幼児教育学専門である多田鉄雄は、文部省と厚生省の両省から「保育要領」の作成を任せられた。山下と多田は、幼保一元化され、幼稚園も保育所も家庭も一貫した教育が行われるべきであるといる視点から「保育要領」を作成した。

　続いて1951年、厚生省児童局長の高田正巳は、「保育所と幼稚園の関係」を発表、幼稚園は学校教育法に基づく幼児教育の施設として位置づけられた。保育所は、幼稚園の機能に追加して社会福祉活動の保護療育を行うものとして両者を区別している[10]。高田は、「幼稚園については、満3歳児以上から就学前までの幼児を対象としており、義務教育でないため、入学金等については全額個人が支払うものである。」[11]と述べている。保育所については、児童福祉法上、国または市町村が保育を必要とするすべての児童に対して保障するものであり、措置制度により、市町村が保育料を負担できない者に対して負担する措置がとられる。また高田は、「保育所と幼稚園の二枚看板はできないが、同じ建物を保育所と幼稚園にわけて運営することは可能であり、その際には、2つの施設が併設された形となった。保育所については、設備や職員配置等を児童福祉施設の最低基準に合致している。」と必要性を説いた。

以上のように、1950年代は児童福祉法が改正され、「保育に欠ける」という文言が入ったことにより、保育所における保育は「保育に欠ける乳幼児」となり、幼稚園と保育所の両施設は、機能の違いの区別が強調されていくこととなったのである。続く1960年代は、二元化はさらに推し進められた。
　その後、高度成長期に入り女性の就労の増加と核家族化の傾向が強くなり、それに伴う保育所の要求の高まりを受けて、政府は「人づくり政策」の中で、保育所の増設を進める方向へと移行していった。
　1963年、保育所の問題を集中的に検討するために、厚生省中央児童福祉審議会の中に特別部会がつくられた。厚生省中央児童福祉審議会保育制度特別部会は、意見具申として「保育問題をこう考える」を発表し、特別部会は、「保育七原則」を次の7つを示した。
　①両親による愛情にみちた家庭教育
　②母親の保育責任と父親の協力義務
　③保育方法の選択目的と、子どもの母親に保育される権利
　④家庭保育を守るための公的援助
　⑤家庭以外の保育の家庭化
　⑥年齢に応じた処遇
　⑦集団保育
　このように「保育七原則」は、家庭保育中心の考えにたって述べられており、保育の需要を牽制するものとなっていた。
　1963年、文部省は「幼稚園振興計画（7ヶ年計画）」発表し[12]、5歳児就園児の義務化を目指す等の方向性が見られた。「幼稚園振興計画（7ヶ年計画）」は、人口概ね1万人以上の市町村における幼稚園就園率を60％以上にするための施策であり、施設設備の国庫補助、教員養成施設の増設、幼稚園設置基準の促進の3つの点で幼稚園の新設及び学級の増加を図った。その結果として幼稚園が増設し、幼稚園ブームが起こったのである。
　同年、文部省と厚生省の共同通知として「幼稚園と保育所との関係について」が各都道府県教育委員会と都道府県知事あてに通知された。この両省の共同通知は、二元化されている幼稚園と保育所の両者の維持と繁栄を示したものであった。この両省の共同通知の中で「幼稚園は幼児に対し学校教育を行うこ

第 1 章　幼保一元化の政策と国際的展開

とを目的とし、保育所は保育に欠ける児童の保育を行うことを目的としており、両者は明らかに機能の異なるものである。…じゅうぶん機能を果たし得るよう充実整備する必要がある。」と述べている。このように両省庁の共同通知は、両施設の機能の別を強調しながら、両施設の施設整備の増加と充実も強調し、保育所のもつ機能のうち教育に関するものは「幼稚園教育要領に準ずることが望ましい」とした。

保育所における「幼稚園教育要領」の順守について、久保いと (1980)[13] は、保育所で「幼稚園教育要領」を利用することは、幼稚園・保育所の振興・増設計画の波にのって内容的な接近を可能にし、現行の二元制度のもとで内容的一元化をはかったことについて両者の共同通知である「幼稚園と保育所の関係について」を評価している。この背景には、諸外国における幼児教育への重要性と振興と見直しが行われたことがある。

1965年保育所の保育内容については、厚生省児童家庭局より「保育所保育指針」が作成され、総則では「養護と教育とが一体となって、豊かな人間性をもった子どもを育成するところに、保育所における保育の基本的性格がある。」と示されている。「保育所保育指針」は、保育内容については、年齢区分と領域に分けられており、4歳児以上は、「幼稚園教育要領」の領域にほぼ対応するように作られている。1963年に両省の「幼稚園と保育所の関係について」が示したように、「幼稚園教育要領」の改定の際には、「保育所保育指針」もあわせて現在も改定が行われている。

網野 (2006)[14] によれば、「保育所における教育機能は、『幼稚園教育要領』に準ずるという原則が確立し、…保育と教育の保障、つまり生活の場とともに、教育の場としての機能が制度的に保障されてきたことを深く認識する必要がある。」と述べている。

したがって、幼稚園と保育所の教育要領の準一元化は、同じ就学前教育という観点の下で繋がれているものであったといえる。いずれにせよ、両省の共同通知の「幼稚園と保育所の関係について」は、幼稚園と保育所の二元化をさらに推し進めた。

3 幼稚園と保育所の振興計画（1970年代）

（1）中央教育審議会[15]と中央児童福祉審議会[16]の対立

　1971年中央教育審議会は、「今後における学校教育の総合的な拡充整備のための基本的施策について」（答申）を出した。この答申は初等・中等教育の改革に関する基本構想であるが、幼稚園教育の積極的な普及充実が述べられ、次の4つを強調し、幼稚園教育の振興方策を強力に推進することを前面に出している。

①幼稚園の入園を希望する5歳児すべてを就園させることを目標として、幼稚園の拡充をはかる。そのために市町村に対して必要な収容力の幼稚園の設置を義務付けるとともに、国及び府県の財政援助を強化すること。
②公・私立幼稚園が公教育としての役割を適切に分担できるよう、地域における公・私立の配置を調整するとともに、教育の質的向上と経済的負担の軽減を図るために必要な財政措置を行うこと。
③幼児教育に関する成果に基づき、幼稚園教育課程の基準を改善すること。
④個人立の幼稚園をできるだけ早く法人立への転換を促進すること。

　中央教育審議会のこの答申は、幼稚園と保育所の関係について、「保育に欠ける幼児は、保育所で幼稚園に準ずる教育が受けられるようにすべき。」としている。その上で、将来的に幼稚園として必要条件を満たした保育所に関しては、幼稚園の地位もあわせて付与する方法の検討も視野に入れていた。

　1971年、文部省に置かれた児童家庭局の審議会である中央児童福祉審議会保育対策特別部会は、「『保育』と『教育』はどうあるべきか」（中間報告）を出した。中央教育審議会の中間報告の問題とされる点については、「保育に欠ける幼児は、保育所において幼稚園に準ずる教育が受けられる点である。」としている。この構想は、養護と教育の不離一体性と矛盾し、保育所における保育機能を低下させると各方面から強い反発が出た。そして次の3つの基本問題の考え方を明らかにしている。

①福祉と教育との関連において幼児教育をいかに考えるべきか。
②保育所で幼児教育をどう受け止めるべきか。
③保育所と幼稚園の関係をどのようにすることが望ましいかを明確にするこ

第1章　幼保一元化の政策と国際的展開

とを課題とした。

①は、幼児期における基本的生活習慣の自立や情緒の発達が適切に行われるために、養護と教育が不離一体と作用することが必要である。

②は、保育所における幼児教育は、児童福祉の立場から保育所保育指針に基づき展開されている。社会情勢の急速な進展に適切に対応しながら一層の前進を図るためには、児童福祉と教育との調整という基本的な問題と関連して継続していく必要がある。

③は、保育所及び幼稚園の設置状況が地域において不均衡であることも鑑み、関係当局が相互協力して調整是正する措置を緊急にとる必要がある。したがって、教育、保育施設の多様化、保育内容の充実、保育施設の規模と配置の適正化、保育者の待遇の向上や研修の強化等を速やかに改善する必要がある。

保育所の役割は、養護及び教育の機能を不離一体して行うこととされており、教育・保育施設の多様化、保育内容の充実、保育施設の規模と適正値等、行政制度の改善を強く要望するものとなったのである。

前述したように、中央教育審議会と中央児童福祉審議会の対立は、幼児教育を「幼稚園」に画一的に拡充整備しようとする中央教育審議会答申に対し、保育所も「養護と教育の不離一体性」を強調し、幼児教育の担い手であることで、両者はお互いの機能と特性を主張し平行線のままであった。

（2）行政管理庁の勧告

1970年代後半の幼保一元化の議論は、1975年に行政管理庁が出した「幼児の保育及び教育に関する行政監査結果に基づく勧告」を発表したことによる影響が大きい。

1970年代は幼稚園と保育所が急速に整備され、4・5歳児の子どもは、幼稚園か保育所のどちらかの施設で保育・教育を受けるという時代となった。行政管理庁は、文部省と厚生省に対して就学前教育・保育の施設の調整について勧告し、幼稚園と保育所の設置状況の偏在、不統一、混同的運営等を厳しく批判した。勧告では、幼稚園と保育所が整備されているが、施設の整備計画の不備や施設の地域的偏在、年齢別入所の問題や所管行政機関の対応状況の不備を指摘している。

勧告では、施設の整備計画の不備や施設の地域的偏在について、都道府県の偏在は、当時の３〜５歳児の人口に対する入園所率の高いものは83.7％（幼稚園56.7％、保育所27.0％）、低いものは41.5％（幼稚園33.2％、保育所8.3％）となり、地域格差が大きいことがあげられている。

　年齢別入所の問題は、一部の市町村においては、年齢ごとに両施設の入園所を区分し、制度の趣旨と異なった運営をしている。例えば、４歳児以下は保育所であるが、５歳児になると全ての子どもを幼稚園に入園させる。第４章の事例で取り上げている、和歌山県白浜町、福島県鮫川村についても、両施設が存在するが、５歳児は「保育に欠ける」にかかわらず、全ての子どもを保育所から幼稚園へ入園させていた。

　所管行政機関の対応状況については、文部省と厚生省の整備計画が調整されておらず、地域により施設の偏りがあることをあげている。文部省の中央教育審議会及び厚生省の中央児童福祉審議会もそれぞれの対象児が、幼児教育、児童の福祉に限られているため、全乳幼児に関わる問題を一元的に所管していない。そのため、両施設の在り方を根本的に考える上で、調整する十分な機能を発揮していない。

　そこで行政管理庁は、文部省と厚生省に対して、連携及び調整を行うためにも両省の審議会等で学識ある者を構成員とする「協議の場」を設ける等、総合的に問題の審議にあたるように指摘した。その上で行政管理庁は、文部省と厚生省に対して、都道府県と市町村に、適正な入所措置を行い、措置児の内保育に欠けないことが明らかな場合は、私的契約児として取り扱うように指導すること、幼稚園と保育所の実態を把握し、最低基準を遵守するよう指導することを勧告したのである。

　この勧告を受けて1977年、文部省と厚生省は中央教育審議会と中央児童福祉審議会の両審議会を含んだメンバーによる「幼稚園及び保育所に関する懇談会」を設置した。懇親会は３年８ヶ月の議論をした後、1981年に報告書をまとめた。報告書では、幼稚園と保育所に対する考え方については、目的・機能に違いがあるため、出生数の減少傾向を鑑み、両者が目的・機能に応じて適切に整備される必要を指摘している。幼稚園と保育所の設置に偏りがある地域については、「地方公共団体の歴史的伝統や考え方、国の財政措置の差にもある」[17]

ことがあげられている。さらに「地域によっては保護者の要望を考慮し、幼稚園と保育所を併設する試み[18]もされており、幼稚園での教育時間を 4 時間から延長してもよいのでは……」と述べている。

さらに幼保一元化については、「幼保一元化が、従来から各方面で論じられているが、それは、保育所における教育水準の向上、幼稚園における教育時間[19]に関する問題、助成措置の改善、自治体の財政負担や保護者の経費負担など財政面における問題、幼稚園教諭と保育所保母の資格と処遇に関するも問題である。」と述べた上で、「幼稚園と保育所は、学校教育施設と児童福祉施設であり、目的・機能が別であるため、お互い必要な役割上、簡単に一元化が実現できる状態ではない。」ことを主張している。そして、「文部省と厚生省としては、今後の状況に適切に判断できるよう幼稚園と保育所の調整を目的として会合を行うことが必要であり、地方自治体も同様な会合をするよう、指導する必要がある。」と指摘している。しかし、文部省と厚生省の両所管による審議会等は設置されず、1981年の報告書をもって懇親会は収束した。その後、地方自治体における調整機関にもほとんど設置されないままとなり、両者の目的・機能の別という主張が続いた。

4　各種団体の幼稚園と保育所の主張

(1) 私立保育園連盟の幼保一元化論

私立保育園連盟は、1956年に全国民間保育所連絡協議会として結成され、1958年に私立保育園連盟に改称された。私立保育園連盟は、保育総合研究会や新任・園長研修回答の研修・研究会を充実し、保育予算確保運動を強化するためにつくられた組織である[20]。

1978年、私立保育園連盟は「一元化についてのわれわれの見解（Ⅰ）」を発表し、地域による幼稚園と保育所の偏在を調査し、地域の偏在が幼稚園と保育所の相互の補完的役割を促進し、幼稚園と保育所の実質機能は極めて類似したものとなっていると補完性と類似性を認めた立場をとっている。報告書は、社会資本の有効な活動を基本的視点とし、幼稚園と保育所の二元的行政下の両施設の機能の相互代替の積極的推進の立場をとっている。

1981年、私立保育園連盟は、「一元化についてのわれわれの見解（Ⅱ）」を発

表し、一元化を目指す当面の課題をあげ、幼保一元化の視点を明らかにするために次の９つをあげている。
　①保育施設の条件については、３歳児以上は幼稚園と保育所同一とし、新たな設置基準を制定する。
　②保育内容については、同年齢の幼児（３〜５歳児）は、幼稚園と保育所のいずれにしても同一の保育内容を保障する[21]。
　③現行の幼稚園教諭と保育所保母の資格は同一とし、名称としては保育教諭とする。養成機関を３年生とすることとする。
　④現行の保育所と幼稚園の職員の身分については、教員専門職として位置づけることを目指す。当面は、幼稚園と保育所職員の処遇の改善を行い、公立小中学校に近づくようにする。
　⑤保育所と幼稚園の相互代替的機能に対しては、適切な行政的措置を求める。
　⑥幼稚園と保育所の保育経費については、設置の種類に関係なく、全額公的負担を目指す。
　⑦女性の就労増加と地域の保育機能低下のため、３歳未満児の保育については拡充し、保育時間等も勘案する。
　⑧保育所に入園していない３歳未満児については、短時間の集団保育を提供し、母親教育の場を設ける等、幼稚園と保育所施設の機能を拡大する。
　⑨公・私立幼稚園と保育所の調整機関は、市町村に審議会、協議会等を設置する。
　以上のように私立保育園連盟の幼保一元化論は、現在の幼保一元化に対する課題や解決の糸口を丹念に取り上げており、他の団体のどちらかの施設の強調ではなく、両施設の問題と子どもの保育と母親の子育て機能の補完等まで網羅しており、現在にも繋がる実に詳細なものであったといえる。

（２）日本私立幼稚園連合会の主張

　1948年日本私立幼稚園連合会は、子どもは本来家庭で教育し、教育と保護は切り離して考えられないという理念をもち発足した。
　連合会は、私立幼稚園関係者全員により組織された連合会であり、幼稚園振

興のために活動をしていた。1982年に「現行制度に対する改革意見」として「幼児教育についての考え方」を発表した。日本私立幼稚園連合会は、幼稚園と保育所が本質的に異なると示しつつも、「幼児の教育と保護は、切り離して考えることは不可能」という状況を鑑み、幼児の教育権と生活権の保障を財政的にも二重投資を避けて統一的に解決する方向であった。本来子どもは家庭で教育するという理念にたっており、年齢区分による系統化[22]を具体例としてあげている。

例えば、幼稚園のない地域には保育所に幼稚園として必要な条件を備えさせ、幼稚園への転換を図るか、幼稚園の教育的機能を代行させる。幼稚園には長時間保育等を行い、保育の機能を持たせ、幼稚園と保育所が補完できるように共存を図るものであった。

（3）全国保育協議会の幼保論

1962年に設立された全国保育協議会は、施設と制度の一元化でなく、就学前の幼児教育の一本化を目指すことを抱げた上で、保育所における幼児教育の役割と年齢別に施設を分けることや「保育に欠ける子ども」を幼稚園で受け入れることを反対するものであった。

同年全国保育協議会は、全国社会福祉大会を開く際に「保育制度はどうあるべきか」について検討し、「保育制度と幼稚園制度をどう調整し、乳幼児の保育教育の拡充と系統化をはかるか」として報告書を次のようにまとめた。

全国保育協議会は、保育制度と幼稚園制度との一元化の基本理念については、「制度や施設を一元化するのではなく、就学前の幼児教育の一本化の意味を併せ考えなければならない。」と述べており、一元化を進めることには否定的であった。

報告書によれば、「現行の幼稚園教育と保育所の保育内容は、ほとんど相違がみられない。」と指摘している。また、「幼児教育の機会均等を補い、保育所の未設置地域では幼稚園が代行する。全ての子どもに対し、幼児教育を与えるために保育所と幼稚園の一元化と女性の労働権を守るためにも幼稚園を含めた保育事業の拡大と一元化」を提言している。具体策としては、保育所と幼稚園のカリキュラムの一元化、保母と幼稚園教諭の資格の一元化、将来は幼児教育

法または保育所法（仮称）の制定まで一元化の推進等をあげていた。しかし、これらの提言は実現されないままであった。

　1982年8月、日本私立幼稚園連合会が「幼児教育についての考え方」を発表したことに対し、同年9月、全国保育協議会は「こんにち提起されている保育所・幼稚園問題（一元化論）に反論する」を発表した。

　全国保育協議会が提唱していた幼保一元化は、家庭の事情により保育所にいる幼児に対して、「教育的働きかけ」をすることを日本私立幼稚園連合会に否定されたことに対し、積極的に「保育所における幼児教育の役割」を主張するものであった。つまり全国保育協議会は、私立幼稚園の幼保一元化論については少子化に伴う経営難の事態を回避するためのものであるとした。また幼稚園と保育所を年齢別に施設を分けることによる弊害や、保育に欠ける子どもを幼稚園に入園させ、預かり保育で保育することに対した反論であった。

（4）全国学校法人幼稚園連合会の幼保論

　全国学校法人幼稚園連合会の幼保論は、全ての子どもが幼稚園に入園することを基本に捉え、幼保一元化の推進には反対の立場をとっていた。全国学校法人幼稚園連合会は、1964年に私立幼稚園のうち学校法人が設置者である幼稚園だけで組織された団体である。その組織化の背景には、私立幼稚園の公費助成が進まないことがあげられている。私立幼稚園設置者のうち個人、宗教法人等の私立学校法による学校法人でないものがあるためとし、学校法人立の幼稚園に対して他の私立学校同様、経常費に対する公費助成を実現し、教育の充実を図ろうとした。

　1980年、文部省は「幼稚園振興計画10ヶ年計画」[23]が終了する前年に、振興計画策定に全国学校法人幼稚園連合会の見解を反映させるために「幼稚園教育振興方策構想」を作成した。本来あるべき姿に立ち返り、全面的な幼保一元化を推進すべきではないという立場をとっている。全ての幼児に教育を受ける権利を保障することが必要であり、そのために次の2つの方向性を示している。第1に、全ての幼児が幼稚園で教育を受け、保育に欠ける幼児は、幼稚園の保育時間終了後幼稚園から保育所に帰る[24]。第2に、教育に関する部分の費用負担は幼稚園と保育所の両利用者ともに同一とし、保育に欠ける部分の措置費は

教育費に加えられるものであるため、父母の所得に応じて徴収保育料を共通の基準で減免するものとする。

構想が目指すところは、児童福祉法が定める「保育に欠ける」という範囲を狭めることにある。満3歳児以上の子どもが幼稚園に入園させることを基本とし、保育所については幼稚園の保育料よりも高いものにすべきであると主張していた。

(5) 日本教職員組合の保育一元化論

日本教職員組合の保育一元化論は一元化を主張し、保育所を中心に位置づけ、行政の一元化のみでなく保母と幼稚園教諭の合同研究や研修の必要性、両者の養成課程の一元化等も考えており、将来的なビジョンについても現在の一元化の課題となるものを取り上げていた。

日本教職員組合は、1981年日本教育学会会長を会長とする第二次教育制度検討委員会に学校制度のあり方等の検討を委嘱した。1983年第二次教育制度検討委員会は、報告書「現代日本の教育改革」を発表した。その中で、現行の保育所と幼稚園の二元的制度を廃止し、保育所に改組し一本化することを主張した。また報告書では、保育行政を一元化し、教育と福祉の両機能を統括する部局を設置する等の保育制度改革等を主張した。また保育施設は医療施設を持ち、専門医師と常に連絡を取る等病児保育の必要性にまで踏み込んでいる。そして、保育一元化の確実な一歩は、幼稚園教諭と保母の共同研究と連帯の運動であり、保母と幼稚園教諭の差別的養成制度の一元化の必要性も強調している。

以上のように日本教職員組合の一元化論は、幼稚園と保育所を一元化し、保育所に改組して教育と福祉を統括する行政部局を新設する主張が特徴である。教育と福祉の一元化が幼児期に限ることや、幼稚園と保育所についてのみ論じられるため、実現化は軽んじられた。

5 政党の幼保一元化についての見解

自由民主党は、幼保一元化よりも幼稚園と保育所が、目的と機能を十分に果たせるように両者を整備し充実させることを念頭においていた。

1979年自由民主党幼児問題調査会は、幼稚園と保育所の問題を含めた幼児期の教育を長期的観点により検討するために、「乳幼児保育に関する基本法（仮称）制定についての大網（案）」を発表した。乳幼児の保育は保育所と幼稚園の普及により量的にも質的にもかなりのレベルに達したことを背景として、次の3つの主張を押し出した。
　①家庭における乳幼児保育の充実
　②集団保育の充実と一元化
　③乳幼児の健全な保育をする十分な社会環境の整備
　さらに、「子どもの発達に応じて…幼児二元行政等の現行制度にとらわれず、広く諸外国に範を求め、…幼児に望ましい集団保育の在り方について総合的政策の策定」が必要であると述べている。
　幼稚園関係者は、「乳幼児の保育に関する基本法（仮称）制定についての大網（案）」においては、家庭保育優先について何も触れられていなかった。保育三団体[25]は、保育基本問題委員会をたちあげ、委員会では新たな問題を提起し、保育所についての理解がないままの法案作りに対して、幼保一元化で問題を解決することを問題視した。その結果、この法案は幼稚園と保育所側の意見の対立により、消滅したのである。

6　臨時行政調査会と臨時教育審議会

　1962年に国の付属機関として設置された臨時行政調査会は、行政改革とその運営に関した調査・審議を行い内閣総理大臣に意見を述べる研究・調査機関であった。
　1970年代は、オイルショックを契機とする税収の減少と社会保障費の増大に苦心し、1980年代に入り、政府は行財政改革を始めた。1981年3月、臨時行政調査会（第二次臨調）が発足、7月に第一次答申を提出し、国債残高の縮小と財政健全化をめざし、「小さい政府論」を推進していた。その中で保育所については、保育所増設の抑制や民営化、受益者負担による徴収基準の強化等の提言が発表された。その一環として保育所運営費国庫負担率の削減[26]、公立保育所の統廃合、民間委託等が進められていったのである。
　以上のように、第二次臨調を境に保育所と幼稚園の経費の比較、特に公費負

第 1 章　幼保一元化の政策と国際的展開

担の比較がされるようになり、両者の対立は激しくなった。

　一方幼稚園は、1976年より運営費補助金が支給されることとなった。しかし、学校法人立以外の幼稚園に支給されていた公費助成は、1988年度以降打ち止めとなったため[27]、多くの学校法人化の難しい幼稚園が閉園となった。

　1984年に設置された教育改革のための内閣総理大臣直属の諮問機関である臨時教育審議会は、最終答申後1987年に解散した。1984年に私立幼稚園は、既存の3つの団体[28]をまとめて全日本私立幼稚園連合会を結成し、「幼児教育の基本構想」を発表した。基本構想は、二元制度の枠組みに捉われることなく、幼児が同一の教育・養護が受けられるようにすることをあげ、年齢区分方式とバウチャー[29]やチケット方式を取り上げた。

　これに対して保育三団体は「緊迫化する保育所問題」を発表し、幼稚園と保育所の機能の違いとそれぞれの機能の充実整備を主張し、幼保一元化構想に反対を唱えた。反対の内容は次の7つである。

①保育所は「保育に欠ける」乳幼児を保育する「措置施設」である
②保育所は養護と教育の場である
③公共性の高い保育所の設置と運営
④保育所の持つ社会的役割
⑤幼稚園と保育所の財政格差
⑥幼稚園と保育所の二枚看板に対して
⑦直接助成方式による自由利用方式の問題

　③は、子どもの入所措置権、入所措置決定については、市町村長が行い、保育所の設置については市町村が窓口となり、設置については都道府県が許可している点である。

　④は、社会状況の変化により保育所は、保育需要へ対応することが求められている。例えば、経済成長期には女性の就労増加に伴い、保育時間の延長、乳児保育、障害児保育等、近年の就労形態の多様化に対応し、夜間保育を行う等、地域社会の変化に伴い子育て支援を行っている。⑤は、幼稚園と保育所の財政格差は、幼稚園と保育所の開園時間や職員の配置等が異なるため、この点を踏まえた話し合いが必要である。

　⑥は、幼稚園側の相互乗り入れには、次の4つを取り上げている。（ⅰ）保

育所の目的が養護と教育であるため、幼稚園と保育所の目的と機能は異なっている。（ⅱ）幼稚園と保育所が地域に偏在しているのは、地域の実情に応じて地域が行ってきた政策であり、長い歴史がある。（ⅲ）保育所にとって教育面から考えても一元化の相互乗り入れの必要はない。両者が異なる目的のもと充実することが大切である。（ⅳ）地域における幼稚園と保育所の適正配置と適正規模を見直す必要性がある。

⑦は、幼稚園側の提案である保護者に対する直接助成方式であるバウチャー導入については、受益者負担主義を原則とし、負担の適正化を目的とし、次の3つのように考えていた。第1に保育所は、行政における地域調整の下、入所措置が行われているため、幼稚園のように園児獲得のためのものではない。第2に私立幼稚園の経営の解決方法として幼稚園と保育所に自由選択権を導入した場合は、経営第一主義で競争が起こり混乱がおこる。第3に福祉の対象として配慮すべき利用者が、利用しにくくなる恐れがあるため、児童福祉の公的責任の後退となることである。

臨時教育審議会は、幼保一元化に前向きな姿勢を示していたが、保育団体と幼稚園団体からの反対意見が出たことと、1985年日本保育協会の副会長であった橋本龍太郎が幼保一元化を反対したことにより、議論はされなくなってしまった。

1987年臨時教育審議会の「教育改革に関する第三次答申」は、幼稚園と保育所の目的と機能は、2つの社会的要請があるため、基本的にはそれぞれ制度的充実を図る必要性を唱えたため、幼保一元化はさらに先送りされたのである。臨時教育審議会は、同年に答申を作成後、解散した。

第1章 幼保一元化の政策と国際的展開

第2節　先進諸国における就学前教育・保育の一元化―スウェーデンを中心に―

1　幼保一元化の背景と経緯

　スウェーデンは、就学前教育・保育が幼稚園と託児所（保育所）に分かれて設立されている点が、日本と共通である。スウェーデンの保育所は、1854年に最初に設立された。その背景には、工業化の進展に伴い、都市部への人口集中と、女性の労働時間の長時間化が進んだことがある。保育所は、慈善事業として貧困母子家庭の子どものために開所された施設であり、市民や慈善事業団体によって運営されていた。一方幼稚園は、ドイツの教育学者フレーベルの影響により、1896年に上流階級の家庭の豊かな子どものために開設された施設である。

　その後、失業者が増加し出生率が低下したため、政府は1934年に「人口問題審議会」を設置した。1938年に人口問題審議会は、「結婚・出産のための優遇措置である出産や保健環境を改善することが重要課題であり、国はその課題を実現するために各種の援助を行う必要がある。」と提言した。この時の答申として、終日保育を行う施設を保育園（daghem）、短時間で保育を行う施設を幼稚園（lekskola）と規定した。この後、家族政策である出産手当や養育費立替払制度等が充実していったのである。

　第二次世界大戦期の1941年、政府は再び人口問題審議会（befolkningskommissionen）を設置し、女性の労働力確保のために保育所の増設を勧告、政府は国庫補助事業を創設し、保育所と幼稚園を対象としたのである。1944年、幼稚園と保育所の所管は一元化され、社会福祉庁が所管となり、保育所及び幼稚園の運営費に対する国庫補助金制度が整備された[30]。

　しかし戦争が終わり、男性が労働の場に復帰し、女性は家庭に戻り子どもの世話をするべきという風潮が蔓延したため、国会でも保育の存続と女性を家庭へ戻すことが議論された。国会では、保育を存続させることに対しての疑問が出された。しかも保育所には多額の費用がかかり、職員が多く必要な点も、さらに女性を家庭へそして保育の必要性の有無の議論を後押ししたのである。

さらに社会福祉庁では、幼い子どもをもつ女性が働くことを問題視していた。それは、保育所が問題を抱えている家庭への支援とみなされていたためであり、保育所よりも里親制度の方が、保護を必要とする子どもにとってよいのではないかという議論が起こった[31]ためである。
　当時のLO（労働組合中央組織）の役員であったイェルトルード・シーグルセンは、「社会福祉庁との間には大きな溝がありました。LOと労働市場庁は保育施設を求め、社会福祉庁は家庭保育所に力を入れようとしていた。この対立を背景に、保育施設を拡大するという問題は、社会保障の問題から労働市場の問題へと転換していったのです。」[32]と当時を述べている。
　一方保育所の議論に対して、幼稚園については1日数時間幼稚園に通い教育を受けるということで、議論には至らなかった。幼稚園での教育時間も含め、むしろ幼稚園は奨励されたのである。大きな要因としては、保育所よりも費用がかからないことが影響している。1949年に政府は、保育所の充実を求めている案を含んだ法案を出し、基本的に保育所についてはシングルマザーのためのものであるとした。
　1960年代は高度成長期に伴い、労働力不足が社会問題化したため、女性の労働市場への参加需要増大と保育所の本格的拡大が始まった。このような背景の下で、保育を制度化することが必要となったのである。1960年代は、保育所及び家庭保育所の定員が、2万人から6万人へと拡大した。税制改革により課税単位が、世帯単位から個人単位に変化し、女性が個人で生計をたてる基盤が整ったことも大きな要因のひとつであった。1960年代後半は、保育需要の増加、母親の育児不安等が社会問題化し、「幼保一元化」への要望が高まり、プレスクールの発展に大きな基盤となる答申が出された。1968年に政府は「保育施設調査委員会」を設置し、プレスクールの発展に大きな基盤となった答申を出し、社会的・教育的ニーズに合致する保育施設の形態について、包括的・多角的に考察した。答申の提案は、職員をチーム制にし異年齢のクラス編成を基本とすること、障害児を他の子どもと統合して保育を行うこと等があげられていた。チーム保育については、当時保育士は教員のアシスタント的な位置におかれることが多かったため、仕事分担の在り方やリーダーシップの在り方を問題視したものでもあり、答申では保育所と幼稚園を統合し、これをプレスクー

第 1 章　幼保一元化の政策と国際的展開

ルとすることが提案された。

　1972年保育施設審議会は、スウェーデンの保育に方向性に大きな影響をもたらす報告書「就学前保育（プレスクール）」をまとめた。報告書は、公的保育制度の全面的改善を提言した。報告書の内容は、大きくわけて 3 つに分けられていた。

①全ての子どもには何らかの形態の保育を必要とするが、保育所のニーズは親の就労・就学に基づいていることを認識する。
②保育所と幼稚園の過去の分離による弊害を認識する。
③就学前保育を子どもと親のニーズに量質ともに適合させる。

　就学前保育は、特に保育所と幼稚園の 2 つをプレスクール（forskola）と規定して就学前教育システムに合体し、保育所と幼稚園を区分するものは、両者の運営時間のみとして、教育内容には違いがないというものであった。プレスクールは、答申の通り全ての子どもに提供されるため、障害をもった子どももプレスクールに通うことになった。そしてケアと教育を密接に関連させ、親が働くことを可能にし、子どもの利益にもつながる現代のスウェーデンの就学前教育の土台となるものであったのである。

　1973年、保育施設審議会の報告書「就学前保育（プレスクール）」をうけて、政府は、「就学前保育の運営に関する法律（Lag om forskoleveksamhet）」を成立させた。内容は、次の 6 つであった。

①全ての保育施設を「就学前保育（プレスクール）」と総称する。
②各コミューンの児童福祉委員が就学前保育の運営責任となるよう移管する。
③就学前保育は、保育所[33]と半日保育所[34]に組織される。
④ 6 歳児全員に「就学前教育」[35]を無償で提供する。
⑤保育目標を「自己概念・コミュニケーション能力・概念」の形成とする。
⑥就労・就学の親のニーズと子どものニーズを同時に保障する。
⑦在宅家庭の親子にもオープン保育所を提供する。

　1975年、就学前学校法（プレスクール法）[36]が施行され、全日制、短時間制のいずれもありという包括的な概念を導入した。プレスクール事業は、コミューンに正式に委任されたため、コミューンはプレスクール事業を計画的に

拡大することが義務付けられた。この2つの形態は、教育と養護が組み合わさったエデュケア[37]という同一課題をもっていた。

　1976年に政府は、自治体連合（コミューン連合）と1976～80年の5ヶ年計画である「保育施設増強協定」を結んだ。この協定は、5年間で保育所の定員を10万人増加、学童保育所の定員を5万人増加、家庭保育所の拡大が含まれていたものであった。そのため、保育所整備の予算を計上し、コミューンは国から特定補助金を受け、従来からの国庫補助の他に施設整備の補助金を導入、運営補助金も保育所の数に応じて支給されることとなった。国の財源は、雇用主から特別税を徴収して賄う方法がとられ、保育施設は拡充していった。

　コミューンは強力に保育所を拡大していったが、その理由としては、「保育所の拡大がコミューンの成長と税収向上に密接に結びついていたため。」[38]である。1940年代プレスクールにかかる最初の国の運営補助金は、費用全体の3％と低いものであった。国の運営補助金は、1950年で9％、1970年代には運営費全体の45％に達するものとなった。コミューンについてもほとんど同じ割合を負担し、親については約10％の低い負担であった。1970年代の保育事業は、安定な財源が質的な向上にも貢献してきたのである。

　保育事業の補助金は、使途指定補助金として支給され、実績に応じて年度ごとに算出された。金額に上限はなく、社会福祉庁からコミューンに分配されていた。しかし保育事業の拡大に伴い、補助金制度は社会福祉庁の認可が保育所設置のペースに追い付いていなかったために、簡素化する方向となった。補助金制度は、細かい規定や基準が廃止され、コミューンの裁量部分が増加していったのである。しかしコミューンの統制は、国による国庫補助金を通して続けられ、補助規定を通して保育事業は特定の方向へと導かれていった。1990年代初頭に保育所の特定補助金制度は廃止されたが、その代わりに法律による厳格な規制が敷かれることとなった。

　1985年に、「1991年までに1歳半から就学までの全ての子どもに保育を保障する。」ことが国会で可決された。対象となる保育所は公立だけでなく、職員協同組合型保育所や教会が運営する保育所にも国庫補助が適用されるようになった。その結果、国庫補助の適用が幅広くなり、民営の保育所や学童保育を開設することを可能とした。そのため1992年には民間保育所に対する助成金申

第 1 章　幼保一元化の政策と国際的展開

請が急増し、保育需要と供給のギャップを急速に縮める役割を担った。

　1991年地方自治法が改正され、従来の特定委員会の設置義務を廃止し、中央主権体制を緩め、コミューンに権限と財源を移譲をするとともに、大幅な裁量権を付与する形で地方分権体制が確立した。従来の公的責任で行ってきた保育サービスは、個人や民間に開放[39]した。また保育所不足解消のために「6歳児就学（案）」（1991～97年を移行期間）を提起した。コミューンはこれを受けて、学校に幼稚園を併設し、このことにより保育課と学校課の連携が始まり、コミューンレベルでの就学前教育と学校教育の「窓口の一元化」が実現されるに至ったのである。

　1991年12月、政府の任命によりつくられたコミューン財政審議会は、長期課題であったコミューンに対する国庫補助金制度の抜本的改革案を次のように発表した。コミューンが行う事業に対して、分野ごとに支給されていた特定補助金を一般補助金に置き換え、コミューン間の収支補正システムを導入する案である。1992年、コミューンへの国庫補助金制度が特定補助から一般補助金制度へと変更されるまで、ほぼ同額で維持された。1993年1月よりこの改革は実施され、同年秋からは5歳児、1994年には4歳児も含まれることとなった。ここでスウェーデンの地方分権は一気に加速した[40]。1995年新しい保育法が施行され、コミューンに義務づけられた保育拡大計画が終わった。

　1996年就学前保育の所管は、社会省から教育省へ移管された。続いて1998年に就学前保育は、社会サービス法から学校教育法へ変更し、保育所は学校教育法に基づく教育施設として位置づけられるようになった。保育所と短時間保育所の名称は除かれるようになり、「就学前学校」という名称に統一された。スウェーデンは、子どもの発達環境を総合的に整備していく方針をとり、保育事業の移管が具体化され、子どもの発達に関わる施策を教育制度の下で一元化したといえる。このように教育システムの第一歩として、就学前学校に教育カリキュラムが初めて導入された。このようにスウェーデンの就学前保育は、40～50年の長い年月を経て、行政の一元化、法整備の移管、施設、カリキュラム全てが統合され、1つのシステムとなった点が特徴である。

　現在スウェーデンでは、就学前学校の運営責任はコミューンとなっている。以前は、国から保育運営にかかわる補助金が、コミューンに対し支弁されてい

たが、現在は一般財源化されている。保育運営の財源は、保育料と国からの財源と地方税により構成されており、その割合等はコミューンにより異なっている。

1998年、就学前学校と家庭保育室及び学童保育に関する規定を盛り込んで就学前学校のナショナルカリキュラムが発行され改定された義務教育カリキュラムも改定した[41]。そして就学前学校の教育的役割を強化したのである[42]。

2002年、保育料のマックス料金制度が導入され[43]、この制度により就学前学校[44]、家庭保育室、余暇センターでの公的保育に対して親が支払う上限額が決められた。この制度の目的は、所得が同じでもコミューンにより保育料の格差がかなり多かった点、保育料は預かり時間により異なるため、失業状態にある保護者に対し、就職や労働時間を抑制することになるのではないかと懸念されたからであった。つまりこのマックス料金制度[45]は、公的保育を全ての人が利用できるよう保育料を低くし利用を可能にしようとしたのである。

2009年児童ケア補助金が導入され、承認された民間就学前学校が、コミューンから受け取る補助金制度が成立した。補助金は、国からの財政移転により補填される。コミューンは、親が選択した就学前学校に対し、子どもの人数分の補助金を支給する。導入の意図は、親の就学前学校選択の自由を評価するものであった。

2　保育財政

スウェーデンの保育行政を担うコミューンの財政については、日本に比べてコミューン間の格差が少なくなる仕組みとなっており、格差を是正するように機能している。コミューンを地域、面積、人口別のどちらにおいても、財政力の格差があまりない。さらに、財政調整を通じて地方税率の格差が小さくなっている。

スウェーデンの財政調整制度は、幾度もの垂直的、水平的調整を行い地方財政が拡大されていったのである。そこでスウェーデンの財政調整制度と地方分権について述べることとする。

第1章　幼保一元化の政策と国際的展開

(1) 財政調整制度

スウェーデンの財政調整制度が初めて導入されたのは1966年であり、下記の表1-1の財政調整制度の概要の経緯を経ている。

1966年、税平衡交付金として初めて財政調整制度が導入され、3つに区分された課税力それぞれに対し、最低保障レベルを設定した。その後、1974年と1980年の改革により、修正が加えられていった。

1986年にコミューンレベルを含んだ水平的財政調整システムが導入[46]され

表1-1　財政調整制度の概要

実施年	改革内容
1966年	すべての地方政府部門に対する税平衡交付金制度の導入。 課税力不足に対する交付金、高税率コミューンに対する交付金、特別税平衡交付金の3要素。 3つに区分された課税力それぞれに対して最低保障レベルを設定。
1974年	高税率コミューンに対する税平衡交付金の廃止。 課税力区分が6区分（コミューン）、5区分（ランスティング）に増加。
1980年	課税区分が12区分に増加し、103〜136％までの基礎保障の割り当て。 年齢構造にもとづく基礎保障の修正。 人口減少に対する追加措置。
1986年	税平衡負担金制度（一般税平衡負担金、特別税平衡負担金）の導入。 特別税平衡負担金は課税力の高いコミューンが累進的に負担 （「ロビンフット税」の誕生）
1989年	課税力区分が25区分に増加し、100〜157％までの基礎保障の割り当て。
1993年	コミューンにおける税平衡交付金制度の廃止および国庫平衡交付金制度の導入。 新制度は、収入の平準化、構造的差異の平準化、人口減少に対する追加措置の3要素。 特定補助金の大幅な一般財源化。
1996年	平衡交付金制度における水平的財政調整の導入。 住民一人当たり定額の包括交付金の導入。

(出所) 伊集守直（2005）『スウェーデンにおける政府間財政関係』、（日本財政学会第62回大会報告資料）p.13。

た。主な改正は、水平的財政調整制度の導入と税率抑制に関わる補助金導入であった。1989年は、課税区分を25区分に増加し、平均課税力100％から157％までの基礎保障が収入の平準化と費用の平準化として割り当てられた[47]。

1993年は、水平的財政調整制度がわずか8年で廃止され、平衡交付金制度が導入された。1996年は、中央からすべてのコミューンに財源を供給するシステムが新たに導入され、補助金制度及び平衡化制度が改正された。この改正は、所得平衡化部分、費用平衡化部分、国の一般補助金、新制度導入に伴う調整部分であった。この制度は、全てのコミューンが関わるようになったのが特徴である。所得平衡化部分と費用平衡化部分については、国の資金を使わず、各コミューン間で財政調整をする仕組みとなった。

例えば、平均水準より高い担税力や有利な構造的条件であるコミューンは負担金を支払い、平均より不利な条件のコミューンは補助金を受取る方式である。負担金と補助金の金額を相殺すると0となる仕組みである。計算方法は、標準費用法が採用となり、費用平衡化制度に多様な要素を考慮し、計算を積み上げていく。要素には、コミューンの費用構造に大きな影響を与える高齢者介護や幼児保育等が含まれていた。

費用平衡化制度の改正は2000年に行なわれ、以前の費用平衡化制度では含まれていなかった保育所や学校等の費用についても考慮されるようになった。

2005年歳入平衡化システムが変わり、旧制度の一般国庫補助金が廃止された。歳入平衡化は、旧制度では全国平均100を基準として住民1人あたりの課税所得が平均以上のコミューンは、超過分に対応する税収の95％を拠出、平均以下のコミューンについては不足分に対応する税収95％を受給した。つまり負担金額が交付金額であった。このように垂直的調整の支配的地位の確立が行われた。

スウェーデンの福祉国家は、地方財政の拡充された財政調整システムの下、急激な拡大に支えられた。林（2006）[48]によれば「大きな垂直的調整と小さな水平的調整の組み合わせが、試行錯誤の末、たどり着いたスウェーデンの福祉国家における調整制度安定点なのだろうか。」と述べている。

（2）地方分権化と保育

　スウェーデンの地方分権化の進行は、大きく分けて次の3つの段階により地方分権化を進めてきた。この地方分権化は、保育への多大なる影響を与えている。

　第1に、1980年代からスウェーデンの地方分権化が始まり、フリーコミューンの実験が始まる。この実験は、いくつかのコミューンに行政事務を行うための組織を自由に改変することを許可し、そのコミューンに対する国からの指揮や監督を廃止、もしくは軽減するものであった[49]。フリーコミューンに指定されたのは、1984年から1991年まで計36のコミューンと4つの県が指定された。また福祉や教育の権限をより地域住民に身近な地区委員会に降ろす等の実験も行われた。

　例えばコミューンは、学校委員会、社会委員会、医療委員会等の委員会等を設置し、その下に実施のための行政機関を設置しなければならないことになっている。この委員会は、合併・分割は認められていない。さらに各行政領域は、国の対応する省庁に規制されている。フリーコミューンは、このような縦割りの行政委員会の部分的・全面的な統廃合が許可されたコミューンである。しかも例外的特別措置として、国の法規則を免除される仕組みとなっている。例えば、保育行政を学校と繋げて1つの委員会を作るという、新しい組織を作ることが可能になり、新しい行政を運営する上で障害になる法規則に拘束されないのである。

　分野別申請数をみると、284件のうち学校問題は、72件と最も多く免除申請されており、全体の1/4に該当する。フリーコミューンでは、特定補助金であった学校教育に関する補助金は、使用目的や内容を自由に決めることが許可されたため、多くのコミューンで積極的に受け入れられた。

　第2に、1992年の新地方自治法は、フリーコミューンの実験を全てのコミューンに広げ、全てのコミューンが委員会組織編制の自由と国の指揮や監督を廃止し、コミューンの裁量で実施するものであった。新自治法により次の6つが認められた。

　①議会から委員会への決定権を委任できる。
　②委員会の個々の委員と職員への決定権を委任できる。

③コミューンと公企業との関係。
④財政健全化の義務。
⑤3年間の財政計画の実施。
⑥コミューン内の会計監査責任の拡大等。

フリーコミューンでは、縦割りの組織の統廃合許可がされている。保育行政と学校行政とを1つの新しい委員会に統合する試み等が行われた。またフリーコミューンは、組織の自由と国の法規に基づく国によるコミューンの細かい管理が免除される。内容は、次の8つとなった。

①コミューンは一定の個別法で義務づけられている義務的委員会の設置ができる。
②委員会にどのような事務を担当させるかを自由に決められる。
③特定の施設運営委員会を設置できる。
④地区委員会は、該当地区のみ限定されない事務内容を委任できる。
⑤地区委員会の下に、行政事務を担当する特別機関を設置できる。
⑥委員会より決定権を委任された下部組織の決定を全て委員会に報告しなくてもよい[50]。
⑦県は委員会とその下部組織への決定権をより広範囲に委任・再委任できる。
⑧委員会は、任期満了でなくても組織改変により消滅し、新たな委員会を専任できる。

例えば、学校・社会福祉・建築・環境衛生は実施内容について規制されていたが、国からの管理は「目的による管理」とされ、詳細な規制は廃止されていく方向であった。「小学校の教師が幼稚園で教えるという管轄の違う学校間の人事異動も認められた。」[51]のである。

しかしコミューンの行政事務の権限が拡充されても、財源が地方に移譲され自由にならなければ、地方自治の地方分権化とはいえない。国は補助金（特に個別補助金）を通して地方を誘導することが出来るため、地方分権化は、財源の移譲と補助金の在り方が重要なのである。

第3は、1993年に特定補助金が廃止され一般補助金化されたことである。1991年コミューン財政審議会は、スウェーデンの地方財政分権を一気に加速させる

第1章　幼保一元化の政策と国際的展開

国庫補助金制度の抜本的改革案を発表した。この案は、コミューンの行う保育事業等に対する特定補助金を一般補助金におきかえ、コミューン間の収支補正システムを導入する案であった。この改革は1993年に実施され、スウェーデンの地方分権を一気に進展させた。

　この一般補助金は、既存の税平衡補助金を踏襲[52]する形で行われていた。背景には、補助金の占める特定補助金の高さに対して、コミューン連合[53]改革を要求したためであった。廃止された補助金は、学校の経費に対する補助金や税平衡交付金、児童福祉や高齢者と障害者の福祉のための補助金であった。

　この一般補助金は、①収入の平準化[54]、②構造的差異の平準化[55]、③人口に対する補助であり、補助金の基礎額は、「収入の平準化」により決められた。

　1993年の平衡化制度は、コミューン経済問題委員会の提案で大幅に改正された。主な改正は、コミューンに対する6つの特定補助金を一般補助金に切り替えることであった。新しい平衡化補助金制度は、次の3つの部分から成りたっている。

　①全てのコミューンに平均的な担税力を保証する所得平衡化補助金である。
　②条件が異なるために不利になることがないように平均的な担税力を保障する費用平衡化補助金である。
　③人口が激減したコミューンへの追加補助金である。

　この改革の問題点は、費用平衡化補助金と全てのコミューンに所得平衡化制度[56]がかかわらないことであった。制度自体の問題点として飯野（2006）[57]は、「大都市に有利な算定方式であると批判している歳入平準化のための補助金金額を決める保障水準と仮定税率が、毎年の中央政府予算で決定される。そのため、地方予算の不安定性、低税率のコミューンでも一定程度の歳入平衡補助金が得られる微税努力が妨げられるモラルハザード、構造的コストの算出基準の複雑・不透明性。」を指摘している。

　1996年、補助金制度及び平衡化制度が改正され、2000年には費用平衡化制度の改正が行なわれた。以前の費用平衡化制度で含まれていなかった保育所や学校等の費用についても考慮されるようになったのである。

　2000年初頭、プレスクールと基礎学校に対する使途指定補助金が新たに導入された。目的は、教育水準の向上と教育の加配のための特別補助金であった。

コミューン連合は、国庫補助金が再び統制の要因となると捉え警戒していた。

　2005年の改革[58]は、国の一般補助金を全て所得平衡化制度に投入し、コミューン間の歳入の平衡化を図り、負担金を支払っているコミューンの超過負担を小さくする改革であった。新しい内容は、①所得平衡化制度[59]、②費用平衡化制度[60]、③構造補助金制度[61]、④導入補助金制度、⑤調整補助金・調整負担金制度である。①②は水平的調整制度、③④は条件の悪いコミューンは補助金がもらえる制度、⑤はコミューン間で上記のような平衡化をした後、国の一般補助金が不足した場合、全てのコミューンが住民数に応じて調整負担金を出し合い、国の一般補助金が上回った場合、全てのコミューンに住民数に応じて調整補助金として配る制度である。

　以上のようにスウェーデンでは、1990年代に地方分権化の流れが進んだため、コミューンが就学前学校の運営と責任を背負うことになったのである。

3　幼保一元化の特徴

　スウェーデンの幼児教育・保育の制度は、19世紀後半からはじまった長い時間をかけて形成されてきたものである。現在の公的保育制度の土台は、1968年以降に政府が「保育施設調査委員会」を設置した所からはじまる。公的保育所の整備は、1970〜1980年代の家族福祉政策の一環として保育が整備されたことも大きい。そして1996年、公的保育所は社会省から教育省に移管され、保育所は就学前学校となり、教育体系の初期に位置づけられた。

　スウェーデンの幼児教育・保育の特徴は、①保育制度が家庭福祉政策の一環として整備、②就学前教育の恵まれた人的・物的条件、③養護と教育の一体性であるエデュケアの理念、④遊びを中心とした保育方法の4つがあげられる。

　①は、男女平等社会の実現をめざしており、専業主婦がいないことが背景にある。子どもは1歳を過ぎるまで家庭で育てられる。就学前学校に入学後も保護者の育児休暇制度や児童手当制度により、子どもが安定した家庭生活を送れるようになっている。

　②は、就学前教育は1クラス15〜20人であり、保育者が3名配置[62]されており、自然と触れあえる活動が重視されている。③は、親とのコミュニケーションを重視し、子どもの身体状況を把握して睡眠、食事、排泄の生活スペースと

第1章　幼保一元化の政策と国際的展開

遊びのスペースが分けられている。

④は、子どもが興味や関心をもったテーマを設け、子どもが遊びを展開するのを保育者が援助し、遊びや学びに方向性を与える。テーマ活動のプロセスを写真等で見えるように文書化し、それを子ども、親、保育者が共有し、理解を深めてコミュニケーションや活動の発展に寄与している。

スウェーデンの就学前教育政策は、教育とケアの分断的提供をやめ、教育とケアの統合的なサービスを提供し、就学前の子どものみを対象とした画一的なサービスではなく、就学前の子どもの家族全体を対象とした包括的な福祉サービスを提供することである。また「スウェーデンの就学前教育は、地域全体を対象としたネットワーク化されたサービスを提供し、行政上の省庁を統合した」[63]ことであった。

スウェーデンは1991年の地方自治法の改正により、中央集権体制を緩め、コミューンに権限と財源の移譲をし、大幅な裁量権地方分権体制を確立した。この点は日本とは異なり、権限と財源を地方に移譲した点で、「中央と地方との協調関係」[64]であるといえる。スウェーデンでは、コミューンの所得再分配機能を支えるために水平的財政調整制度が発達したため、地域格差が小さいのである。

スウェーデンの一元化を支えた重要な要の一つは、財源保障となる財政調整制度である。水平的財政調整を幾度も改革し、コミューンによる格差を少なくした。この水平的財政調整制度が、地域の公共サービス、福祉、保育所と幼稚園の設置や内容の水準を上げ、さらには省庁の統合も行い、ナショナルカリキュラムの作成等を可能としたのである。

4　他国の取り組み

(1) イギリス

イギリスは、保育と幼児教育は二元化され、担当省も分けられていた点で、日本の幼稚園と保育所の管轄省の違いと同様であった。戦後イギリスは、家庭重視の概念の下、保育所の新設は抑制され、日本の託児所と同様のチャイルド・マインディングという施設ができた。1970年代以降、女性の就労の増大により保育ニーズは高まったが、公的な保育所は抑制され、国家は子どもの保護

者に対して特別なことがない限り介入しないという思想が温存していた。

　1997年ブレア労働党政権は、保育・教育施設の充実を重要課題と位置づけ、「全国児童ケア戦略」と称して改革を断行した。児童ケアの問題点として、保育の質の向上、保育料の高額化、保育施設の不足、地域格差等をあげ、児童に良質のケアを提供する[65]ことが重要であるとした。「全国児童ケア戦略」では、ケアの向上、経済的に負担可能な児童ケア、児童ケアへのアクセスの向上を中心[66]に考えられた。1998年より全ての4歳児に対して無料の幼児教育の提供が開始された。

　「全国児童ケア戦略」により、保育サービスの整備は拡大し、さらに幼児教育施設と保育施設の統合化や、両施設の連携が加速した。幼稚園と保育所の施設の連携については、幼稚園と保育所施設の総合化[67]、中央政府担当部局の一元化[68]、市町村担当部局の一元化における総合的な事業推進[69]、幼稚園と保育所施設の監査体制の一元化があげられる。

　以上のようにイギリスの幼保一元化の特徴は、幼児教育の重視と女性の就労促進のための仕事と家庭の調和である。短い期間に省庁一元化等を行ったことについては「強いリーダーシップ」があげられる。政治主導のもと、従来の価値観を転換し、補助金を通じた政策誘導と省庁の組織の一元化を効果的に用いたものである。

(2) ニュージーランドの幼保一元化の改革の経緯と特徴

　ニュージーランドは、幼保一元化された乳幼児教育制度と先駆的な乳幼児統一施設カリキュラム[70]を有する国である。ニュージーランドの保育は無償幼稚園を中心に発達し、戦前までは経済的に恵まれない家庭の幼児を対象に展開されていった。保育所は制度上、保育センターの一つとして位置づけられていたが、国からの補助はなく子守程度の内容であった。

　女性の就労の増加を背景に、1984年労働党政権は、就学前教育施策や改革の必要性を唱え、重点課題として無償幼稚園と保育所間の格差の是正、他の教育課程と就学前教育間の財政的格差を挙げた。「幼児教育委員会」[71]は、1985年「今後、保育所は家庭問題の解決の鍵となる」という答申を発表した。この答申を受け、1986年保育所の所管は社会福祉省から教育省へ移管され、幼稚園と

保育所の行政の一元化が行われた。しかし、就学前教育の既存の施設[72]はそのままとなり、幼稚園と保育所の賃金格差が問題となった。

1987年賃金格差是正を目的とするストライキが起きるが、是正は進まなかった[73]。その後、デヴィト・ランゲ首相と教育省大臣の意向により、保育者の地位向上を目的として保育者[74]の3ヶ年の幼保統合型保育者養成課程を大学に設置する改革が実施された。

労働党政権2期目に、幼児保育・教育ワーキング・グループが発足し[75]、1989年保育所は、就学前教育施設として位置づけられ、公費補助金についても保育所に幼稚園の水準に達するよう補助金基準が統一された。1989年、「5歳になるまで」という就学前教育指針が首相名で発表された後、教育評価庁[76]の設立、乳幼児保育振興本部の設置、公費補助の充実が進められた。

1990年政権交代が起こり、国民党になると保育政策は後退[77]したが、「5歳になるまで」は発表以降、就学前教育に対する政治的関心は強まっていた。1998年幼保統合型カリキュラム「テ・ファリキ」が実施された。2002年教育省は「未来への道すじ―乳幼児教育のための戦略的10年計画」を発表、乳幼児教育への参加、乳幼児教育の質の向上、協同的な関係の促進があげられた。

以上のようにニュージーランドの幼保一元化は、保育所の補助金を増加し、保育所数を増加し、教育施設として位置づけた点にある。

第3節　小括

スェーデンの経験をみても、福祉を目的としてきた保育所と教育を目的としてきた幼稚園が発展してきた経緯は、日本だけにみられることではない。スウェーデンの場合は、女性の就労支援と主に保育政策が福祉から教育政策へと移行した。

スウェーデンの経緯から日本を見た場合、千年（2005）[78]は次のことを指摘している。①幼保一元化の理念、②保育の質の重視、③「就学前教育」の概念、④就学前教育の保障、⑤学童保育の位置づけ、⑥保育施設・義務教育の連携の重要性を指摘している。

①は、保育に対する基本的理念を明確にしており、日本のように少子化や非

効率的、幼稚園児の減少等の対処法的なことで一元化をしているわけではない。

②は、保育政策の中心に保育の質を据えており、就学前学校は、子どもにとって大切な同年齢・異年齢の子どもとの関わりをする場所であり、社会性を促し、質の高い保育は子どもの発達にプラスに作用すると捉えている。

③は民主主義、平等、責任等の社会性の発達を重点としていることである。就学前学校の保育内容を生涯教育の第一歩と位置付けられたため、義務教育を含めた視点からカリキュラムが編成されている。

④は、スウェーデンを含む欧州諸国では、就学前教育の重要性が知られており、4～5歳児を対象とした就学前教育は無料である場合が多い。

⑥は、就学前学校を小学校内の同じ敷地に設置することを奨励し、保育所から小学校への移行をスムーズにすることが目的であり、保育士と小学校教員の格差の縮小も期待されている。

スウェーデンには保育に対する理念があり、質の高い保育が子どもの発達を促進することを社会としての認識である点も大きい。

白石（2009）[79]は、スウェーデンの幼児教育・保育の優れた特徴を次の3つを述べている。①保育制度が男女平等社会の実現を目指す家族福祉政策の一環として整備されている、②就学前学校の恵まれた物的、人的条件[80]、③養護と教育の一体化を意味するエデュケアの理念に立脚している。

南雲（2010）[81]によれば、「行政の一元化を実行している点と就学前教育が「教育」の所管で行われている点に共通点がある。」としている。さらに「政策推進に対して、強靭な政治的リーダーシップがとられ、政権交代などを契機として、トップダウン方式で、改革が急速に進んでいる。」と指摘している。

池本（2003）[82]によれば、「就学前教育の質がその後の子どもの学力を左右することが多くの研究等で指摘されていることを踏まえ、特に就学前教育の重要性。」について述べている。

スウェーデンは、政権交代が行われると保育政策も政権の主張の下、制度設計が進められていくが、日本は政権交代が起こったとしても、制度設計がまったく別になることはない。前政権からの政策の維持、もしくは制度設計を変更するとしても、重要なもの例えば今で言えば消費税増税のためには他の政策に

第 1 章　幼保一元化の政策と国際的展開

ついては、野党の意図をくむ、もしくは、交換条件として新規の政策を変更してしまうこともある。

　ここで、OECD の乳幼児期の教育と保育に対する考え方について記し、就学前教育・保育の重要性と統合への方向について記したい。OECD は「*Starting StrongII : Early Childhood Education and Care*」を公表しているここでは、OECD（2006）[83]を用いて行うこととする。

1　OECD の乳幼児期の教育とケアに対する考え方

　OECD では、乳幼児の教育とケアを ECEC（Early Childhood Education and Care）と名付け、その必要性と内容を調査している。OECD の国際調査によれば、OECD の各国は、独自の方法で乳幼児期に関わる課題に取り組もうとしているが、政策立案には次の 6 つの共通性がある。

①国連の子どもの権利条約が示すように子どもは、国家からの尊重と支援を受ける存在であり、乳幼児からの発達と教育を有する。

②近年の脳神経科学研究により、3 歳未満児の子どもは有能な学習者である。

③家族、特に女性は子育てに関して国から支援を受ける必要があり、出産休暇や育児休暇や支払うことの可能な質の高い乳幼児期サービス、職場環境があげられる。

④乳幼児を担当する保育者は訓練と十分な労働条件が必要である。

⑤政策立案には、地域格差が生じないよう家族と子どもの健康・福祉・教育ニーズに対応した包括的なサービスを提供することが必要である。

⑥乳幼児に関するサービスが、1 つの省庁のもとに統合されれば、乳幼児に対する明確なビジョン、制度に対する効率的な投資、子どもの年齢で途切れない一貫したサービスを提供することが出来る。

　OECD（2006）『*Starting StrongII*』によれば、OECD 諸国は、女性の労働市場への参入の増加[84]、女性に仕事と家庭の両立をさせること[85]、人口問題を究明すること、子どもの貧困と教育の不利益に取り組みを目標として、ECEC に取り組んでいる。その内容としては、サービス経済の発展と上位の給与雇用職への参入、仕事と家庭の責任を公正な方法で女性に両立させること、低下する出生率と増加する移民の問題、子どもの貧困と教育上の不利益に抵抗するアク

ションを通して公教育と同様に ECEC を公共財として捉えている。

2　OECD「*Starting StrongII*」の提言について

　OECD は2006年に「*Starting StrongII*」を公表している。日本と同様、OECD 諸国も歴史的に乳幼児の政策と教育政策は分断され省庁も別々に発展してきた経緯がある。そのためサービスについても制度が包括的ではない。一般的に年齢区分で所轄省庁が分かれており、その結果財政支援の流れ、運営手続き規制の枠組み、職員の養成・研修と資格が多様に混在し、子どもと家庭に対する一貫性の欠如を引き起こしている。

　さらに乳幼児のケアは親の私的責任であり、公的責任ではないという考え方のもとでは、ECEC はさらに分断される傾向が強い。0～6歳を対象とする乳幼児サービスの統合を強化するために、OECD は、①中央レベルでの協調的な政策枠組み、②主管省庁の指定、③中央レベルと地方レベルの協調、④改革への協調的参加アプローチ、⑤地方レベルのサービス・専門家・親の連携について提言を行っている。

①中央レベルでの協調的な政策枠組み

　中央政府と地方自治体が明確に決められた役割と責任のもと共通の政策枠組みを作るが強調されている。方法としては、協調的な政策枠組みを生み出すための省庁間や政府間の調整機関を創設することである。

②主管省庁の指定

　イギリスで既に行われているように、ECEC に対する責任を単一の主管庁に統合することである。その際には、「乳幼児の発達と教育に強く関与する省庁に乳幼児期の政策立案」が重要である。政策立案を統一省庁に統合する利点は、規制、財政、職員採用の体制、カリキュラム、評価、親の支払う費用、サービス時間の観点から政策の一貫性と部門間の整合性を強め、政策とサービスの分断が小さくなることである。また、分断システムよりも乳幼児に対する有効な投資、質の高いサービスが可能となる。OECD の提言では、省庁に「主管省庁の指定」が必要であり、委任することが必要である。

③中央レベルと地方レベルの協調

　ECEC 政策とその整備を政府・地方自治体・地域社会・親の共同責任と捉

第1章　幼保一元化の政策と国際的展開

え、中央政府は地方自治体にサービスの計画・組織化を委任するだけでなく、サービスを規制・支援・評価する権限を与える。地方分権化により、幼児教育とケアサービスの地方レベルでの統合が行われた。しかし地方分権化によりスウェーデンでは、権限と責任の移譲により国内の地域または区間のアクセスと質の格差を広げる結果となった。したがって、地方分権化されたシステムは、格差がなく全ての子どもに平等にサービスを保障できるかが課題となる。市町村に権限を移譲しつつ、一方で権限の境界の設定、資金の流れ、資格基準の簡素化等をすれば、行政改革と価値の混乱を緩和する手段となる。

④**改革への協調的参加アプローチ**

　政府は大きな指導的役割を果たし、地域及び地方自治体、企業代表者市民団体組織、地域コミュニティのグループが政策の立案や実施に参加し、包括的な参加型の方法により、多様な視点に基づいた意思決定をくみ上げる。

⑤**地方レベルサービス・専門家・親の連携**

　乳幼児サービスは、多様な施設、家族、他の乳幼児サービス間の相互の連携により、子どもと親に対する一貫性が強化されるが、その連携には多くの課題がある。サービスの事業者が抱えている課題や考えが異なり、職業等によっても異なるため、資金提供や労働力、普及方法の違いがサービスの統合の障害となることもある。したがって異なるサービスの相互協力により乳幼児のニーズを満たし、安心できる質の高いサービスを提供できる。

　OECDの提言を日本に当てはめた場合、①は、省庁間や政府間の調整機関を創設しても（例えば認定こども園については、幼保連携室）、許可制度は、従来通り幼稚園部分は学校基本法のため文部科学省に、保育所部分は、児童福祉法のため厚生労働省の許可を得ることとなっている[86]。つまり、幼保連携室は、両省庁の二次的機関にすぎず、実質的には役割を担っていない。

　②は、保育運営費の補助金（民間保育所）を握っている厚生労働省がそれを他の省庁に差し出すことは恐らくないであろう。

　③は、日本は、国が地方団体に多くの事務を義務付けているが、十分な財源を与えず、地方税で不足の部分を補う「結果の平等」を目的とした財源保障機能が地方交付税に割り当てられてきた。スウェーデンとは異なり、自主財源比率が全体的に低く、「交付団体による垂直的調整を発達させてきた経緯があ

る」[87]ため、地方分権化が紹介した国と比較して、遅れている。

④は、2011年4月「国と地方の協議の場」と「国と地方の協議の場に関する法律」が2011年4月に成立した。これは、地方方自治に影響を及ぼす国の政策の企画及び立案並びに実施について、国と地方が協議を行うことであり、まだ定められたばかりである。

⑤は、日本では乳幼児教育・保育のために、保護者の労働時間や待遇等を緩和する等よりも、長い保育時間をどう対応するかということに焦点が置かれがちである。そのため、公立保育所よりも民間に委託し、都市部では、幼稚園の預かり保育を20時まで行っている実態もある。政策に重きがおかれ、連携が不足していたのが実情である。

二元化から一元化した国をふりかえると、省庁組織の一元化、施設の一体化、補助の一元化等があげられる。しかしそれをやり遂げたのは、乳幼児に対する人権的尊重と人口問題や女性の就労促進の意味が大きい。人的投資の背景により乳幼児に対する就学前教育の重要性と平等の保障を理念としているところが大きい。さらに、OECDが指摘しているように、地方の財源保障がなされているからであり、国と地方の協調的な関係、財源保障等が大きな鍵であるといえる。日本においてはOCED諸国ほどの理念やそれに追随するような大きな変革が就学前教育において、起こるに至っていないのが実情である。

1) 1999年4月児童福祉法施行令の改正により「保育士」に名称変更され、国家資格となった。
2) 1947年、学校教育法は教育基本法と同日に施行されたものであり、第二次世界大戦後、米国教育使節団の勧告に基づき施行されたものである。総則の他に、小学校、中学校、高等学校、中等教育学校、大学、高等専門学校、特殊教育、幼稚園、専修学校についての規定があった。
3) 慈善事業は社会事業と呼ばれるようになり、名称変更した。中央社会事業協会は、現在の全国社会福祉協議会にあたる。
4) 保育問題研究会は、法政大学児童研究所の城戸幡太郎等の研究者を中心に就学前教育の実証研究をしていたグループにより作られたものである。
5) 日本教育会は戦前日本最大の全国的な教育者の組織であった帝国教育会が戦後に改称した組織であり、保育所部会を設け、戦後の幼児教育のあり方についてまとめた。

第 1 章　幼保一元化の政策と国際的展開

6) 岡田正章（1980）「保育所の発展と試練」、pp. 422-423。
7) 角野雅彦（2007）、p. 30。
8) 厚生省児童局養護課（1947）『保育所と幼稚園の関係について』。
9) 5項目とは、遊戯、唱歌、観察、談話、手技等である。
10) 高田正巳（1951）、p. 145。
11) つまり私的契約である。
12) 「幼稚園振興計画」の具体的な内容は、第2章で述べることとする。
13) 久保いと（1980）「幼児教育重視の背景」岡田正章他編『戦後保育史　第2巻』フレーベル館、p. 368。
14) 網野武博（2006）、p. 13。
15) 中教審と略され、1952年、教育刷新審議会の建基に基づき、その後身として設置された文部省におかれた重要な審議会である。
16) 厚生省におかれた児童家庭局の審議会であり、児童、妊産婦及び知的障害者に福祉を提供するために設立された。審議会の整理統合により、1999年に廃止された。
17) 岡田正章（1982）、p. 292。
18) 併設の試みとしては、兵庫県北須磨区北須磨保育センターと大阪府交野市あまだのみや幼児園等がこれに該当する。北須磨保育センターについては第3章で、あまだのみや幼児園については、第4章の事例として紹介、分析する。
19) 幼稚園は4時間を基本としている。
20) 私立保育園連盟の会長は、厚生大臣経験者が代々その任を担されている。
21) 幼稚園と保育所の保育内容を同一にするために幼稚園と保育所の保育者の共同研修、共同研究の場をつくる。これは第3章でとりあげる北須磨保育センターの設立理念3つの中の1つである。
22) 0～3歳児は保育所、3～5歳児は幼稚園と年齢別に対象を定める。
23) 第2章で詳しく述べる。
24) この方法は、第3章でとりあげる多聞台幼児園が同じ方式を取り入れていた。
25) 保育三団体とは、全国社会福祉協議会全国保育協議会、全国私立保育園連盟、日本保育協会である。
26) 国庫負担率については、従来8/10であったが、その後1985年のみ7/10とされたが、1986年度以降は「国の補助金等の臨時特例に関する法律」で3年間の限定措置として5/10まで削減された。1989年度からは、「国の補助金等の整理及び合理化並びに臨時特例等に関する法律」により、5/10が恒久化された。その後2004年度に行われた三位一体の改革により公立保育所の保育所運営費国庫負担金は廃止され一般財源化されるまで続いた。

27) 私立学校振興助成法の規定による。
28) 日本私立幼稚園連合会、全国学校法人幼稚園連合会、全国私立幼稚園連盟の3つをさす。
29) バウチャーについては、自民党幼児問題調査会会長西岡武夫衆議院議員も提案しており、3歳児以上と未満児の年齢で受け施設を区分する年齢区分方式を提唱した。
30) 養成所にも補助金支給の対象となったため、設置が促進された。
31) 当時の社会福祉庁で児童福祉部長をしていたイェータ・ローセンは、家庭的な環境と母親の存在を重視し、「里親制度（fosterdaghem）」を強く推奨した。
32) バルバーラマルティン＝コルピ、太田美幸訳（2010）、p. 33。
33) 5時間以上のデイケアセンターとした。
34) 短時間の幼稚園とした。
35) 就学前教育は、一日3時間、年間525時間の保育とした。
36) 保育に関する最初の法律であり、6歳児を対象に年間525時間までは保育が無償で提供された。
37) エデュケアは、1960から1970年代にスウェーデンで発達した福祉制度共通の解決策である。
38) バルバーラマルティン＝コルピ、太田美幸訳（2010）前掲書、p. 52。
39) 1991年コミューンは職員協同組合型、教会が運営する保育所に対して、国庫補助を開始した。
40) 2000年代初頭、景気がよくなりプレスクールと基礎学校に対する使途指定補助金が新しく導入された。目的は教育水準の向上と教員の加配のための特定補助金であったが、コミューン連合は、国庫補助金が再度統制となることを警戒し、難色を示した。
41) 就学前学校の学習計画のことである。
42) 2010年には、就学前学校の教育的目標や就学前学校教師の役割を明確化し、保育・教育サービスの質や活動状況の評価やフォローアップについての指針を加えた。
43) 保育料は、コミューン税、国庫補助金と親が負担する保育料で構成されている。
44) 就学前学校は、全額公費負担である。
45) このマックス料金制度を採用するかは、コミューンに委ねられているため、この制度を導入したコミューンに対しては、年2回特別国庫補助金が支給される。この制度は、就学前学校、家庭保育室、余暇センターに公立・民間に関係なく適用される。
46) 1989年改正では水平的財政調整システムとして一般税平衡交付金、特別税平衡交付金、一般税平衡交付金、特別税平衡負担金の4つの要素が構成されていた。
47) 伊集守直（2005）前掲、p. 5。

第 1 章　幼保一元化の政策と国際的展開

48)　林健久（2006）、p. 237。
49)　コミューンの行政事務は 2 つの分野にわかれており、1 つは、本来自由に事務を行うことができる有事事務領域ともう 1 つは、国の一定の政策に基づいて実施が義務付けられ、方法も法律により定められているものである。後者には、学校行政や老人・保育等の社会福祉行政、医療行政等が該当し、コミューンの事業の80％を占めている。
50)　現行法上の規定を適用しなくてもよくなった。
51)　藤岡純一編（1993）、p. 57。
52)　コミューン間の収入の平準化や構造的差異の平準化、人口減少に対する補助等が該当する。
53)　コミューン連合から出された改革の要求の理由は、①サービスが充足されてきたため、国がコミューンの活動を管理する必要性が失われてきた。②目的と予算枠による管理の方法が国と地方のレベルで財政制度に対する規制の緩和になる。③資金の効率的な利用のために縦割り主義ではなく、資金利用の自由な展開と総合的な決定が必要である。④一般補助金制度は、コミューンのレベルに使用用途の決定をさげることにより、コミューンの自治を強化する。
54)　全国を通して一定の保障レベルまで地方団体の収入を保障するために交付される。
55)　気候、人口密度、社会構造（児童数等）の裁量不可能な構造的コストの差を調整するものである。
56)　保障された水準以上に財政力のあるコミューンは、補助金制度の枠外に置かれることへの批判であった。
57)　飯野靖四（2006）、pp. 229 - 230。
58)　2003年に平衡化制度の簡素化についての専門委員会である平衡化委員会が提案した報告書にもとづき、「国の資金による地方自治部門の平衡化」を提案し、実施された。
59)　所得平衡化制度は、国の一般補助金が全額コミューン間の課税所得の平衡化のために使用されこととなった。
60)　費用平衡化制度は、新しく保育、幼稚園と基礎教育学校、高等学校、介護、個人及び家族の支援、外交基盤の子ども、住民人口の変動、建築物の状況が対象となった。
61)　構造補助金制度では、以前費用平衡化補助金に含まれていたものを新たに独立した補助金として設けられた。例えば過疎地への補助金、産業振興・雇用振興を必要とする地域への補助金である。
62)　3 名の内 2 人は就学前学校教師の資格取得者である。
63)　山田敏（2007）、pp. 32 - 33。
64)　持田信樹（2004）、p. 59。

65) 児童のケアは「人生のベストスタート」が不可欠であるとした。
66) 具体的には、保育サービスの基準設定、監査体制の整備、保育指導者の養成や、第三者評価の推進、児童手当の増額と低所得者層の保育料軽減対策として税制上のクレジット措置等が導入された。
67) 1997年より「就学前児童モデルセンター」が、就学前の子どもや親に対してのケアを行う場所として全国に設置された。
68) 1997年当時幼児教育は、教育雇用省、児童福祉については、保健省の所管であった。ブレア政権は、1998年8歳未満児の保育及び幼児教育に関する施策を一つの省庁に統合することを発表、「シェアスタート事業」として教育雇用省の学校局に設置、関係省庁と連携する形をとった。その後、2003年省庁再編と新たに児童担当大臣を設置し、教育雇用省児童青年家庭局に移管し一元化を実現した。
69) 社会サービス局と教育局を一元化して、教育局に統合した。
70) 1993年「テ・ファリキ」と呼ばれる幼保統合型カリキュラムを幼児教育研究者が草案を作成、1996年に完成、1998年より実施された。
71) 幼児教育委員会は、政府から委託を受けた委員会である。
72) 既存の施設は、保育所、幼稚園、プレイセンター等、8種類の多様な施設が混在していた。
73) 是正が進まなかった理由としては、財務省が保育者の地位向上に伴い財政支出が増加することを危惧し、反対したためである。
74) 幼稚園教諭も含む。
75) ワーキング・グループは、就学前教育の改革を進め、①保育者の格差の是正、②保育サービス利用の公平性、③女性の地位向上、④予算の増額等についての答申を出した。
76) 教育評価庁は、就学前教育施設の運営や保育の質をチェックするための機関である。
77) 国民党は、2歳児未満保育、乳児保育の助成を削減、その他就学前施設への補助金の上限設定を行い、コスト削減を行った。
78) 千年よしみ（2005）「保育・学童保育の現状と新しい動き―スウェーデンの示唆―」国立社会保障・人口問題研究所編『子育て世帯の社会保障』東大出版会、pp.209-239。
79) 白石淑江（2009）『スウェーデン保育から幼児教育へ―就学前学校の実践と新しい保育制度』かもがわ出版。
80) 1クラスの子ども数が15～20名で、必ず3人の保育者が配置されている点である。
81) 南雲文（2010）「わが国における就学前教育・保育のあり方についての一考察―幼保一元化へのアプローチを中心に」東京市政調査会『都市問題』第101巻第6号 pp.99-121。
82) 池本美香（2003）、pp.77-129。

第 1 章　幼保一元化の政策と国際的展開

83)　OECD（2006）『*Starting StrongII : Early Childhood Education and Care*』。
84)　経済の成長と繁栄を維持するために、人口に対する雇用比率を高める必要がある。
85)　職業のキャリアと母親として子育てをすることを両立し、仕事において機会均等であり、育児休暇への公的支援、子育てに対する補助金制度等をさす。
86)　2012年 8 月に成立した修正後の「新たな幼保連携型認定こども園」については、内閣府が主管となった。制度については、学校基本法と児童福祉法から認定こども園法の一つとなった。しかし、「幼保連携型認定こども園」は2012年 4 月現在551園であるため、幼稚園と保育所の全体数からみて影響は少ない。
87)　持田信樹（2004）、pp. 49 – 50。

第 2 章

戦後における幼稚園と保育所の歴史

第1節　幼稚園の歴史と財政

1　幼稚園の変遷

(1) 幼稚園の誕生

　日本で最初に幼稚園が開設されたのは、1876年11月、東京女子師範学校附属幼稚園[1]であり、現在のお茶の水大学の附属幼稚園である。次に1880年4月、我が国最初の私立幼稚園である桜井女学校附属幼稚園が東京に開設された。東京女子師範学校は、1890年3月に女子高等師範学校を創設し、幼稚園は東京女子高等師範学校附属幼稚園となった。

　1899年6月、文部省は幼稚園に関する最初の単行法令である「幼稚園保育及設備規程」を制定した。その内容は、入園の年齢は満3歳児から小学校就学まで、1日の保育時間は5時間以内、保育の目的は「心身ヲシテ健全ナル発育ヲ遂ゲ善良ナル習慣ヲ得シメ以テ家庭保育ヲ補ハンコト」、そして保育項目は、遊嬉、唱歌、談話、手技であった。1990年1月、野口幽香と斉藤峰が、東京麹町に下層階級のために二葉幼稚園[2]を開設した。同年8月、文部省は「小学校令施行規則」を制定し、「幼稚園及小学校ニ類スル各種学校」の一章を設けた。この規則に伴い、市町村は設置する小学校に幼稚園を附設することができるようになる。幼稚園には園長を置き、保母が「幼児ヲ保育スル者」等と初めて規定された。

(2) 幼稚園の制度化

　1926年4月、「幼稚園令」「幼稚園令施行規則」が公布され、幼稚園の制度的地位が確立した。内容は従来の規定とほとんど同じであったが、「幼稚園令及幼稚園令施行規則制定ノ要旨並施行上ノ注意事項」に書かれており、父母が就労し、家庭教育を行うことが困難な家庭の多い地域では、幼稚園は配慮を要するというものであった。保育の時間は、早朝より夕刻と保育時間を拡大することも、入園の年齢も原則は従来通り、3歳児より尋常小学校就学の始期に達するまでであるが、3歳未満児の幼児でも入園できるとしていた。「幼稚園令」

第2章　戦後における幼稚園と保育所の歴史

は保育所の機能に歩みよったものであった。

(3) 幼稚園の普及

　1926年「幼稚園令」以降幼稚園数は増加していき、1935年には10年前の2倍である1,890園にまで増加した。第二次世界大戦がはじまり、都市部の幼稚園のほとんどが被災し、救援や廃園に追い込まれた。

　戦後1947年3月「教育基本法」及び「学校教育法」が制定され、幼稚園が学校教育機関の一つとして位置づけられた。その後の幼稚園数は、1985年度には15,220園まで増加し、その後少子化に伴う休園や廃園に追い込まれ少しずつ減少し、2010年度では13,392園にまで減少した。（表2-1参照）

　幼稚園数は公立よりも私立が多く、2010年度では公立38.5%、私立61.5%と私立幼稚園に依存している。就園率は、1950年度では8.9%と非常に低かったが1979年度には64.4%まで幼稚園が普及し、1981年度を境に少しずつ減少し、2010年度現在では56.2%となっている。これは、女性の就労が増えたために保育所利用が増加したものである。（表2-2参照）

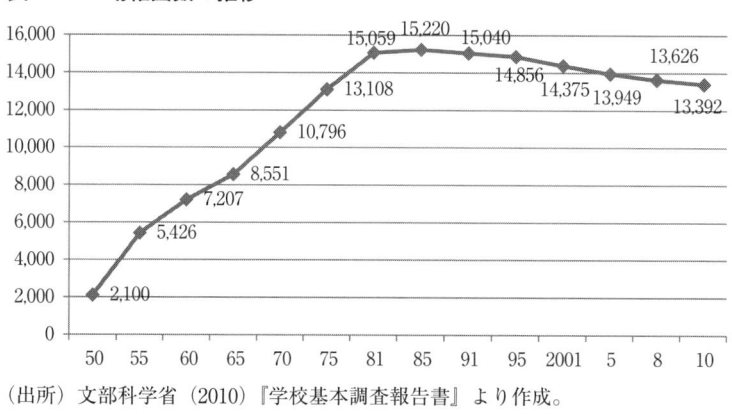

表2-1　幼稚園数の推移

年	幼稚園数
50	2,100
55	5,426
60	7,207
65	8,551
70	10,796
75	13,108
81	15,059
85	15,220
91	15,040
95	14,856
2001	14,375
5	13,949
8	13,626
10	13,392

（出所）文部科学省（2010）『学校基本調査報告書』より作成。

2　公立幼稚園と私立幼稚園の財政

　公立幼稚園と私立幼稚園の財政運営は異なっている。幼稚園は設置者負担主義が採用されているため、公立幼稚園の運営費は市町村負担となり、地方交付

表2-2　幼稚園数・園児数・就園率の推移

年度	幼稚園数 計	国立	公立	私立	園児数 計	国立	公立	私立	就園率
25('50)	2,100	33	841	1,226	224,653	2,952	107,606	114,095	8.9
30('55)	5,426	32	1,893	3,501	643,683	2,961	237,994	402,728	20.1
35('60)	7,207	35	2,573	4,599	742,367	3,400	228,045	510,922	28.7
40('65)	8,551	35	3,134	5,382	1,137,733	3,472	297,308	836,953	41.3
45('70)	10,796	45	3,904	6,844	1,674,699	4,210	397,836	1,272,653	53.7
50('75)	13,108	47	5,263	7,798	2,292,180	5,575	564,145	1,721,460	63.5
52('77)	13,854	47	5,576	8,231	2,453,687	5,939	627,283	1,820,165	64.2
54('79)	14,622	47	5,951	8,624	2,486,506	6,227	653,847	1,826,432	64.4
56('81)	15,059	48	6,149	8,862	2,292,811	6,512	596,060	1,690,239	64.4
58('83)	15,190	48	6,227	8,915	2,192,853	6,568	551,851	1,634,434	63.8
60('85)	15,220	48	6,269	8,903	2,067,991	6,609	504,461	1,565,921	63.7
62('87)	15,156	48	6,263	8,845	2,016,225	6,600	470,454	1,539,171	63.6
元('89)	15,080	48	6,239	8,793	2,037,618	6,557	454,148	1,576,913	63.9
3('91)	15,040	48	6,244	8,768	1,977,580	6,630	410,708	1,560,242	64.1
5('93)	14,958	49	6,205	8,704	1,907,167	6,740	379,856	1,520,571	63.8
7('95)	14,856	49	6,168	8,639	1,808,432	6,778	361,662	1,439,992	63.2
9('97)	14,690	49	6,085	8,556	1,789,523	6,803	360,630	1,422,090	62.5
11('99)	14,527	49	5,981	8,497	1,778,286	6,911	360,558	1,410,817	61.6
13('01)	14,375	49	5,883	8,443	1,753,422	6,819	360,962	1,385,641	60.6
15('03)	14,174	49	5,736	8,389	1,760,494	6,718	361,136	1,392,640	59.3
17('05)	13,949	49	5,546	8,354	1,738,776	6,572	348,945	1,383,249	58.4
19('07)	13,723	49	5,382	8,292	1,705,408	6,457	331,222	1,367,729	57.2
20('08)	13,626	49	5,301	8,276	1,674,172	6,374	318,551	1,349,247	56.7
21('09)	13,515	49	5,206	8,260	1,630,344	6,315	306,017	1,318,012	56.4
22('10)	13,392	49	5,107	8,236	1,605,948	6,218	294,729	1,305,001	56.2

（出所）文部科学省（2010）『学校基本調査報告書』より作成。

税の基準財政需要額に算入[3]されている。私立幼稚園については、幼稚園の経常経費に対する都道府県の助成に対して国が一定額を補助する「経常費助成制度」[4]がある。公立・私立幼稚園間の保護者負担の格差是正を目的としては、公立・私立ともに保護者に対する「幼稚園就園奨励費補助金」[5]があり、「幼稚園就園奨励費補助金」は、1972年に公立・私立の保育料格差の保護者負担格差是正を目的として設けられた。都道府県立幼稚園の園児については、都道府県が担当、市町村立幼稚園及び私立幼稚園の園児については、市町村が担当し、

第 2 章　戦後における幼稚園と保育所の歴史

国・都道府県・市町村が負担する仕組みとなっている。

　保育料については、公立は一定額（市町村立は市町村が定めた一定額）、私立についてはそれぞれ園の定めた保育料とされている。保育所のように所得階層ごとの保育料ではない。以上のように、公立・私立により、補助金等の財政構成の仕組みは異なっているが、2009年度政府の予算ベースで公立・私立幼稚園の費用負担を比較すると図 2-1 の通りである。

　公立幼稚園の園児数は31万人、私立幼稚園の園児数は133万人で、公立は全体の18.9%私立は81.1%を占めており、私立に 8 割依存している。公立幼稚園の財政の内訳をみると、総経費1,300億円、公費1,100億円（84.7%）、保護者からの保育料200億円（15.3%）となる。公費は市町村への交付税と税等である。私立幼稚園の経費の内訳は、総経費5,900億円、公費2,600億円（44.1%）、保護者3,300億円（55.9%）となる。

　私立の財政内訳をみると、国負担が500億円（8.5%）、その内訳は私学助成300億円と就園奨励費200億円、県負担（私学助成）は1,700億円（28.8%）、市町村負担400億円（6.8%）は就園奨励金であり、保護者負担（保育料）は3,300億円（55.9%）である。保育料を平均して計算してみると、公立は年間約 6 万4,000円（月額5,000円）、私立は年間24万8,000円（月額約 2 万1,000円）となり、私立は公立の約3.8倍の保育料であることがわかる。したがって私立幼稚園の保護者負担は、公立に比べて比率が高い。この公私保育料格差是正として就園奨励費が国と市町村から支給されているが、この格差は就園奨励費では埋められるほどの支給額ではない。

　1 人あたりの経費をみると、公立は市町村負担35万5,000円、保護者負担 6 万4,000円、私立は国・県・市町村を合わせた公費負担19万5,000円、保護者負担24万8,000円となる。公費負担の金額を考えると公立は私立の約1.7倍の公費を投じて幼稚園の事業を提供していることとなる。現状の幼稚園の充足率をみると、公立幼稚園の充足率低下が激しいため、国としてはこの施設を使用して、他の機能追加（預かり保育等）をし、保育所の待機児童対策に利用する方向にむかっているのである。

　前述したように公立幼稚園は公費の負担が多いため、国（文部科学省）は幼稚園を私立に依存してきた経緯がある。そのため国は、幼稚園と保育所の連携

図2-1　公立・私立幼稚園の費用比較

公立		
園児数	31万人	
総経費	1,300億円	
公費	1,100億円	(84.7％)
保護者	200億円	(15.3％)
園児1人当たり	419千円	

私立		
園児数	133万人	
総経費	5,900億円	
公費	2,600億円	(44.1％)
保護者	3,300億円	(55.9％)
園児1人当たり	443千円	

公立：
- 総経費：市町村＜交付税＞ 1,100億円（84.7％）、保護者 200億円（15.3％）
- 1人当たり経費：市町村 355千円、保護者 64千円

私立：
- 総経費：県（私学助成）1,700億円（28.8％）、国 500億円（注4）（8.5％）、市町村 400億円（注4）（6.8％）、保護者 3,300億円（55.9％）
- 1人当たり経費：公費 195千円、保護者 248千円

(注1) 2009年度幼稚園就園奨励費、私学助成、保育所運営費負担金予算ベース。
(注2) 公立幼稚園の市町村負担額には就園奨励費の地方交付税措置分が含まれている。また、現在公立で支給されている就園奨励費4億円は省略した。
(注3) 四捨五入により合計が一致しない場合がある。
(注4) 国500億円の内訳は私学助成300億円と就園奨励費200億円、市町村の400億円は就園奨励費。
(出所) 全国保育団体連絡会・保育研究所編（2010）、p.72。

の推進や保育所の補完作用として預かり保育等を推進し事業費を導入する等の取り組みを行ってきた。このように私立幼稚園に依存してきた経緯から、幼保一体化施設や子ども・子育て新システム等の政策の中にも、私立幼稚園に対する配慮が窺える。

3　幼稚園振興計画から幼児教育振興アクションプログラムまで

　学校教育法施行15年後の1961年に、幼稚園の就園率は33％に達する状態まで

第2章　戦後における幼稚園と保育所の歴史

しか幼稚園教育は達成されていなかった。その後幼稚園教育振興計画により幼稚園の増設や開園の目標値が定められ、幼児教育の振興で推進を行うようになった。幼稚園教育振興計画は、1961年より第3次まで行われ、その後2001年に幼稚園教育振興プログラム、2006年幼稚園教育アクションプログラムとなり、目標や内容が変化し、幼稚園教育の就園率アップから、幼稚園と保育所の共用化へ向けて動いていくのである。

(1) 幼稚園振興計画（第1次）

　幼稚園振興計画は、1961年9月に7ヶ年計画として策定されたが、その策定の背景には、参議院・衆議院の各文教委員会と国際公教育委会議で就学前教育が大きく取り上げられたことがある。それまで文部省は、義務教育の設置に追われ、幼児教育施設の整備までは手におえない状態が続いた。しかし1971年頃から幼児教育への重要性が増し、同年6月参議院文教委員会で幼児教育の振興が次の点で話し合われた。

　①幼児教育に関し保育所との関連で根本施策を樹立すること、②幼稚園設置基準を再検討し、幼稚園の設置の促進と育成を図ること、③公立幼稚園の教職員の待遇を調査し改善策を講じること、④宗教法人立の幼稚園を学校法人立へ切り替えるための特別な法的措置を講じること、⑤私立幼稚園育成のための財政措置を図ることであった。

　1971年5月、衆議院文教委員会では、幼稚園教育は人間形成に大事な時期であるため、公・私立幼稚園の充実と教職員の待遇の改善を行うことが決定された。さらに同年7月、国際公教育委員会議でも幼児教育の重要性が取り上げられ、幼稚園の振興と普及活動について各文部大臣に勧告されたのである。この3つのことが重なり、1961年我が国初めての幼稚園教育振興計画がスタートしたのである。

　幼稚園教育振興計画[6]は、人口概ね1万人以上の市町村における幼稚園就園率を60％以上にするために、幼稚園の新設及び学級の増加を図るために次のことを行うこととしていた。

　方針としては①7年間で約3,000の公・私立幼稚園の新設を行う。人口1万人の市町村につき幼稚園1園とし、規模を120名とする、②教員の待遇改善の

ため、幼稚園教諭の給与費を将来都道府県負担[7]とすることを検討する、③地方交付税の基準財政需要額の算定については、教育費の中に幼稚園教育費を別枠[8]とし、単位費用の増額を図ることであった。

具体的な財政措置としては、①施設設備の国庫補助、②教員養成施設の増設、③幼稚園設置基準の促進の3つであった。財政措置としては①②であり、①は、施設新設及び既設の公立幼稚園については1/3補助を行う。教材具等の設備費として、公・私立新設一園あたり120万円、既設の私立に関しては1/3の補助を行うことであった。②は、3,440人の教員養成の必要性があるため、都道府県に教員養成所を設け、運営費の1/2に国庫補助を行い、設置についてはできるだけ国立大学を利用することとなっていた。

このように、就学前教育である幼稚園が国の施策により、少しずつ促進され、設置の増加や教職員の改善、補助等が行われるようになった。そして、教員養成のための国立大学では、教育学部の中に幼稚園教諭免許が取得できる大学が増加していったのである。

(2) 第二次幼稚園教育振興計画の策定

1971年中央教育審議会の答申が出され、幼稚園教育の積極的な普及の必要性が強調された。具体的な方策としては、①幼稚園に入園を希望するすべての5歳児を就園させることを目的とし、幼稚園の拡充を図る。市町村に対して必要な収容力を持つ幼稚園を設置する義務を課し、国及び府県の財政支援を強化すること、②公・私立幼稚園が役割を適切に分担するような地域配置について必要な調整を行い、就学上の経済負担の軽減を図るための財政上の措置を講ずる、③幼稚園の教育課程の基準を改善すること、④個人立の幼稚園を早急に法人立への転換を促進することであった。

中央教育審議会の答申に基づき、文部省は1971年9月、「幼稚園教育振興計画要項」[9]を発表した。趣旨は幼稚園振興計画を査定し、1981年までに幼稚園入園を希望するすべての4歳児及び5歳児を就園させることを目標とし、幼稚園の整備を図ることであった。計画期間は、1972年〜1981年の10ヶ年とし、前期・後期各5年間に分けた。前期振興計画は、目標達成のために次のことに配慮して公・私配置を調整することとなった。①1小学校区に1幼稚園を設置す

ることを目標とし、少なくとも約4,100校の新設を図る。既存幼稚園を増設する学級数は、4歳児を約5,300学級とする。②振興計画の推進に対して国は、施設費及び設備費補助等と新規に公立幼稚園教員給与費補助と私立幼稚園委託費補助の財政措置を行うこととした。また、私立幼稚園に対して4・5歳児の教育を委託する場合、委託費の1／3を補助し、スクールバス購入費の補助を新規の財政措置とした。③教員需要については、大学、短期大学及び養成校における幼稚園教諭普通免許取得者と、国立大学30ヶ所に新設する養成課程の卒業者によって供給が可能となると考えられた。このように第二次幼稚園教育振興計画は、1小学校区に1幼稚園を設置する具体的な設置計画[10]と幼稚園教員養成課程開設の増加が主なものであった。

(3) 第三次幼稚園教育振興計画

1991年文部省は、第三次幼稚園教育振興計画要項を策定し、同年を初年度として10年後の2001年度当初までに幼稚園への入園を希望するすべての3〜5歳児を入園させることを目標とした。

整備の方針としては、既存の幼稚園の配置状況や地域の事情を勘案し、公立・私立幼稚園に適正に整備を行うことと、各幼稚園が地域において今後果たす機能として「幼児教育センター」的役割を勘案することも含まれていた。

国の助成としては、公・私立幼稚園間の保護者負担の格差の是正を図るため、1991年度より幼稚園就園奨励費補助金の対象を新たに3歳児まで拡大した。また、幼稚園の1学級定員を35人以下に引き下げる[11]ために園舎の増築が必要となる場合の経費の措置として、公立幼稚園には運営費に関する地方交付税の算定基準を改善、私立幼稚園には経常費助成費補助の補助単価を改善した。第三次計画には、はじめて幼稚園の果たす機能として「幼児教育センター的役割」が記載されており、現在の幼稚園の多機能化の導入の始まりであるといえる。

(4) 幼児教育振興プログラム（2001年3月29日）

文部科学省は2001年3月29日、文部科学大臣決定「幼児教育振興プログラム」において、大きく3つにわけて①幼稚園教育の振興、②幼児期の家庭教育

及び地域社会における子育て支援の充実、③各地域における創意工夫を活かした幼児教育の展開等で厚生労働省と引き続き連携を図った。

①は、幼稚園の施設整備の推進や幼稚園就園奨励事業の充実をあげ、幼稚園が預かり保育を行い、家庭及び地域社会との連携を図り、補助基準面積の改定や子育て支援活動等弾力的な幼稚園運営が円滑に行われるような施設整備の充実を図る。幼稚園就園奨励事業については、第2子以降の子どもの保育料の軽減策として、第2子を第1子の0.5、第3子は第1子の0.1となるような水準目標をたてた。②は、幼稚園と小学校の連携や交流の機会を充実し、相応的な連携方策を図るために総合的な実践研究を実施する。幼稚園と小学校の教員間や幼児・児童間での交流の推進、幼稚園と小学校の教員免許の併有機会の施策を推進した。③は、都道府県と市町村が連携し、幼児教育の振興に関する計画を策定することを推進した。

以上のように幼児教育振興プログラムでは、幼稚園に「幼児教育センター的機能」だけでなく、預かり保育を推進し家庭と地域の連携を示した。さらに地域における幼稚園の役割を都道府県と市町村に創造するように指示したものであった。

(5) 幼児教育振興アクションプログラム（2006年10月4日）

アクションプログラムは、幼児教育の振興に関する施策を効果的に推進するため、国公私立の幼稚園、認定こども園における教育の条件整備を中心とし、都道府県や市町村において取り組むことが望まれる施策を示した総合的な行動計画であった。実施については2006年度〜2010年度とされた。

内容は7つの施策を柱としており、①幼稚園・保育所の連携と認定こども園制度の活用の促進、②希望する全ての幼児に対する充実した幼児教育の提供、③発達や学びの連続性を踏まえた幼児教育の充実、④教員の資質及び専門性の向上、⑤家庭や地域社会の教育力の再生・向上、⑥生涯学習振興施策における家庭や地域社会の教育力の再生・向上、⑦幼児教育を地域で支える基盤等の強化である。この中で、幼保一体化に関するものは次のものである。

①は、研修の充実、幼稚園教諭・保育士の資格の併有の促進、教育・保育内容の整合性の確保、窓口の一本化である。また、認定こども園等幼稚園と保育

所の連携を研修の1つのテーマとして取り上げるなどを推進している。③は、未就園児の円滑な幼稚園就園の推進として幼稚園における未就園児に対する幼児教育の推進[12]を取り上げている。⑤は、子育て支援活動・預かり保育の推進と地域の教育団体等との連携による幼児教育の総合的な推進を主に国が、私学助成（子育て支援活動の推進）の充実や公立幼稚園に対する地方交付税の確保を図り、子育て支援活動を推進、モデル事業の実施やその成果の普及を図ったのである。

このアクションプランは、総合モデル事業を含めた認定こども園制度、及び3歳未満児の早期受け入れの推進と幼児教育施設が地域の子育て支援センターの役割を担うものとなるように設定された。家庭・地域社会・幼稚園等施設の三者による総合的な幼児教育の推進、未就園児の就園支援を行った。研修内容として、認定こども園や幼稚園と保育所の連携を取り上げるよう、幼保連携と幼保一体化をベースとした取り組みとなっているといえる。

4　預かり保育推進事業を中心とした幼稚園の保育所化

（1）預かり保育[13]推進事業を中心として

預かり保育は、幼稚園に通わせている保護者の中でもパートタイム労働やその他の事情のために子どもを通常の保育時間外でも幼稚園に預かってもらうものである。1997年度より私立幼稚園に対して「預かり保育推進事業」[14]として私学助成が行われるようになり2002年度より市町村に対して地方交付税が措置されるようになった。

預かり保育の実施率は、図2-2のように1993年では、公立318園（公立の5.2％）、私立2,541園（私立の29.5％）、合計2,859園（公私立全体の19.4％）と少なかった。預かり保育推進事業が開始された後、2001年度には公立1,302園（22.7％）、私立6,459園（78.2％）、合計7,761園（55.4％）にまで増加し、2008年には、公立2,493園（47.0％）、私立7,353園（88.8％）、合計9,846園（72.5％）と至るまで拡大していった。

拡大の要因は、「預かり保育推進事業」による助成とさらに2007年6月、学校教育法が改正され、預かり保育が法律上に位置づけられた点と、2008年3月幼稚園教育要領が改正、預かり保育が教育活動として適切な活動となるよう、

図2-2 預かり保育の実施率

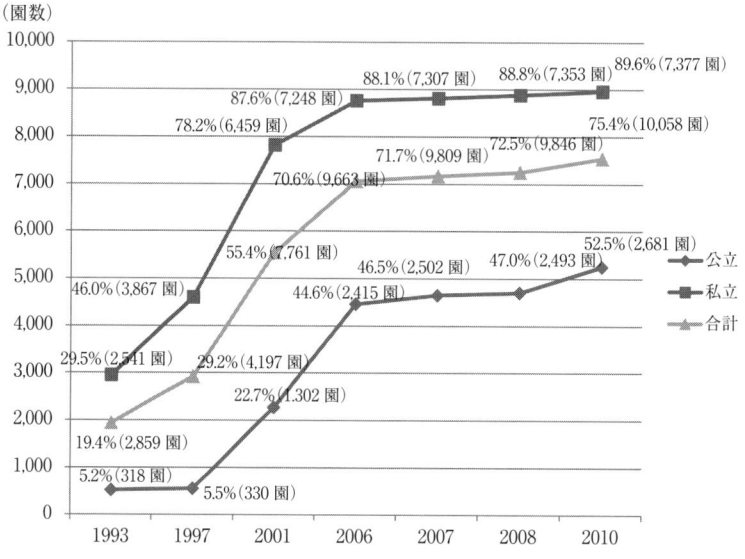

(出所) 全国保育団体連絡会・保育研究所編 (1993～2010)『保育白書 各年度』、より作成。

具体的な留意事項が示されるまでに至ったことである。預かり保育推進事業の財源支出の推移をみると、図2-3の通りである。

　預かり保育に対する補助金としては、1997年度預かり保育推進事業が開始されているが、当初補助金額は7,800万円であった。その後2001年度文部科学省は「預かり保育」を「幼稚園における子育て支援」として位置づけ、預かり保育事業の推進をさらに強調し予算を3億1,200万円に増加した。2007年度預かり保育が教育活動として学校教育法上位置づけられた後、預かり保育推進事業費は18億7,200万となり、2010年度には48億1,800万円にまで増加し幼児教育予算における8.9％までとなるに至った。しかし、預かり保育推進事業の補助金額は、幼稚園就園奨励費補助と比較するとあまりにも少ない。

(2) 2歳児「入園」の全国展開

　2003年度より、規制緩和策の構造改革特区の1つとして「3歳未満児入園事

図2-3　幼児教育関係費と預かり保育推進事業等の推移

(単位：百万円)

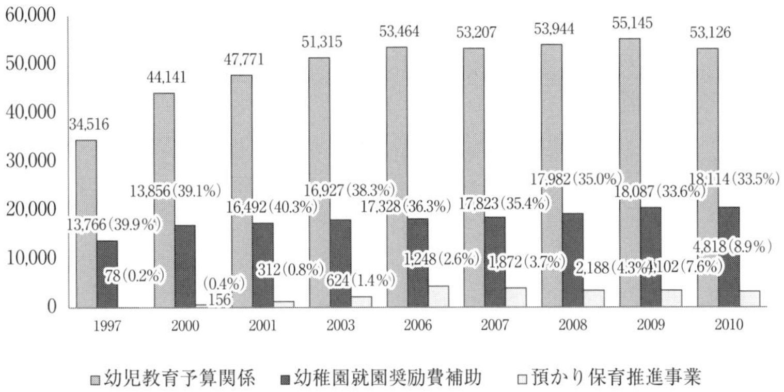

年	幼児教育予算関係	幼稚園就園奨励費補助	預かり保育推進事業
1997	34,516	13,766 (39.9%)	78 (0.2%)
2000	44,141	13,856 (39.1%)	(0.4%) 156
2001	47,771	16,492 (40.3%)	312 (0.8%)
2003	51,315	16,927 (38.3%)	624 (1.4%)
2006	53,464	17,328 (36.3%)	1,248 (2.6%)
2007	53,207	17,823 (35.4%)	1,872 (3.7%)
2008	53,944	17,982 (35.0%)	2,188 (4.3%)
2009	55,145	18,087 (33.6%)	4,102 (7.6%)
2010	53,126	18,114 (33.5%)	4,818 (8.9%)

(出所) 全国保育団体連絡会・保育研究所編 (1993～2010) より作成。

業」が地域を限定した規制緩和[15]として実施された。特区実施については、特別に公費助成が創設されたわけではなかった。子育て支援活動の一環として「3歳未満児入園事業」が2007年3月28日の構造改革特別区域法の一部改正案の成立により、この条項は廃止となる[16]。

しかし2007年度については、入学手続等が既に過んでいる為、施行は2008年4月1日とされ全国展開されることとなった。2歳未満児の幼稚園の入園については、学校教育法上の規定を変えるかという議論があり、2007年「改正」が行われ、学校教育法第3章幼稚園に第24条[17]が新設された[18]。幼稚園における子育て支援活動を規定した条項であり、子育て支援活動として受け入れを容認することとなった。

この事業に対しては、幼稚園自身が持ち出しをして対応した[19]といわれている。しかし、私立幼稚園にとって経営上、園児を早期に確保することが安定した経営を行う上で重要な課題となっていることからすれば、3歳未満児入園事業は、私立幼稚園にとって園児獲得の足掛かりとなった。

第2節　保育所の歴史と財政

1　保育政策の動向

(1) 保育事業のはじまり

　1890年6月日本の最初の保育事業は、赤沢鍾美・ナカ夫妻が家塾、新潟静修学校の付属施設として開設した託児所である。1894年、大日本紡績の東京深川工場に附属託児所が創設、1896年福岡県に三井炭坑託児所が設立された。1908年9月内務省は全国の社会事業家を集め、第1回の感化救済事業講習会を開催、これを機会に託児所は、幼稚園とは別機能の保育機関として、内務省から助成されるようになった。

　1919年大阪市で最初の公立託児所が開設され、1920年には京都市、1921年は東京市にも開設された。1921年東京市託児保育規定が制定され、幼稚園の教育課程に準じることとなった。

(2) 保育所の制度化

　1938年1月厚生省が設置され、託児所は厚生省の管轄となった。1947年12月、「児童福祉法」が公布され、託児所の名称は保育所に統一されたため、保育所は児童福祉施設の1つとして位置づけられるようになった。1952年3月、厚生省は『保育指針』を刊行した。その後1955年代後半に始まった高度経済成長は、女性の就労を増加し、それに伴い保育所の増設運動が展開されるようになった。

(3) 戦後の保育財政システムの拡充（～1970年）

　1949年8月シャウプ勧告に基づき、1950年度から平衡交付金制度が実施され、保育所措置費国庫負担金制度が廃止された。保育所措置費は他の児童福祉施設と同様平衡交付金に算入され、費用の運営については市町村に任されるようになった。平衡交付金制度は、市町村が財政支出を抑制し、児童福祉施設に対する運営費の支払いの遅延、減額、入所措置の制限[20]により、高い保育料を

第2章　戦後における幼稚園と保育所の歴史

支払うことの可能な世帯の児童を優先的に入所させる等の問題が起こったため、多くの施設が経営困難に追い込まれ、さらに社会問題にもなった。そのため1953年度より平衡交付金制度を廃止、国庫負担金制度に戻した。

改正の際、国庫負担金の単価を平衡交付金制度に算入されていたまま採用し、公費負担率を実態よりも低く見積もり予算が計上された。1955年度保育所措置費の支弁方式を「現員現給による限度の設定方式」に改め、全国単一の単価に基づき措置費を支払う方式[21]とした。保育料については、市町村に「資産調査」をさせ、保育料を厳しく徴収するように指導した。「現員現給制」は、保育予算の実質的削減、抑制を図ることを目的としていた。しかし、保育現場や入所児童に対する処遇に関して強い批判が上がり、「現員現給制」は廃止され、1958年度より保育単価制度が導入されることとなった。保育単価制度は、全国画一的な保育単価を設定、措置費の支弁基準としたが、その後人口や規模等により、加算していくシステムへと改善されていった。

（4）保育所建設費の国庫補助金の抑制

保育所建設費については、公立は国が1/2または1/3を負担するとされており、私立は1951年児童福祉法第5次改正により、社会福祉法人または公益法人は国庫補助金が受けられるようになった。しかし、1955年度より保育所施設整備費の国庫補助金については定額方式（1ヶ所70万円）に変更となり、保育所建設の弊害となったことは言うまでもない。この制度は1972年度まで継続された。1973年に大阪府摂津市が起こした摂津訴訟[22]は、市町村が国を相手取り、保育所建設費に対する既定の補助金を請求するというもので、市町村の超過負担問題を大きくクローズアップさせた。

（5）革新自治体の保育政策

1960年代後半から1970年代にかけて、全国で革新自治体（都道府県・市町村）が多く誕生し、保育政策が積極的に行われるようになり、保育政策の転換が図られた。1967年の東京都の美濃部都知事は、都による保育行政改善を行い、全国的に大きな影響を与えた。美濃部都知事は保育対策を都政緊急五大重点施策の1つに位置づけ、保育所の増設対策、無認可保育所対策[23]、保育時間

延長対策[24]、0歳児保育対策[25]等、その他公私是正対策等前例のない対策を行った。また、保育所の職員配置に都基準を設け、当時保母の配置が少なかった低年齢児に対して手厚い配置とした[26]。（表2-3参照）

(6) 福祉の見直しと保育所

　1970年代、女性の雇用政策促進対策として、政府は保育所施設整備の促進や保母等の養成施設と人材の確保、受益者負担を原則とする保育政策を打ち出していった。厚生省は1967年度「保育所緊急整備5ヶ年計画」、1971年度より「社会福祉施設整備5ヶ年計画」を実施し、保育所の増設を行った。

　1973年中央児童福祉審議会は「当面推進すべき児童福祉対策」（中間答申）で①乳幼児保育、②無認可保育施設の解消等、③心身障害児の保育、④保母の増員について述べており、翌年の答申では、多様化する保育需要に対応し、保育時間の延長と事業所内保育をあげていた。

(7) 行革・財政再建・国庫負担金の抑制

　1985年保育運営費国庫補助金は1年間の暫定措置として改定、8/10から7/10に削減された。これは、1983年第2次臨時行政調査会の第5次答申と臨時行政改革推進審議会の答申で補助金の見直しが提言検討されていたものに基づき、1985年「国の補助金等の整理及び合理化並びに臨時特例等に関する法律」による措置である。この削減は自治体の強い反対に会い、削減分は地方交付税で補填する条件で実施された。

　しかし、1986年「国の補助金等の臨時特例に関する法律」が成立、1988年までの3年間の暫定措置として国庫補助金の負担率は5/10に引き下げられた。1989年「国の補助金等の整理及び合理化並びに臨時特例等に関する法律」が成立、社会福祉関連の国庫補助金は恒久化され5/10負担となった。

第 2 章　戦後における幼稚園と保育所の歴史

表 2-3　国と都の職員配置基準

職種 \ 年度	1971 年度 国基準	1971 年度 都基準	1974 年度 国基準	1974 年度 都基準
所長	1人(兼任可)	1人(兼任可)	1人(兼任可)	1人(兼任可)
保母　0歳児担当	6：1	3：1	6：1	3：1
保母　1歳児担当	6：1	5：1	6：1	5：1
保母　2歳児担当	6：1	6：1	6：1	6：1
保母　3歳児担当	20：1	20：1	20：1	20：1
保母　4歳以上児担当	30：1	30：1	30：1	30：1
保母　基準外	60人以下施設 非常勤保母 1人(3時間分)	充実保母 全施設　　1人 特例保育所 60人以下　1人 61人以上　2人	60人以下施設 非常勤保母 1人(3時間分)	充実保母全施設 　　　　　1人 特例保育所 60人以下　1人 61人以上　2人 特例パート保母 15人に1人 障害児保育実施 保育所に非常勤 保母 （3人に1人）
調理員等　調理員	2人 (30人施設1人)	30〜59人　2人 60〜149人　3人 150人以上　4人	2人 (30人施設　1) 151人以上施設 非常勤職員1人	30〜59人　2人 60〜149人　3人 150人以上　4人 零歳児指定保育 所全施設　1人
保健婦(看護婦)	乳児保育特別対策適用保育所1人	零歳児指定保育所　　　　1人	乳児保育特別対策適用保育所1人	零歳児指定保育所　　　　1人
栄養士	—	特別区のみ各区1人配置	—	各区　　各1人 多摩民生　1人 西多摩　　1人
嘱託医	1人	1人	1人	1人

(出所) 岡田正章 (1980)『戦後保育史　第二巻』、p. 268。

2 エンゼルプランからはじまる少子化対策と保育所予算

(1) 少子化対策（図2-4参照）

1990年の「1.57ショック」をうけて、政府は出生率の低下と子どもの数が減少傾向にあることを問題とし、仕事と子育ての両立支援等子どもを生み育てやすい環境づくりに向けての対策の検討を始めた。

1994年12月、文部、厚生、労働、建設の4大臣合意により策定された「今後の子育て支援のための施策の基本的方向について」（エンゼルプラン）が計画

図2-4 近年の子育てに関する政策

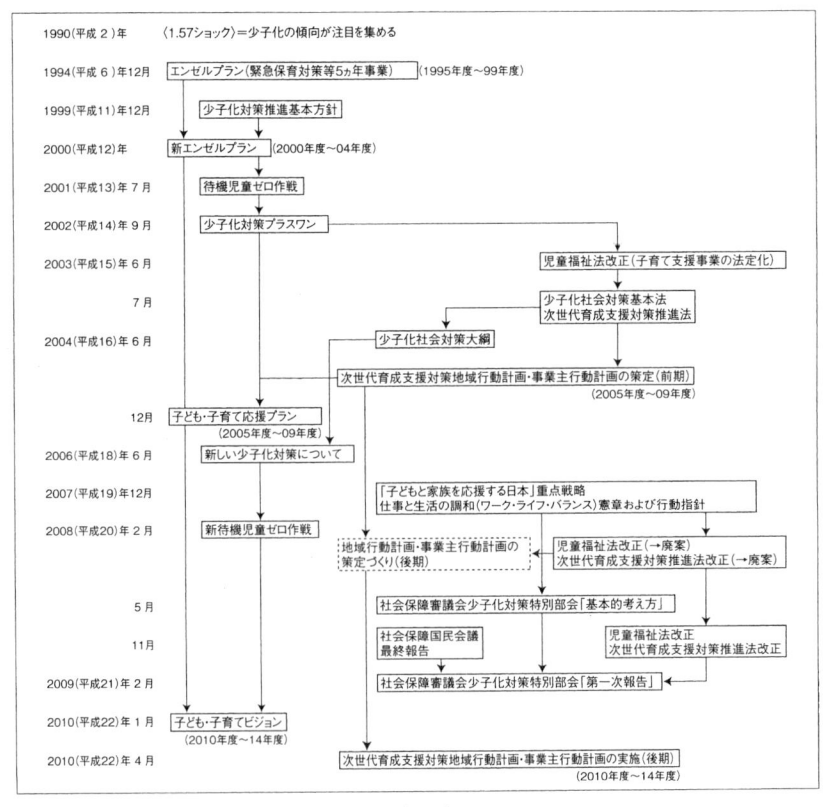

1990(平成2)年	〈1.57ショック〉＝少子化の傾向が注目を集める
1994(平成6)年12月	エンゼルプラン（緊急保育対策等5ヵ年事業）（1995年度〜99年度）
1999(平成11)年12月	少子化対策推進基本方針
2000(平成12)年	新エンゼルプラン（2000年度〜04年度）
2001(平成13)年7月	待機児童ゼロ作戦
2002(平成14)年9月	少子化対策プラスワン
2003(平成15)年6月	児童福祉法改正（子育て支援事業の法定化）
7月	少子化社会対策基本法／次世代育成支援対策推進法
2004(平成16)年6月	少子化社会対策大綱
	次世代育成支援対策地域行動計画・事業主行動計画の策定（前期）（2005年度〜09年度）
12月	子ども・子育て応援プラン（2005年度〜09年度）
2006(平成18)年6月	新しい少子化対策について
2007(平成19)年12月	「子どもと家族を応援する日本」重点戦略／仕事と生活の調和（ワーク・ライフ・バランス）憲章および行動指針
2008(平成20)年2月	新待機児童ゼロ作戦／地域行動計画・事業主行動計画の策定づくり（後期）／児童福祉法改正（→廃案）次世代育成支援対策推進法改正（→廃案）
5月	社会保障審議会少子化対策特別部会「基本的考え方」
11月	社会保障国民会議最終報告／児童福祉法改正／次世代育成支援対策推進法改正
2009(平成21)年2月	社会保障審議会少子化対策特別部会「第一次報告」
2010(平成22)年1月	子ども・子育てビジョン（2010年度〜14年度）
2010(平成22)年4月	次世代育成支援対策地域行動計画・事業主行動計画の実施（後期）（2010年度〜14年度）

（出所）全国保育団体連絡会・保育研究所（2012）、p.49。

第 2 章　戦後における幼稚園と保育所の歴史

され、今後10年間に取り組むべき基本的方向と重点施策を定めた。1994年エンゼルプランを実施するため、保育所の量的拡大や低年齢児（0～2歳児）保育、延長保育等の多様な保育サービスの充実、地域子育て支援センターの整備等を図るための「緊急保育対策等5ヶ年事業」が策定され、1999年度を目標年次として整備が進められることとなった。

　1997年児童福祉法改正が行われ、保育は「措置制度」から「契約制度」へと変更[27]された。1999年児童福祉法の改正により「保母」は、「保育士」へと変更され、2003年には、国家資格に格上げされた。保育士は、保育所以外でも乳児院や児童養護施設、各種障害児施設で一定の配置が義務付けられている。

　その後1999年12月、少子化対策推進関係閣僚会議で「少子化対策推進基本方針」が決定、方針に基づく重点施策の具体的実施計画として、「重点的に推進すべき少子化対策の具体的実施計画について」（新エンゼルプラン）が策定された（大蔵、文部、厚生、労働、建設、自治の6大臣合意）。新エンゼルプランは、従来のエンゼルプランの緊急保育対策等5ヶ年事業を見直し、2000年度を初年度として2004年度までの計画であった。目標値の項目には、保育サービス関係だけでなく、雇用、母子保健・相談、教育等の事業も加えた幅広い内容となっていた。

　2001年7月「待機児ゼロ作戦」[28]が閣議決定され、具体的には、①待機児童の多い地域に重点的に保育所を整備し、受入児童数は5万人強増加を見込み、②50人以上の待機児童が存在する95市町村（待機児童全体の8割）は今年度中に保育計画（待機児童解消計画）を策定、③幼稚園における預かり保育の充実等が盛り込まれた。

　2003年7月「少子化社会対策基本法」が成立、それを踏まえて2004年「子ども・子育て応援プラン」を策定した。自治体には、2005年～2009年の5か年の次世代育成支援対策のための行動計画と具体的な数値目標も合わせて策定した。このプランの背景には、女性の就労率の増加による保育需要、多様な保育メニューへの対応、家庭と仕事の両立を可能にし、少子化を食い止める狙いがあった。

　2005年政府レベルでは少子化社会対策推進会議が発足、2006年「新しい少子化対策について」がまとめられた。2008年には「新待機児ゼロ作戦」が実施さ

れ、10年後に3歳未満児の保育提供割合を20%から38%に目指すこと等をあげた。

2007年社会保障審議会に少子化対策特別部会が設置され、2008年5月「次世代育成支援のための新たな制度体系の設計に向けた基本的な考え方」を公表した。その後、2009年に報告書「第1次報告—次世代育成支援のための新たな制度体系の設計に向けて」を発表した。この内容は、第3節で述べるが、「子ども・子育て新システム」の基礎となったものであり、保育制度改革の在り方や財源・費用負担等が示され、この考えが「子ども・子育て新システム」に繋がっていったのである。

2010年には、今後5年間で取り組む少子化対策をまとめた「子ども・子育てビジョン」（少子化社会対策大綱）が閣議決定され、2014年までの達成目標を掲げ、保育サービスを現在の提供割合24%から35%に引き上げることとした。4つの柱として、①若者が安心して成長できる社会、②妊娠、出産等、子育ての希望が実現できる社会へ、③子育て力のある地域社会へ、④男女ともに生活と仕事が調和する社会へがあげられた。

(2) 保育所関係予算

保育所関係予算については、厚生労働省児童家庭局保育課の保育対策関係予算の概要各年版をもとに作成した。保育関係予算については、2005年度で補助金の再編があり、大幅に名称や構成が変更されたため、2005年前と後に分けて予算の内訳を作成した。

①保育関係対策予算（1998～2004年度）（表2-4参照）
国の保育関係対策予算を1998～2004年度までの経緯をみると表2-4の通りである。但し、2002年度より「待機児童ゼロ作戦の推進」が進められたが、保育関係対策予算内の「待機児童ゼロ作戦」部分については、別掲とした。

まず、保育所運営費は、1998年度3,369億5,800万円であり、2003年度には4,220億3,000万円まで増加したが、2000年度より三位一体の改革が行われ、公立保育所運営費国庫補助金が廃止され一般財源化に伴い、民間保育所運営費のみとなったため、2,665億2,100万円と前年度の63.2%まで減少した。

第2章　戦後における幼稚園と保育所の歴史

表2-4　国の保育関係対策予算（1998～2004年度） （単位：百万円）

	1998	1999	2000	2001	2002	2003	2004
一般会計合計＋特別会計	387,500	423,600	429,000	449,400	478,000	490,200	365,700
1. 必要なときに利用できる多様な保育サービスを整備							
多様な保育サービスの提供							
開所（延長保育）時間延長促進事業	10,710	12,994	16,159	24,206	27,160	30,091	31,755
延長保育整備基盤事業	10,237	11,059	1,322	－	－	－	－
休日保育	－	50	50	100	255	254	381
低年齢児保育推進事業	3,666	4,371					
産休・育休明け入所予約モデル事業	1,726	1,360					
乳幼児保育促進等事業の実施	－	－	4,282	5,013	5,126	1,761	870
家庭的保育事業の実施（保育ママ）	1,152	1,162	1,287	1,273			
2. 在宅の乳幼児を含めた子育て支援の推進							
地域子育て支援センター事業の促進	1,921	2,064	2,782	3,321	3,988	4,710	5,051
多機能保育所の整備	8,180	－					
一時保育の促進	※1)	1,650	1,271	1,884	2,268	2,430	2,565
保育所地域活動事業の充実（保育所分園推進事業の拡充）	1,320	1,030	1,078	1,308	1,430	1,180	1,220
在宅保育サービス助成事業・ベビーシッター育児支援事業	386	386	450	505	505	401	352
3. 保育所機能充実のための施設整備							
社会福祉施設等施設整備費（内保育所分）	7,712	9,496	7,696	7,268	15,581	15,608	29,929
社会福祉施設設備整備費（内保育所分）	465	965	665	550	923	956	※2)1,841
特別保育事業等推進施設の助成	75	75	75	75	75	75	75
4. 保育所運営費の改善→保育運営費	336,958	366,890	379,619	391,545	407,140	422,035	266,521
5. その他保育サービスの充実							
障害児保育の拡充→障害児保育環境改善事業に名称変更	3,146	3,097	2,933	3,036	3,251	67	83
家庭支援推進保育事業	1,152	1,162	1,169	1,174	1,175	1,157	1,144
年度途中入所円滑化事業	515	518	－	－	－	－	－
保育士養成確保	1,419	1,440	1,482	1,472	1,506	1,413	1,406
保育士養成所費	108	96	96	86			70
保育所保育士　研修等事業費	70	63	63	57			50
産休代替保育士等	1,241	1,281	1,323	1,329			1,286
へき地保育所費	2,021	2,179	2,125	2,120	1,927	1,831	1,717
施設型保育サービス事業の助成→子育て支援サービス事業	1,941	2,286	2,272	2,197	1,386	1,277	1,176
施設型保育サービス整備等事業費	758	656	648	582			
企業委託型保育サービス事業	85	86	86	86			
駅型保育試行事業	1,098	1,544	1,538	1,530			
改正保育制度定着促進事業費（改正保育制度施行に伴う民間保育所の対応状況等について実態調査報告を実施）	22	－	－	－	－	－	－

79

〈別掲　上記のうち「保育所待機児ゼロ作戦の推進」部分　〉（単位：百万円）

保育所待機児ゼロ作戦の推進	-	-	-	-			
保育所の受け入れ児童数の拡大	-	-	-	-	29,806	30,597	39,311
保育所運営費（入所児童拡大）	-	-	-	-	14,225	14,989	9,382
保育所緊急整備	-	-	-	-	15,581	15,608	29,929
特定保育事業の創設	-	-	-	-	-	1,492	2,552
送迎保育ステーション試行事業の創設	-	-	-	-	250	102	101
駅前保育サービス提供施設等設置促進事業の創設	-	-	-	-	60	60	900
認可化移行推進事業の創設	-	-	-	-	128	128	128
待機児童解消のための保育施策の推進等	-	-	-	-	134	-	-
家庭的保育事業の促進	-	-	-	-	1,271	625	614

注）合計には上記以外の費目が含まれる。
注）年度当初予算とする。
※１）延長保育等促進基盤整備事業に含まれる。
※２）保育所のみの金額が計上されていないため社会福祉施設全体となる。
・多機能保育所の整備は、1998年度までとなっているが、これは緊急対策保育5ヶ年計画の最終年度にあたる。
・1999年度より休日保育試行事業が新規事業となり、一時保育の促進は、延長保育事業に含まれるようになった。
・産休・育休明け入所予約モデル事業は、緊急保育対策等5ヶ年計画であり、1999年度までで終了している。
・2000年度より開所時間延長促進事業は、延長保育事業の促進事業に、低年齢児保育推進事業は、乳幼児保育促進等事業の実施に名称変更した。
・2002年度より在宅保育サービス助成事業は、ベビーシッター育児支援事業に名称変更となった。
・2002年度より家庭的保育事業は、保育所待機児童ゼロ作戦の推進事業の中に組み込まれたため、待機児ゼロ作戦の推進の部分に記載。また待機児童ゼロ作戦のため、保育所受け入れ児童数の増大によるよる保育所運営費が計上されることとなった。
・2004年度より、施設型保育サービス事業の助成は、子育て支援サービス事業に、障害児保育の拡充は、障害児保育環境改善事業に名称変更した。
（出所）厚生省児童家庭局保育課（1998～2004）保育対策関係予算（案）の概要、各年版より作成。

　開所時間延長促進事業（延長保育）は、1998年度107億1千万円であったが、2001年度には242億600万円、2004年度には317億5,500万円にまで増加した。
　2002年度より待機児童ゼロ作戦が開始され、保育所運営費（入所児童拡大分）は、2002年度142億2500万円であったが、三位一体の改革が行われた2004年度では、公立保育所運営費の一般財源化に伴い93億8200万円と大幅に減少した。

第２章　戦後における幼稚園と保育所の歴史

　社会福祉施設等施設整備費（内保育所分）は、1998～2001年度まで70億円代（但し1999年度のみ94億円）であったが、待機児ゼロ作戦が開始された2002年度に155億8,100万円、2004年度では299億2,900億円と2001年度の約４倍にまで増加しており、保育所が「新エンゼルプラン」や「待機児童ゼロ作戦」等の施策の影響により整備されてきたことがわかる。

　障害児保育の拡充については、2003年度より、地方交付税で対応されることとなったため、減額された。2004年度は、2003年度の税制改正に関連した「少子化対策の施策」として待機児童の多い市町村を中心に緊急整備を行うため、2004年度限定で150億円が計上された。この時期の保育関係対策予算概要は、延長保育の促進と民間による保育所運営の増大による社会福祉施設等施設整備費の増大が主な政策であったといえる。

②2005年度の補助金改革

　2005年度は三位一体の改革の２年目となり、予算案の段階で民間保育所運営費も一般財源化の対象として盛り込まれていたが、厚生労働省と保育関連団体の強い批判により、民間保育所運営費の一般財源化は見送られた。2005年度は、保育事業や施設整備に関わる補助金が次のように大きく再編された。（表２-５参照）

表２-５　補助金の再編（新型交付金制度による）

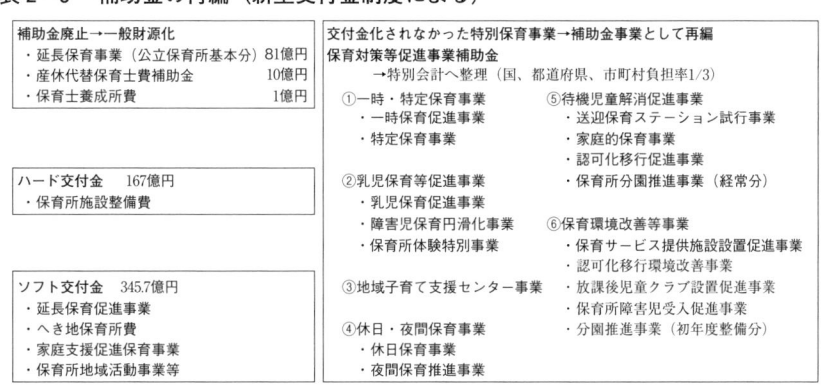

補助金廃止→一般財源化	交付金化されなかった特別保育事業→補助金事業として再編
・延長保育事業（公立保育所基本分）81億円 ・産休代替保育士費補助金　10億円 ・保育士養成所費　1億円	保育対策等促進事業補助金 　→特別会計へ整理（国、都道府県、市町村負担率1/3） ①特別保育事業 　・一時保育促進事業 　・特定保育事業 ②乳児保育等促進事業 　・乳児保育促進事業 　・障害児保育円滑化事業 　・保育所体験特別事業 ③地域子育て支援センター事業 ④休日・夜間保育事業 　・休日保育事業 　・夜間保育推進事業 ⑤待機児童解消促進事業 　・送迎保育ステーション試行事業 　・家庭的保育事業 　・認可化移行促進事業 　・保育所分園推進事業（経常分） ⑥保育環境改善等事業 　・保育サービス提供施設設置促進事業 　・認可化移行環境改善事業 　・放課後児童クラブ設置促進事業 　・保育所障害児受入促進事業 　・分園推進事業（初年度整備分）
ハード交付金　167億円 ・保育所施設整備費	
ソフト交付金　345.7億円 ・延長保育促進事業 ・へき地保育所費 ・家庭支援促進保育事業 ・保育所地域活動事業等	

（出所）全国保育団体連絡会・保育研究所編（2005）、p.15、をもとに加筆作成。

第1は、延長保育促進事業[29]の公立保育所分、産休代替保育士費補助金、保育士養成所費が廃止され、一般財源化されたことである。

　第2は、「地域の自主性・裁量性」を高めるために交付金（ハード・ソフト交付金）が創設され、次世代育成支援関連の補助金をまとめて統合されたことである。ハード交付金の対象施設は、児童相談所、保育所等の児童福祉施設であり、ソフト交付金は延長保育促進事業[30]、へき地保育所、家庭支援推進保育事業、保育所地域活動事業等の事業が対象となった[31]。

　ハード交付金に保育所等の児童福祉施設の整備が位置づけられたことに伴い、児童福祉法が一部改正された。従来施設整備に関する規定については、保育所整備は市町村の整備の場合、国1/2、都道府県1/4の負担が義務付けられていた。この規定に基づき、保育所施設整備の国庫負担金、都道府県負担金が支出されていたのである。

　しかし、①国庫負担対象施設から保育所等を削除（第52条改正）、②都道府県負担の廃止（第54条改正）、③都道府県に加え市町村も民間の児童福祉に対する補助を可能とする（第56条2の改正）等の変更が行われ廃止された。したがって、保育所の施設整備に関する国の根拠は、次世代育成支援対策推進法[32]のみを根拠とすることになり、責任を自治体（都道府県・市町村）に任せることとなった[33]。ハード・ソフト交付金は、自治体の策定した計画に対して計画全体の実施に必要な経費として交付される仕組みとなっている。そのため、従来の明確な補助基準や補助金単価、定率で決められていた国や地方の負担割合がなくなり、個々の事業や交付金の使途に対する補助額は自治体の裁量に委ねられることとなった。

　第3は、交付金化されなかった特別保育事業の一部は残され、補助金事業として再編されたことである。補助事業として、保育対策等促進事業補助金と名称変更され、①一時・特定保育事業、②乳幼児保育等促進事業、③地域子育て支援センター事業、④休日・夜間保育事業、⑤待機児童解消促進事業、⑥保育環境改善等事業の6つに分けられた。この補助金の再編について、厚生労働省は、「事前協議の廃止と事業・区分間の補助金流用について2割以内の規制を廃止し、市町村の自由度を高めることを目的としている。」と主張している。

　市町村の場合、再編された補助金の補助率は、国、都道府県、市町村ともに

第2章　戦後における幼稚園と保育所の歴史

1/3に統一された。基準単価については、基本的に施設1ヶ所、1事業当たりの年額が設定されるようになったのである。この補助金再編により、事業に対しての補助金額の決定方法が変わったために、補助単価が引き下げられてしまった事業もある。例えば、一時保育事業は年間540万円を上限とし、利用児童数に応じて（件数払い方式）補助額が決められていたが、1ヶ所あたり130万円（定額補助方式）へ結果的には補助単価が引き下げられてしまったのである。再編された補助金は全て特別会計に整理され、前述したように、補助率も都道府県1/3、市町村1/3となったのである。

保育運営費については、2004年度に行われた三位一体の改革による公立保育所運営費の一般財源化、2005年度の延長保育等の特別事業の交付金化により、一般会計予算全体の制約をより受けやすくなった。2006年度には公立保育所の施設整備費は交付金の対象外となり、次世代育成支援対策施設整備費交付金となった点も市町村の予算を圧迫し、負担を増大させ、市町村間の格差を生み出す要因となったといえる。その結果、保育士の非常勤（臨時職員）化の増加や民間委託、民間移譲等の方向へと動きが過速化した。

③保育関係対策予算（2005年度以降）（表2-6）

2005年度以降は補助金の再編と交付金が新設され、2004年度とは予算項目や構成が異なっている。2005年度より次世代育成支援対策交付金（ハード・ソフト）が新設され、ソフト面では、延長保育促進事業や家族支援事業促進事業等、ハード面では、民間保育所整備費となった。2005年度から2011年度までの保育対策予算をみると表2-6の通りである。

2005年度の保育関係対策予算（一般会計分）は、3,465億円であるが、年々増加し、2010年度では、ソフト交付金361億円を含めると4,242億200万円、2011年度では、現物サービスを拡大するための新たな交付金500億円を含むと4,600億480万円に増加した。

民間保育所運営費は、2005年度に2,670億円であったが、2011年度には3,743億8,200万円にまで増大しており、民間保育所の運営が増加していることが読み取れる。

2007年度より病児・病後保育事業（自園型）が新規事業となった。2008年度

表2-6　国の保育関係対策予算（2005～2011年度）　　　　　　　　　　　　　　　　（単位：百万円）

年度	2005	2006	2007	2008	2009	2010	2011
一般会計分	346,500	361,500	379,989	400,610	405,857	424,202	460,048
内ソフト交付金						ソフト交付金361億円含む	現物サービスを拡大するための新たな交付金500億円を含む
待機児童解消のための保育所受け入れ児童数の拡大							
次世代育成支援対策交付金（ソフト交付金）延長保育促進事業、家族支援事業促進事業、へき地保育所	34,568	33,956	36,500	37,500	38,800	38,800	－
次世代育成対策施設整備費交付金（ハード交付金）民間保育所整備費	16,704	14000	12,962	13,716	－	－	－
次世代育成支援対策交付金（ソフト交付金）一時預かり事業、地域子育て支援拠点事業	－	－	－	－	－	36,100	－
現物サービス拡大するための新たな交付金（家庭的保育事業の実施、認可外保育施設への公費助成、一時預かり事業、地域子育て支援拠点事業等）	－	－	－	－	－	－	50,000
保育所運営費（保育所の受入を約5万人増加）	9,254						
民間保育所運営費	267,000	298,246	312,710	327,626	340,102	353,362	374,382
民間保育所等整備費	※1.上記ハード交付金の対象事業						
延長保育促進事業	※2.上記ソフト交付金の対象事業					※3.	
待機児童解消促進事業、許可化移行促進事業、保育所分園推進事業等）	707	571	816	1,213	1,574	2,948	3,662
保育環境改善等事業	1,292	1,292	633	253	253	228	228
多様な保育サービスの提供等							
延長保育促進事業（家庭的保育事業・家庭支援推進保育事業・へき地保育所費含む）	※2.上記ソフト交付金の対象事業						20,472
家庭の保育事業（上記待機児童解消促進事業に含まれる）	※2に含まれる	409	216	730	1,418	2,787	3,501
一時・特定保育等事業	2,968	3,278	3,546	4,107	3,036	－	ソフト交付金に含まれる
休日保育事業	488	488	488	536	784	778	836
夜間保育促進事業	40	40	40	40			
病児・病後児保育事業	－	－	1,042	2,702	3,175	3,488	3,724
地域子育て支援センター事業→2007年度より地域子育て支援拠点事業に名称変更	5,529	5,737	8,441	10,088	10,193	20101より次世代育成支援対策交付金ン（ソフト交付金へ）	
乳児保育等促進事業	1,059	1,000	一般化された				
ベビーシッター育児支援事業	338	320	305				
保育所運営費の改善	279,591	－	－				
その他の保育サービスの充実（事業所内保育施設の研修等による職員の資質向上などを図る）	－	－	－	890	7,924	6,874	6,744
家庭支援推進保育事業、へき地保育所費(ソフト交付金)	※2.上記ソフト交付金の対象事業					－	－
子育て支援サービス事業	962	830	627	－			
保育所保育士研修等事業	50	50	74	－			

第 2 章　戦後における幼稚園と保育所の歴史

※1. 次世代育成支援対策交付金（ハード交付金）の対象で、社会福祉施設等施設整備費を交付金化した
※2. 次世代育成支援対策交付金（ソフト交付金）の対象事業で、延長保育事業・へき地保育所費・家庭支援推進保育事業等が該当する
※3. 2010年度延長保育促進事業は、事業仕訳の結果、一般会計から特別会計に代わり、2010年度は年金特別会計児童手当勘定の事業主拠出金財源により児童育成事業として実施されることとなった。
・2005年度は、税源移譲対象の保育対策関係事業・延長保育促進事業の公立保育所の基本文（81億円）・産休代替保育士費補助金（10億円）・保育士養成所費（1億円）社会福祉施設等施設整備費補助・負担金（保育所等）については、交付金化された。
また同年、次世代育成支援対策交付金（ソフト交付金）が創設された。対象となる事業は、ファミリーサポートセンター事業、子育て短期支援事業、集いの広場、育児支援家庭訪問事業、延長保育促進事業、総合施設モデル事業等である。
・2005年度より、子ども子育て応援プラン（2005～2009）ハード交付金の対象事業となった。
・2005年度より2009年度まで、延長保育事業は、ソフト交付金の対象事業となった。
・2006年度一般財源化対象の保育対策関係事業としては、次世代育成支援対策施設整備交付金の公立保育所等分（45億円）・次世代育成支援対策交付金の延長保育加算（公立分）（20億円）が計上された。
（出所）厚生労働省雇用均等・児童家庭局保育課（2005～2011）『厚生労働省保育対策予算の概要』、各年版より作成。

　の第2次補正予算で子どもを安心して育てることが出来るように、「新待機児ゼロ作戦」の前倒し実施を行った。そのため、2010年度まで集中して保育所等の整備費、都市部対策としての補助（賃貸物件への助成措置や認定こども園の整備を推進家庭的保育事業の促進のための補助等）を目的として、「安心こども基金」が創設され、都道府県に基金を造成するものであり、総額は500億円であった。

　2011年度は、家庭的保育事業の実施・認可外保育施設への公費助成（待機児童ゼロ特命チーム「先取り」プロジェクトの具体的措置）・一時預かり・地域子育て支援拠点事業（ソフト交付金からの組替え）等新たな交付金の対象事業として合わせて500億円計上された。同年はさらに、ソフト交付金対象事業が、「現物サービスを拡大するための新たな交付金」となり、その他待機児童ゼロ特命チームも含まれたため新たな交付金500億円を含み4,600億480万円が計上された。

　前年度までの次世代育成支援対策施設整備費交付金（ハード交付金）は「安

心こども基金」に含まれることとなった。「安心こども基金」の事業概要は、保育所等整備事業（保育所等緊急整備事業）、放課後児童クラブ設置促進事業、認定こども園整備等事業、家庭的保育改善事業、保育の質の向上のための研修事業等があげられている。保育所等緊急整備事業としては、社会福祉法人の保育所の施設整備の補助、待機児童が多いが財政力が弱い市町村の保育所新設、賃貸等による保育所本園・分園の設置を促進し、賃貸料や改修費等の補助と公立も含めた子育て支援のための拠点施設の施設整備の補助がこれに該当する。

2012年5月原子力被災者等の健康不安対策調整会議により、「原子力被災者等の健康不安対策に関するアクションプラン」が決定された。内容は2012年度予算により、「学校給食モニタリング事業」において、より一層の児童・生徒の安全、安心の観点から、47都道府県を対象として給食一食全体について提供後に検査を行い、放射性物質がどの程度含まれているか否かを継続して把握することである。児童福祉施設等が提供する給食の更なる安全・安心の確保のために、各都道府県に設置されている「安心こども基金」を活用し、児童福祉施設等、給食用食材の放射線検査機器の整備費用と給食一食全体の検査費用について、2012年度に補助が実施された。福島県では、東日本大地震の影響として放射線の測定等も行っている。

2011年度より、次世代育成支援対策ソフト交付金は、「こども手当」の影響で、「子育て支援交付金」に名称変更したが、中身は同じである。保育所の整備費補助については、従来は次世代育成支援対策施設整備交付金（ハード交付金）により国から市町村に直接補助されていた。「安心こども基金」創設後は、これまで国が負担していた整備費補助が、基金を財源に都道府県から市町村に補助する仕組みに変更となった。

「安心こども基金」は、都が国に先駆けて取り組んできた賃貸物件を活用した保育所整備事業や認可基準を満たす認可外保育施設への補助（認証保育所開設準備経費）も国の支援の対象になったのである[34]。

(3) 待機児童と「認証保育所」

都市部では待機児童の問題が大きく取り上げられ、特に乳幼児保育や0～2歳児の保育所が不足している。そこで東京都は、2001年5月に東京都独自の認

第2章　戦後における幼稚園と保育所の歴史

証保育制度をつくり、待機児童の緊急対策として、東京都独自の基準に達するものを東京都として認める認証保育制度[35]をスタートさせた。2011年4月現在、認証保育所A型520園、B型91園、合計611園が開所されており、制度発足時の10年で多くの認証保育所が設置された。特に0～2歳児の低年齢児保育の強化と利便性を考慮した駅前保育の需要、13時間の開所を義務付け、保育の必要な子どもを対象とすることで、認可保育所では対応できない子どもを受け入れる受け皿となっていることは言うまでもない。

　認証保育制度は厳しい財政状況の中つくられた制度であるが、基準面積の緩和や直接契約制度のため、子どもをめぐる環境が整っているとはいいがたい。認証保育所の特徴は、①全施設で0歳児保育がある、②東京都が設置を認証、実施主体の市区町村と一緒に指導する、③保育所についての重要事項を随時情報提供する、④情報公開をして利用者が多様なニーズにある保育所が選べる、⑤利用者と保育所の直接契約である、⑥保育料の上限は東京都で決定する、⑦都独自の基準を設定し、保育水準を確保する等があげられる。

　認可保育所と認証保育所の違いは、0歳児保育を必ず実施する点、0・1歳児の1人あたりの基準面積を3.3㎡→2.25㎡に緩和した点、保育料設定と徴収は保育所が行い、直接契約する点、13時間以上の開所が義務付けられている点である。（表2-7参照）

　認証保育所は、利便性のある駅前保育所であり、保育に必要な人が利用するためのものである。0～5歳児を受け入れるA型と0～2歳児を受け入れるB型の2つのタイプにわけられる。両者の違いは表2-7の通りである。両者に共通している点は、駅前保育所であり、保育を必要とする人を対象としている点、設置基準は認可保育所に準じている点、調理室の設置、保育士配置基準は認可保育所と同じ点、13時間の開所、保育料設定と徴収は設置者である等である。異なる点は、A型は規模が大きく設置主体が民間事業者等であるが、B型は0～2歳児を受け入れ、設置主体が個人であり、しかも規模も29名までである。低年齢児の受け入れの強化と設置主体にこだわらず多くの設置者を募り、待機児童対策と増え続ける保育需要に対応しようとした政策である。

　B型は、0・1歳児の面積を2.5㎡まで弾力化し、屋外遊戯場については、A型は代替場所でも可であり、B型については0～2歳児受け入れのため屋外遊

87

表2-7　認可保育所と認証保育所のちがい

	認可保育所	認証保育所
定員・対象年齢	認可保育所の定員は60人以上。（ただし、小規模保育所の場合は20人以上）	A型は駅前設置が基本、（大都市特有の多様なニーズに応える）（定員20人～120人、うち0歳～2歳を1/2以上）
		B型は、保育室制度からの移行を中心とし、小規模で家庭的な保育。（定員6人～29人、0歳～2歳）
0歳児保育	0歳児枠がない保育所がある。	0歳児保育を必ず実施（乳幼児保育需要に対応）
基準面積	0歳児・1歳児の一人当たりの基準面積が3.3㎡必要	基準面積を0歳児・1歳児の一人当たり2.5㎡まで緩和
保育料	市区町村が徴収、所得階層別保育料	認証保育所が徴収、保育料は認証保育所が設定。（但し上限あり）
申込方法	市区町村に申込み、市区町村が保育所を決定する	認証保育所と保護者との直接契約
改修経費の補助	株式会社を対象とする補助制度はない	A型のうち駅の改札口から徒歩5分以内のものは、改修経費を補助
開所時間	11時間保育が基本	13時間以上の開所が義務（二重保育の解消）

（出所）東京都福祉保健局（2001）
http://www.fukushihoken.metro.tokyo.jp/kodomo/hoiku/n.hoikusyo/ninsyo/index.html。

戯場の規定がない点は、都心特有の開所しやすい設置基準である。運営費については、基準額の1/2を都と市区町村が補助する仕組みとなっており、認可保育所よりも安価で基準が緩いため、開所しやすいことが特徴であり、東京都が市区町村の力ではなく、民間の力をかりて、待機児童対策を行っている。

　認証保育所については、B型であると、3歳児以降は別の保育所に預けなけ

表2-8　認証保育所制度A型とB型のちがい

		A型	B型
目　　　的		独自の基準設定・駅前保育所・保育を必要とする人	
設　置　主　体		民間事業者等	個人
対　象　児　童		0～5歳	0～2歳
規　　　模		20～120名	6～29名
施　設　基　準		認可保育所に準じた基準とする。	
施設基準	面積0・1歳児	3.3㎡（2.5㎡まで弾力化）	2.5㎡
	屋外遊戯場	設置（付近の代替場所でも可）	特に規定なし
	調理室	必　　置	
	便所	必　　置	
	2階以上施設	防火区画・二方向避難確保	
職員	保育従事職員	認可保育所と同様の配置基準とする。ただし、正規職員（保育士）は6割以上とする。	
	施設長	児童福祉施設等の勤務経験を有し、かつ保育士資格を有する者	
開　所　時　間		13時間の開所を基本とする	
保　育　料		料金は自由設定（ただし都が定めた徴収基準額を上限とする）	
補助金	運営費	運営に要する経費（基準額）の1/2ずつを都と市区町村が補助、補助対象契約児童数×年齢別補助単価	
	開設準備	駅前に開設する場合、改修経費を都と市区町村が一部補助する	特になし

（出所）東京都福祉保健局（2010）前掲資料。

ればならないため、子どもにとって環境を変えなければならないという欠点がある。認証保育所は東京都が独自で行った基準緩和と補助制度による0～2歳児の保育需要受け入れのシステムであるため、安価で運営することができ、屋外遊戯場が近隣の場所等になる場合も多く、危険が伴うため、批判も多い。東京都の他に神奈川県でも、県独自の保育施設、認定保育施設制度を創設してい

る[36]）（表2-8参照）。

3　「三位一体の改革」と保育所

(1)「三位一体の改革」

　2001年経済財政政策や運営に関する重要事項を調査審議する機関として、総理を議長とした経済財政諮問会議が創設された。1995年に発足した地方分権推進委員会は、地方分権推進法の成立と5次にわたる勧告を提出、1999年地方分権推進法を成立させ、機関委任事務の廃止と国の関与のルール化と大幅な縮小を中心として、主に行政面での改革を行ってきた。しかし、税財政面での具体的な制度改革は進んでいなかった。そこで経済財政諮問会議の議論は、不良債権問題と経済の再生、財政構造改革となった。実際の所、経済財政諮問会議では、財政構造改革に大きな力点がおかれ、基本方針である「骨太の方針」が閣議決定されていった。

　地方税と地方交付税、国庫補助負担金[37]は、これまでの中央集権的な財政構造から分権社会にふさわしい財政構造へ転換するために、国庫補助負担金を削減し、その代わりに国から地方へ税源移譲を行い、地方交付税の改革を一体で行うことを目的としたものであった。国庫補助負担金削減については、2002年6月に小泉内閣が閣議決定した「経済財政運営と構造改革に関する基本方針2002」（骨太の方針第2弾）で出されたものであり、その後各省庁、地方六団体[38]等で大きな議論を生んだ。

(2) 国・地方間財政関係の変化

　保育の分野においては、2004年度より児童保護費等国庫負担金の内、公立保育所運営費[39]（1,661億円）が一般財源化され、地方交付税の基準財政需要額に算入されることとなった。

　2004年度予算全体としては、約1兆300億円の自治体向けの国庫補助負担金の改革を実施した。上記の公立保育所運営費分（1,661億円）以外にも、介護保険事務費交付金（305億円）、軽費老人ホーム事務費補助金（167億円）などである。その対象事業を引き続き地方が主体となって実施する必要のある国庫補助負担金（計2,440億円）については、2004年度から一般財源化されること

第2章　戦後における幼稚園と保育所の歴史

となった。これに伴う所要財源のうち、税源移譲対象額として精査した額(2,198億円)と、2003年度予算において改革として行われた国庫補助負担金の一般財源化に伴う影響額(2,344億円)のうち、国負担とされた額(2,051億円)とを併せ、4,249億円を税源移譲することとした。2006年度までに所得税から個人住民税への本格的な税源移譲を実施するまで、当面の措置として創設した所得譲与税[40]が移譲されることとなった。これに伴い、2003年度予算で国庫補助負担金の一般財源化に伴う財源措置は廃止されることとなった。

また、義務教育費国庫負担金及び公立養護学校教育費国庫負担金のうち退職手当及び児童手当に係る部分(2,309億円)については、暫定的に一般財源化を行い、税源移譲予定特例交付金を設け、地方の財政運営に支障が生じないよう財源措置が行われることとなった。地方の歳出の見直しを行い、地方財政計画の歳出を前年度と比較すると1兆5,438億円削減し、地方交付税総額を削減したこととなる。

一般財源化前後の保育所運営費の負担状況（図2-5）は、従来の国庫負担金は国基準の運営費から国基準保育料を除いた金額の1／2、県負担金が1／4、市町村負担1／2残りが、市町村負担であった。市町村超過負担については、保育単価と実際の単価との乖離が指摘されてきた。また、保育料の市町村

図2-5　三位一体の改革前後の保育運営費負担

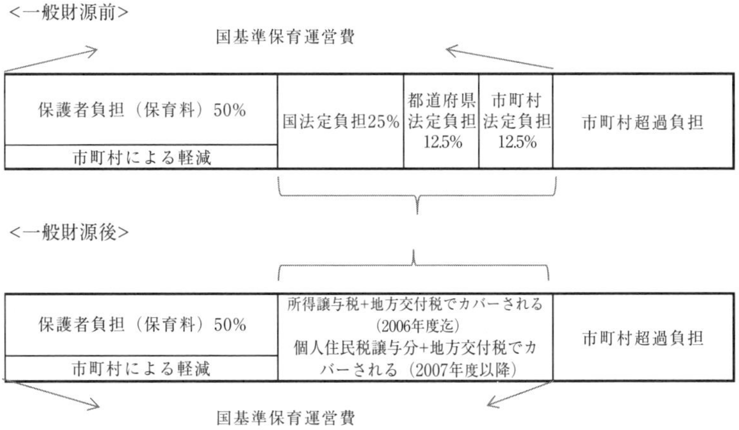

＜一般財源前＞

保護者負担（保育料）50%	国法定負担25%	都道府県法定負担12.5%	市町村法定負担12.5%	市町村超過負担
市町村による軽減				

＜一般財源後＞

保護者負担（保育料）50%	所得譲与税+地方交付税でカバーされる（2006年度迄）個人住民税譲与分+地方交付税でカバーされる（2007年度以降）	市町村超過負担
市町村による軽減		

（出所）作成。

負担（市町村による保育料軽減）は、財政力が豊かな市町村ほど軽減しているという現実も含んでいた。国負担については当分の間、所得譲与税でカバーされている[41]。三位一体の改革前は、保育単価を増やすことが保育所運営費の国庫補助負担金の増額要求と繋がったが改革後は一般財源化されたため、地方財政計画の中に、保育所に関連する予算を盛り込み、地方交付税総額を確定し、市町村に対しどのように地方交付税を配分させるかが焦点となったのである[42]。

（3）「三位一体の改革」の影響

　社会福祉法人日本保育協会が2010年に行ったアンケート[43]によれば、三位一体の改革前後の2003年度と2007年度と比較した結果、入所児1人あたりの経費は、全市区町村平均2.4％減額しているが、人口30万人以上50万人未満の市区町村は5％大幅減額している。入所児童数は、公立の増加は0.4％であるが、私立は19.1％と大きく増加しており、公立運営から民間運営にシフトしていることがわかる。全国6割の市区町村で運営費を節減しており、節減している内容は人件費59.4％、事務費37.8％、研修費30.7％の結果となった。したがって、三位一体の改革前後で、市区町村は節減を行っており、特に人件費を削減し、公立から民間へ移行している動きや公立の保育園の統廃合が行われていることもわかった。

　三位一体の改革では、2004年度より公立保育所運営費が国庫補助負担金から一般財源化された。このことにより、公立保育所はひも付きの補助から規制のない一般財源化となり、公立保育所をめぐるさまざまな問題が出てきている[44]。例えば、中野区では公立保育所をすべて民営化することが決定された。また、施設設備の老朽化等に伴い建て直しを期に公設民営化が進められているという市区町村もある。

　待機児童問題や少子化対策、女性の働き方の多様化に伴い、保育所の求められているニーズがさまざまであることからも、人件費の費用の割合が多い公立保育所のあり方が問われている。

（4）保育所をめぐる地方交付税のその他の変化

第2章　戦後における幼稚園と保育所の歴史

　地方交付税の密度補正の変化を2003～2006年度までみると、2004年度の一般財源化により、保育単価が公立保育所と私立保育所に別に設定されるようになった。また、2005年度より延長保育促進事業が一般財源化されたため、公立保育施設に係る密度補正単価が上乗せられた。2006年度は次世代育成支援対策交付金の一般財源化に伴い、同じく公立保育施設に係る密度補正単価が上乗せられたのである。2005年度は、特別保育事業等や施設に係る補助金が再編され、延長保育促進事業公立保育所基本分（81億円）、産休代替保育士費補助金（10億円）、保育士養成所費（１億円）が廃止されたた。その代りに次世代育成支援交付金（ハード・ソフト交付金)[45]が創設された。交付金は、事業内容や施設ごとに金額が決定されるのではなく、市町村の作成した実施計画に対して支払われ、補助単価や補助基準、補助割合等はなく、交付金の使途は市町村に委ねられている（表2-9、2-10参照）。

　保育所に関する地方交付税は、社会福祉費の中に含まれている。2003年～2006年度の社会福祉費の係数の変化をみると2003年度までは、公立保育所運営費が一般財源化されていないので、所用運営費や係数は公立・私立で同じであった。2004年度より、公立・私立の児童一人あたりの所用運営費が別建てででき、公立保育所保育単価は448,544円と約４倍になった。

第３節　幼保一元化検討のあゆみ

　幼保一元化政策としての議論は戦前から行われてきた点を第１章で述べたが、近年の幼保一体化議論や保育制度改革は、厚生労働省社会保障審議会少子化対策特別部会の報告書を基に2012年３月に国会に提出された「子ども・子育て新システム」法案に繋がっている。この少子化対策特別部会から「子ども・子育て新システム」法案が誕生し、「社会保障税・一体改革法案」の採決のために、３党合意の上に「子ども・子育て新システム」を修正したこの一連の流れについて幼保一体化を中心にみることとする。

１　社会保障審議会少子化対策特別部会

　2009年２月社会保障審議会少子化対策特別部会は、「次世代育成支援のため

表2-9　地方交付税の密度補正の変化

	2003年度	2004年度	2005年度	2006年度
適用対象	保育所入所人員及び知的障害者援護施設入居者の知的障害者支援施設措置者の密度補正を適用する。	〃	〃	2005年度のものと、児童手当支給対象児童及び児童扶養手当受給者の密度補正を適用する。
測定単位	人口	〃	〃	〃
保育単価別	認可保育所全て統一	公立保育所・私立保育所それぞれに設ける。	〃	〃
単位差	民間施設給与費等改善費に相当する乗率を設けた。	〃	〃	—
対象施設	児童福祉法上の保育所	児童福祉法上の保育所だけでなく、乳幼児保育を目的とする公立保育施設にかかる児童数を新たに基礎数値に含めた.	〃	〃
その他	—	—	延長保育促進事業の一般財源化に伴い、公立の保育施設に係る密度補正単価を上乗せしている。	次世代育成支援対策交付金の一般財源化に伴い、公立の保育施設に係る密度補正単価を上乗せしている。

(出所) 地方財務協会 (2003〜2006)『地方交付税制度解説 (補正係数・基準財政収入額篇)』より作成。

第2章　戦後における幼稚園と保育所の歴史

表2-10　社会福祉費に用いる普通交付税・補正係数の変化（2003年度～2006年度）

	2003年度	2004年度	2005年度	2006年度
公立保育所の児童一人当たり所用運営費（指定市及び中核市）（円）	240,134	476,436	492,960	510,815
	（公立・私立）			
〃（その他の市町村）（円）	112,506	461,199	486,957	504,681
	（公立・私立）			
私立保育所の児童一人当たり所用運営費（指定都市及び中核市）（円）	―	256,115	254,233	261,946
〃（その他の市町村）（円）		130,716	137,189	140,862
公立保育所の乗数（指定市及び中核市）	0.284	0.429	0.407	0.352
〃（その他の市町村）	0.145	0.415	0.402	0.348
私立保育所（指定市及び中核市）	―	0.231	0.21	0.181
〃（その他の市町村）		0.118	0.113	0.097
単位費用　　　　　　（円）	8,470	11,000	12,100	14,500
前年度公立保育所保育単価（円）	112,000	448,544	448,544	448,544
前年度私立保育所〃（円）	―	112,136	111,100	114,951
市町村負担率	0.25	0.25	0.25	0.25
従来の国庫負担金制度の中で私立保育所にのみ適用のあった「民間施設給与費等改善費」に相当する乗率	―	1.059	1.057	1.056

（出所）地方財務協会（2003～2006）前掲資料より作成。

の新たな制度体系の設計に向けて」（第1次報告）を公表した。この報告は、これからの保育制度の在り方を方向づけるものであり、保育制度改革の内容といえる。

　報告書は、保育をとりまく近年の社会環境の変化、つまり、保育制度改革が必要である背景を①保育需要の飛躍的増大、②保育需要の深化・多様化、③地

域の保育機能の維持の必要性、④急激な少子高齢化への対応、⑤多額の公費投入を受ける制度としての透明性・客観性等の要請としている。

さらに報告書は、保育制度の課題として①スピード感のあるサービス量の抜本的拡充が困難、②深化・多様化したニーズへの対応、③認可保育所の質の向上、④認可外保育施設の質の向上、⑤人口減少地域における保育機能の維持・向上、⑥多様な保育サービスについて述べている。スピード感のあるサービス量の抜本的拡充が困難な点については、待機児童の解消のために必要なものとして、現在の保育制度を批判し、利用保障の弱体（市町村の「保育の実施義務」）や認可の裁量性による新規参入の抑制を批判し、施設の主体間の補助格差や運営費の使途制限による新規参入の抑制に対し、NPOや株式会社にも施設整備費用に対して財政的措置をし、新規参入しやすいように取り組もうとしている。

そこで報告書は、今後の保育制度の姿として、現行制度の維持、新たな保育の仕組み、市場原理に基づく直接契約・バウチャー方式とした場合の次の３つを示した。

①現行制度の維持は、運用改善と財源確保である保育施設の量の拡充や多様なニーズへの対応が進まない要因を、制度的問題ではなく、財源が不十分なためであるという視点に立ち、財源を確保し、現行制度を基本的に維持しながら改善を行う。

②新たな保育の仕組みは、サービス保障の強化と財源の確保を視点としたものである。財源の不足だけでなく、制度上の問題も指摘し、財源確保とともに制度改革を行うものである。

③市場原理に基づく直接契約・バウチャー方式とした場合は、市場原理に委ね価格を通じた需要調整を行うものである。

そこで特別部会は、2008年12月閣議決定された「持続可能な社会保障構築とその安定財源確保に向けた『中期プログラム』を踏まえた財源確保と対応が進まない原因として現行制度に起因する。」ことをあげ、保育制度改革の必要性に言及した。そして②の現行の保育制度の改革と財源確保を採用し、保育制度の基本的なあり方については、次の①〜⑫をあげた。

①保育の必要性等の判断、②保育の提供の仕組み、③参入の仕組み、④最低

基準、⑤費用設定、⑥費用の支払い方法、⑦認可保育所の質の向上、⑧認可外保育施設の引き上げ、⑨地域の保育機能の維持・向上、⑩多様な保育サービス、⑪情報公開・評価の仕組み、⑫今後の検討課題として、保育料の軽減や小規模園の定員定額制の導入等が盛り込まれた。

　①は、受け入れ保育所の決定と独立して判断、「認定証明書」を交付、需要を明確にし、客観的に必要と判断された子どもに公的保育を受ける権利を付与する。保育の必要時間については、就労に応じた必要量とし保育時間を認定する。市町村が保育費用の支払い義務を負う。

　②は、利用者が保育所と公的保育契約を結び、利用者と保育所、市町村について、第三者を含めたコーディネーター等の仕組みを検討する。③は、NPO法人等に対する施設整備補助として、施設整備（減価償却費）は運営費に相当額の上乗せを検討することである。⑤は、所得に関係なく保育価格（公費による補助額＋利用者負担額）を公定する。⑥は、市町村が保育費用の支払い義務を負う。⑧は、最低基準を達成するように一定水準以上の施設に対して一定期間の財政措置を必要とする。⑨は、人口減少地域における、保育機能の維持と子育て支援の拠点となるよう、多機能型施設を支援することである。

　第1次報告では、「財源・費用は、日本の次世代育成支援に関する財政投入が海外諸国に比べ規模が小さいことを踏まえ、一定規模の効果的財政投入が必要なことを鑑み、そのために税制改革の動向を踏まえつつ検討する必要性」と「市町村間でのサービス内容や水準に地域格差がでないよう、地方財政への配慮と公立保育所運営費一般財源化の影響も踏まえた議論の必要性」を指摘している。

　「次世代育成支援のための新たな制度体系の設計に向けて」（第1次報告）の報告書は、保育の必要性を客観的にみる「認定証明書」、保育の必要時間を利用者ごとに決める「保育保障上限量」、利用者が施設と契約する「直接契約」、利用者と保育所と市町村との関係を調整する「子育て支援コーディネーター」等の検討、保育料の費用設定を「公定価格」とする点、NPO法人や株式会社に対する新規参入への誘導策のための財政措置が盛り込まれていた。したがって、少子化対策特別部会の第1次報告書の内容は、2012年3月に国会に提出された「子ども・子育て新システム」法案に盛り込まれている部分が多いのであ

る。

2 子ども・子育て新システム

子ども・子育て新システムは、2009年12月8日に閣議決定された「明日の安心と成長のための緊急経済対策」に基づき議論されてきた経緯がある。「子ども・子育て新システム検討会議」は、幼保一体化を含む新たな次世代育成支援のための包括的・一元的なシステムの構築について検討を行うために開催された。

新システムの議論については、幼保一体化等の議論が多くなされた民主党政権下において始まったように見えるが、実質的に自公政権下の議論を部分的に引き継いでいる。前述した2007年12月に始まった厚生労働省社会保障審議会少子化対策特別部会の議論を引き継いでいるのである[46]。

2010年1月29日、内閣府におかれた「子ども・子育て新システム」検討会議では、3つの作業グループ(基本制度ワーキングチーム、幼保一体化ワーキングチーム、子ども指針ワーキングチーム)にわかれて議論が進められた。そして2012年3月2日、「子ども・子育て新システム」に関する基本制度である「子ども・子育て支援法」「総合こども園法」「子ども・子育て支援法及び総合こども園法の施行に伴う関係法律の整備等に関する法律」が少子化社会対策会議で決定された。

本節では、「子ども・子育て新システム」で取りあげられている、幼保一体化と給付方法に関することについて主に取り上げることとする。しかしこの法案は、保育業界や幼稚園業界を巻き込む大きな改革となったが、「社会保障税・一体改革」の消費税増税を成立させるために、法案は取り消され、次の項目で述べる民主、自民、公明の3党合意に修正された。

(1) 市町村、都道府県、国の役割

市町村を実施主体とし、新システムに関する子ども・子育て関連の国庫補助負担金、事業主拠出からなる財源を給付に応じて一本化し、市町村に対して包括的に交付される「子ども・子育て包括交付金(仮称)」を導入する。地域子育て支援拠点事業に地域の子育て資源に精通した「子育て支援コーディネー

ター」(仮称)を配置するなど、市町村の利用支援の体制づくりの必要性を述べている。

(2) 給付設定

市町村は、「子ども・子育て支援給付」を実施する。給付には、個人への現金給付として、「子どものための手当」と「こども園給付(仮称・以下省略)」、「地域型保育給付(仮称・以下省略)」がある。こども園給付と地域型保育給付は、休日保育、早朝・夜間保育についても含まれる。

「こども園給付(仮称・以下省略)」については、客観的な基準を満たした施設として指定を受けた「こども園」に給付されるものである。「こども園」とは、「総合こども園(仮称・以下省略)」[47]、幼稚園、保育所、それ以外の客観的な基準を満たした施設に対して、市町村が「こども園」としての指定をした施設をいう。基準については、国が定める基準を踏まえて、市町村が定めることとなった。

「こども園給付」には、満3歳未満児の保護者の就労時間等に応じた保育に対応する給付と満3歳児以上の幼児に対する標準的な教育時間及び保護者の就労時間に応じた保育に対応する給付の2つに分けられる。価格については、「公定価格」とし、具体的な設定については、制度の試行までに検討することとなっており、具体的な数値は出ていない。

「地域型保育給付」については、質の確保のための客観的な基準を満たす事業者として指定された小規模保育事業者[48]、家庭的保育事業者[49]及び居宅訪問型保育事業者、事業所内保育に関する給付である。「地域型給付」は、満3歳未満児の受入として保育所が不足している都市部の待機児童対策として行われるものである。小規模保育等の量的拡充を行い、待機児童の解消を図るために認可外保育施設に対しての財政措置であり、地域の多様なニーズに応えるためのものである。地域の多様なニーズとは、地域の子育て支援拠点、一時預かり、放課後児童クラブ等を併設し、人口の少ない地域での地域のコミュニティの拠点とすることを含めたものであり、保育所だけが対象であるわけではない。しかしこれは認可外保育施設の容認となるため、質の問題が問われる。

(3) 幼保一体化
　①給付システムの一本化
　新システムの幼保一体化は、給付システムの一体化と施設の一体化の両方をからめている。給付システムについては、多様な保育事業の量的拡大を目的として、指定制度を導入し、客観的基準を満たした施設及び多様な保育事業への財政措置を行う。そして学校教育・保育に係る給付を一体化した「こども園給付」を創設し、二重行政の解消及び公平性の確保を図る。
　施設の一体化については、「総合こども園」を創設し、学校教育・保育及び家庭における養育支援を一体的に提供する施設として位置づけている。

　②指定制の導入
　質の確保のための客観的基準を満たすことを要件に、認可外施設も含めた株式会社やNPO等多様な新規参入を認める。指定制を導入し、保育の量的拡大を図った上で、指定された施設や事業から利用者のニーズに応じた施設や事業を選択できる仕組みとする。質の確保の点から、指定は5年ごとに更新する。指定制については、「こども園」と「地域型保育」の指定・指導監督は市町村が行う。「こども園」の指定については、現行の幼稚園と保育所は、指定があったものとみなす。

　③「総合こども園」の創設
　現行の認定こども園制度を廃止し、学校教育・保育及び家庭における養育支援を一体的に提供する「総合こども園」を創設することとした。「総合こども園」は、満3歳児以上の受け入れを義務付け、学校教育をすべての子どもに保障する。保育を必要とする子どもについては、学校教育の保障に加え、保護者の就労時間等に応じて保育を保障することとした。設置者については、国、都道府県・市町村、学校法人、社会福祉法人及び一定の要件を満たした株式会社、NPO法人とする。
　満3歳未満児の保育を必要とする子どもには、保護者の労働時間に応じて保育を保障する。しかし、満3歳未満児の受け入れは義務付けられていない[50]。財政措置の一本化により満3歳未満児の受け入れも含め、幼稚園及び保育所[51]

等の総合こども園への移行を促進する。現行の保育所については、「総合こども園」に移行することを義務付けることとなった。制度の移行については、公立は10年、私立は3年をめどとし、「総合こども園」へ移行するが、幼稚園については選択制となった[52]。(図2-6参照)

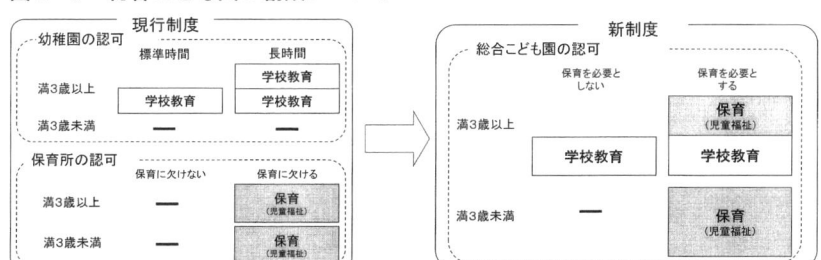

図2-6　総合こども園の創設について

（出所）内閣府・文部科学省・厚生労働省（2012）『子ども・子育て新システム関連3法案について』、p.6。http://www.cao.go.jp/houan/doc/180-5gaiyou.pdf#search。

「こども園給付」については、保護者に対する個人給付を基礎とし、確実に学校教育・保育に要する費用に充てるため、法定代理受領の仕組みとすることとなった。市町村は、保育の必要性の「認定」を行い、保育の必要性の認定を受けた子どもと受けない子どものいずれについても、市町村の関与の下、保護者が自ら施設を選択し、保護者が施設と契約する形とする。

利用については市町村が「保育必要量」の認定を行うため、利用に制限ができる。直接契約のため、利用者、施設、市町村との間に、「子育てコーディネーター」を設け、調整する等介護保険制度と同様な利用者補助方式を保育所でも行うこととされていた。したがって市町村の責任が弱体化し、公的保育制度が崩壊すると危惧[53]されていた。

以上のように、2012年3月での「子ども・子育て新システム」は、①幼保一体化のための「総合こども園」制度の設立、②認可外保育所である「地域型保育所」の認定、③給付を一体的に行う「こども園給付」と「地域型保育給付」の創設、④保育所の認可制を指定制への移行、⑤利用者と保育所（施設）の直接契約、⑥保育料の「公定価格」化、⑦市町村の責任[54]、⑧NPOと株式会社の新規参入の許可が掲げられていたのである（表2-11参照）。

表 2-11 現行制度と「子ども・子育て新システム」(3党合意前)

現行制度	子ども・子育て新システム (3党合意前)
こども園	3歳未満児の受け入れを義務付けていない
認定こども園制度	廃止、総合こども園制度へ移行 (NPO、株式会社の参入を認める)
既存の幼稚園	こども園への移行は選択制
既存の保育園	公立は、10年以内、私立は3年以内に総合こども園に移行
保育所の補助金制度 (私立保育所運営費)、と保育料 (保護者負担＋市町村負担)	こども園給付 (現行の幼稚園、保育所、＋客観的一定水準を満たしたこども園)
	地域型保育給付 (小規模保育、家庭的保育、居宅訪問型保育、事業所内保育)
保育の認可制	保育の指定制 (客観的な基準に基づいた基準を満たす株式会社とNPO法人を含む)
保育所措置	直接契約
保育料 (応能負担)	公正価格 (応益負担)
私立幼稚園 (私学助成と就学前奨励費)	引き続き支給

(出所) 作成。

　詳しく述べると現行の認定こども園制度を廃止、「総合こども園制度」への移行を促し、「こども園給付」を支給する。しかもNPOと株式会社の新規参入を認めるものであり、これを危惧する[55]声も多かった。そしてこども園には、3歳未満児の受け入れを義務づけないため、待機児童対策となるのか、疑問の声が多く上がったのである。さらに既存の幼稚園の「こども園化」については選択制とし、既存の私学助成や就園奨励費補助 (保護者の負担軽減措置) の施設補助が引き続き支給される。

　つまり、幼保一体化といっても既存の幼稚園を守り、保育所のみを「総合こども園」へ移行を義務付け、NPOや株式会社の新規参入を促すものであった。しかも小規模保育、家庭的保育、居宅型保育、事業所別保育等を「地域型保

育」として認め「地域型保育給付」を支給し、いわゆる認可外保育所の施設の開所を認め、促進するものでもあった。したがって、保育需要に応えようとするものであるが、それが既存の認可保育所の基準よりも低くなり、しかも多くの種類の施設が並立することとなり、複雑なものになってしまったのである。

3　社会保障・税一体改革後の修正―認定こども園の拡充―

「子ども・子育て新システム関連法案」は、2012年3月に国会に提出されたが、「社会保障・税一体改革」の消費税増税案を成立させるため、同年6月15日、民主・自民・公明の3党合意により修正され、6月26日衆議院本会議で可決された。

（1）　3党合意による修正

「社会保障・税一体改革」の消費税増税法案を成立させるために、民主・自民・公明の3党合意により修正された「子ども・子育て新システム関連法」（3法案）[56]が2012年4月に参議院において可決・成立した[57]。3党合意の主なものは、「総合こども園法（案）」を廃案とし、認定こども園制度の改善（幼保連携型認定こども園）と拡充を行う。認定こども園と幼稚園、保育所を通じた共通の「施設型給付」及び小規模保育等への「地域型保育給付」の創設であった。給付については、「総合こども園給付」を「施設型給付」へと変更した。地域の子ども・子育て支援の充実と保育所のみ市町村の保育義務と施設補助が法文上残る形となった。

認定こども園制度の改善としては、認定こども園法を改正し、幼保連携型認定こども園を「学校及び児童福祉としての法的位置づけを持つ単一の施設」として創設する。設置については、NPOや株式会社は除かれ[58]、既存の幼稚園及び保育所の移行の義務付けはない。幼保連携型こども園の所轄は、内閣府となり、指導監督を一本化し、財政措置についても「施設型給付」として一本化を図った。他の3類型の認定こども園（幼稚園型・保育所型・地方裁量型）については、施設体系は現行通りとし、財政措置は幼保連携型と同様、「施設型給付」として一本化し、消費税を含む安定的な財源を確保することが主眼となっている（図2-7参照）。

図2-7 認定こども園法の改正について

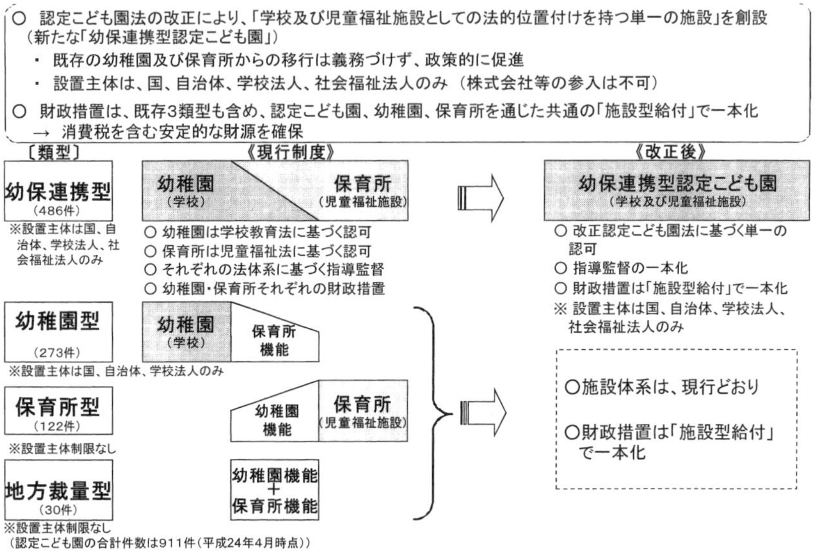

○ 認定こども園法の改正により、「学校及び児童福祉施設としての法的位置付けを持つ単一の施設」を創設（新たな「幼保連携型認定こども園」）
・既存の幼稚園及び保育所からの移行は義務づけず、政策的に促進
・設置主体は、国、自治体、学校法人、社会福祉法人のみ（株式会社等の参入は不可）
○ 財政措置は、既存3類型も含め、認定こども園、幼稚園、保育所を通じた共通の「施設型給付」で一本化
　→ 消費税を含む安定的な財源を確保

〔類型〕

幼保連携型（486件）
※設置主体は国、自治体、学校法人、社会福祉法人のみ

幼稚園型（273件）
※設置主体は国、自治体、学校法人のみ

保育所型（122件）
※設置主体制限なし

地方裁量型（30件）
※設置主体制限なし

（認定こども園の合計件数は911件（平成24年4月時点））

《現行制度》

幼稚園（学校）／保育所（児童福祉施設）
○ 幼稚園は学校教育法に基づく認可
○ 保育所は児童福祉法に基づく認可
○ それぞれの法体系に基づく指導監督
○ 幼稚園・保育所それぞれの財政措置

幼稚園（学校）＋保育所機能

幼稚園機能＋保育所（児童福祉施設）

幼稚園機能＋保育所機能

《改正後》

幼保連携型認定こども園（学校及び児童福祉施設）
○ 改正認定こども園法に基づく単一の認可
○ 指導監督の一本化
○ 財政措置は「施設型給付」で一本化
※設置主体は国、自治体、学校法人、社会福祉法人のみ

○ 施設体系は、現行どおり
○ 財政措置は「施設型給付」で一本化

（出所）内閣府・文部科学省・厚生労働省（2012）『子ども・子育て関連3法案について』、p.8。http://www8.cao.go.jp/shoushi/kodomo3houan/pdf/s-about.pdf。

　当初の子ども・子育て新システム「総合こども園」が廃案となり、3党合意の修正後「幼保連携型の認定こども園の拡充」と新たな形態を目指すこととなった。その違いは、大きく分けると次の3つである。第1は「保育を提供」を「保育を保障」とした点である。第2は「総合こども園」は既存の保育所[59]を一定期間にすべて「総合こども園」に移行[60]することを義務付けていたが、修正後の「幼保連携型認定こども園」は、既存の幼稚園と保育所の移行を義務付けていない点、第3は設置主体を国、自治体、学校法人、社会福祉法人とし、株式会社やNPOの参入を認めなかった点である（図2-8参照）。
　つまり、既存の幼稚園も保育所も認定こども園となる義務はなく、既存のままの運営である点は、幼稚園も保育所、特に私立幼稚園と私立保育所は、制度上守られたのである。

第2章　戦後における幼稚園と保育所の歴史

図2-8　修正後の「新たな幼保連携型認定こども園」について

○ 学校教育・保育及び家庭における養育支援を一体的に提供する施設とする。
　※　ここで言う「学校教育」とは、現行の学校教育法に位置付けられる小学校就学前の満3歳以上の子どもを対象とする教育（幼児期の学校教育）を言い、「保育」とは児童福祉法に位置付けられる乳幼児を対象とした保育を言う。以下同じ。
　ア　満3歳以上児の受入れを義務付け、標準的な教育時間の学校教育を提供。
　　　また、保育を必要とする子どもには、学校教育に加え、保護者の就労時間等に応じて保育を提供。
　イ　保育を必要とする満3歳未満児については、保護者の就労時間等に応じて保育を提供。
　※　満3歳未満児の受入れは義務付けないが、満3歳未満児の受入れを含め、幼保連携型認定こども園の普及を促進する。
○ 学校教育、児童福祉及び社会福祉の法体系において、学校、児童福祉施設及び第2種社会福祉事業として位置づける。
　※　幼保連携型認定こども園は、幼稚園と同様に、小学校就学前の学校教育を行う学校であることを明確にする。
　※　幼保連携型認定こども園は、小学校就学前の学校教育との連携・接続が必要であることについて明確にする。
○ 幼保連携型認定こども園の設置主体は、国、地方公共団体、学校法人又は社会福祉法人とする。（既存の幼稚園及び保育所からの移行は義務づけない。）

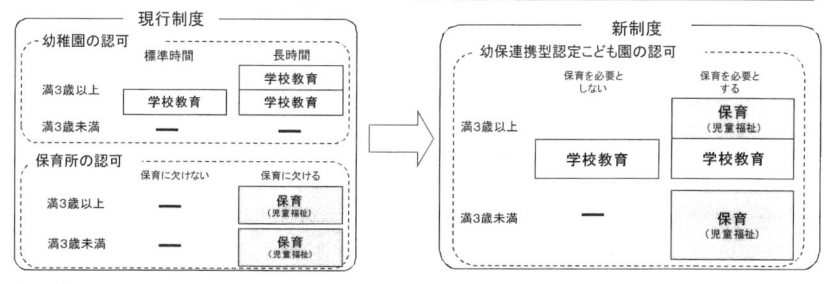

（出所）内閣府・文部科学省・厚生労働省（2012）前掲資料、p.9。

（2）保育に関する許可制度の緩和

　3党合意後の修正では、保育所の認可についても改善が行われ、保育所の認可と同等の基準を満たす施設については、都道府県が保育所の「認定等」を行い、「施設型給付」を受けられる仕組みとなった。また、家庭的保育、小規模保育等については、「地域型保育給付」を受けられるような仕組みとなった。私立保育所については従来通り委託費で行う。つまり認可基準でなくても、認可と同等の場合は、「認可等」として保育所として都道府県が認め、「施設型給付」を受けられる仕組みに緩和したことが、修正案の特徴の1つでもある（図2-9参照）。

（3）認定こども園の改正

　現行の幼保連携型認定こども園と新制度の幼保連携型認定こども園（私立）の比較をすると、図2-10の通りである。現行の幼保連携型認定こども園は、幼稚園部分は学校教育法、保育所部分は児童福祉法で定められており、その2つの上で認定こども園となる場合は、都道府県に認定こども園の申請を行い、

図2-9　保育に関する許可制度の改善等について

【基本的な考え方】
- ○ 認可制度を前提としながら、大都市部の保育需要の増大に機動的に対応できるよう
  ① 社会福祉法人・学校法人以外の者に対しては、客観的な認可基準への適合に加えて、経済的基礎、社会的信望、社会福祉事業の知識経験に関する要件を満たすことを求める
  ② その上で、欠格事由に該当する場合や供給過剰による需給調整が必要な場合を除き、認可するものとする。
- ○ その際、都道府県は、実施主体である市町村との協議を行うことで、市町村子ども・子育て支援事業計画との整合性を確保する。
- ○ 市町村は、認可施設・事業に対し、利用定員を定めた上で、給付の対象とすることを確認する。
- ○ 確認を行った市町村は、適正な給付の維持のため、施設・事業に対し、指導監督を実施する。

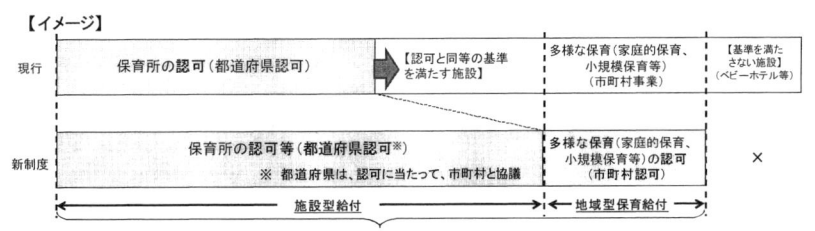

【イメージ】

現行：保育所の認可（都道府県認可） → 認可と同等の基準を満たす施設 ｜ 多様な保育（家庭的保育、小規模保育等）（市町村事業）｜ 基準を満たさない施設（ベビーホテル等）

新制度：保育所の認可等（都道府県認可※）
※都道府県は、認可に当たって、市町村と協議
｜ 多様な保育（家庭的保育、小規模保育等）の認可（市町村認可）｜ ×

← 施設型給付 → ← 地域型保育給付 →

認可を受けた施設、事業は、市町村による定員を定めた上での確認を得て、対象施設・事業となる（私立保育所は委託費）。
※認定こども園についても、改善後の保育所に関する認可制度と同様の認定・認可の仕組みとする。

（出所）内閣府・文部省・厚生労働省（2012）前掲資料、p.12

法律は認定こども園法が該当する。したがって、3つの法律上運営されており、幼稚園部分は文部科学省、保育所部分は厚生労働省、そして認定こども園については文部科学省と厚生労働省の幼保連携推進室が所管している。新制度では、法律は認定こども園法のみで、所管は内閣府に一本化されることとなった。

設置主体については、幼稚園は国と自治体（都道府県と市町村）及び学校法人、保育所の設置主体制限はなかったが、新制度（新たな幼保連携型）認定こども園では、国と自治体学校法人及び社会福祉法人と限定され、NPOや株式会社の参入ができなくなったことは、全私学連合等の意向が通ったといえる。

現行の認定こども園制度では許可等権限は都道府県であったが、新制度では大都市に権限を移譲した点では分権化を行ったといえるが、財源については、分権化となるかは今の段階では不透明な部分が大きい。

現行制度の財政措置については、幼稚園は私学助成と就学奨励費補助、保育所は保育所運営費負担金であったが、新制度では全て「施設型給付」となり、

第 2 章　戦後における幼稚園と保育所の歴史

図 2-10　現行制度と新制度の幼保連携型認定こども園の比較（私立の場合）

	＜現行制度＞ 現行の幼保連携型認定こども園	＜新制度＞ 新たな幼保連携型認定こども園
根拠法	【幼稚園部分】学校教育法 【保育所部分】児童福祉法 【認定こども園】認定こども園法	認定こども園法
設置主体等	【幼稚園】国、地方公共団体及び学校法人 　（当分の間、学校法人以外の者が幼稚園を設置できる。(学校教育法附則第6条)） 【保育所】設置主体制限なし ※幼稚園・保育所からの移行は任意。	国、地方公共団体、学校法人及び社会福祉法人 （既存の附則6条園の設置者について、経過措置あり） ※幼稚園・保育所からの移行は任意。
認可等権者	【幼稚園部分】都道府県知事 【保育所部分】都道府県知事、指定都市市長、中核市市長 【認定こども園】認定権者：都道府県知事（又は教育委員会）	都道府県知事（教育委員会が一定の関与） ※大都市（指定都市・中核市）に権限を移譲
指導監督	【幼稚園部分】閉鎖命令 【保育所部分】立入検査、改善勧告、改善命令、事業停止命令、認可の取消 【認定こども園】認定の取消し	立入検査、改善勧告、改善命令、事業停止命令、閉鎖命令、認可の取消し
基準	【幼稚園部分】幼稚園設置基準 【保育所部分】児童福祉施設最低基準	幼保連携型認定こども園の設備及び運営に関する基準
財政措置	【幼稚園部分】私学助成（都道府県） 　　　　　　幼稚園就園奨励費補助（市町村） 【保育所部分】保育所運営費負担金（市町村）	施設型給付（市町村）が基本
利用者負担	【幼稚園部分】施設が自由に設定 【保育所部分】市町村の関与の下、施設が設定（応能負担）	市町村が設定（応能負担） ※一定の要件の下、施設による上乗せ徴収が可能

（出所）内閣府・文部省・厚生労働省（2012）前掲資料、p.11。

市町村が給付する仕組みとなる。しかしその給付についての計算方法等はまだ具体化されていないため、現行のような補助や負担金等と同じような金額が保障されるかは、「社会保障・税一体改革」による消費税増税の部分にかかっている。

　現行の保育料は、幼稚園利用者は施設側の設定となり、保育所利用者は市町村の定める所得階層ごとの保育料であったが、幼稚園部分も保育所と同様となる。

（4）社会保障・税一体改革による財源

　子ども・子育て関連3法案に基づく仕組みは、消費税8％を実施し、10％迄段階的に実施することを想定されて作られており、「子ども・子育て支援の充実」として約7,000億円が計上されている（図2-11参照）。

　そのうち約4,000億円を待機児童対策として保育の量を拡充するための費用とし、認定こども園・幼稚園・保育所に3,000億円、放課後児童クラブに100億円、その他（病児保育や延長保育等）に約1,000億円充当するとされている。

図2-11 子ども・子育て支援のための7,000億円の内訳

```
┌─────────────────────────────────────────────────────┐
│            子ども・子育て支援の充実：約0.7兆円            │
└─────────────────────────────────────────────────────┘
  * 子ども・子育て関連3法に基づく仕組みは、消費税8％段階施行時に先行実施、消費税10％段階施行時に本格実施することを想定。

◎約0.4兆円                              ◎約0.3兆円
：最優先課題である待機児童解消等のため、保育等の量を      ：職員配置基準の改善をはじめとする保育等の質の
拡充するために要する費用                       改善のための費用。（処遇改善を含む。）

【内訳】                                【参考】質の改善として想定している主な内容
* 子ども・子育てビジョン（H22.1閣議決定）ベースで算定     ①0～2歳児の体制強化
（ピークはH29年度末）                        ・幼稚園による0～2歳児保育への参入促進など

◇ 認定こども園・幼稚園・保育所＋約0.3兆円           ②幼児教育・保育の総合的な提供に向けた質の改善
・平日昼間の保育利用児童数H24年度225万人→H29年度末265万人   ・3歳児を中心とした配置基準の改善
・3歳未満児の保育利用数H24年度86万人→H29年度末122万人    ・病児・病後児保育や休日保育等の職員体制の強化など
・3歳未満児の保育利用率H24年度27％→H29年度末44％
（H23.4.1時点の3歳未満児の利用率24％）              ③総合的な子育て支援の充実
                                      ・地域の子育て支援拠点における子育て支援コーディネーターに
◇ 放課後児童クラブ＋約0.1兆円                    よる利用支援の充実など
・放課後児童クラブの利用児童数H24年度83万人（＊）→H29年度末129万人
・1～3年生の利用児童率H24年度22％（＊）→H29年度末40％    ④放課後児童クラブの職員体制の強化
                *H23.5時点ベース
◇ その他＋約0.1兆円                        ⑤社会的養護の職員体制の強化
・病児・病後児保育＋0百億円
H24年度144万日→H29年度末200万日                ※1個々の具体的な金額については、優先順位をつけながら、
・延長保育＋1百億円                           地域の実態等を踏まえ今後検討。
H24年度89万人→H29年度末103万人
・地域子育て支援拠点＋0百億円                    ※2 子ども・子育て支援法附則第2条第3項において、
H24年度7,555カ所→H29年度末10,000カ所             「政府は、質の高い教育・保育その他の子ども・子育て支援の提供
・一時預かり＋約10百億円                         を推進するため、幼稚園教諭、保育士及び放課後児童健全育成
H24年度365万日→H29年度末5,755万日  *H23交付決定ベース   事業に従事する者の処遇の改善に資するための施策の在り方
・グループケア（児童養護施設等）＋0百億円  *H23交付決定ベース   ・・・（中略）・・・について検討を加え、必要があると認めるときは、
H24年度743カ所→H29年度末800カ所                  その結果に基づいて所要の措置を講ずるものとする。」と規定され
                                      ている。
＊子ども・子育てビジョンでH26年度末の目標値としているものは、H29年度末においても
 同水準と仮定して試算。
```

（出所）内閣府・文部科学省・厚生労働省（2012）前掲資料、p.30。

認定こども園・幼稚園・保育所に費用を多くあてる計画である。

残りの約3,000億円は、保育の質の改善のための費用としてあげられており、0～2歳児の体制の強化として、幼稚園での0～2歳児の保育参入の促進や病児・病後児保育等の職員体制の強化、地域の子育て支援コーディネーターによる利用充実等があげられている。

子ども・子育て新システムは、「社会保障・税一体改革」とリンクしており、消費税増税とのセットであるため、この約7,000億円が捻出できるのか、この内訳通りにいくのかは、不透明な部分が多い。

(5) 全国保育団体連絡会の意見

2012年7月7日、全国保育団体連絡会は、「子ども・子育て新システム」関連法案廃案と修正法案の参議での意見にあたり、大きくわけると次にあげる5

第 2 章　戦後における幼稚園と保育所の歴史

つの意見を提出した。それは、市町村の保育義務、保育の必要性を認定する仕組みへの批判、認定こども園の拡充により、施設が複雑化することへの批判、地域型の活用を推奨することによる保育の市場化、保育制度のための国民的議論の必要性である。

　第 1 に市町村の保育義務については、三党合意では「市町村が保育の実施義務を引き続き担うことの措置として、民間保育所については現行通り」とし、「市町村は…保育を必要とする場合に…保育所において保育になければならない。」と修正された。しかし、修正において拡充とあげられている認定こども園については、「市町村は…必要な保育を確保するための措置を講じ…」と、修正前と変わりがない。保育の実施義務を市町村に負わせる必要性を述べている。

　第 2 に保育の必要性を認定する仕組みについては、「子ども・子育て支援法」がほとんど修正されていないため、市町村が保護者の申請に基づき保育の必要性を認定し、認定及び利用に応じて保護者に直接給付をするシステムが変更されていない点である。

　第 3 に認定こども園の拡充については、総合こども園制度が廃止されたとはいえ、幼保連携型認定こども園の拡充を行うが、認定こども園への移行は義務付けないため、既存の幼稚園の存続を認め、地域型保育事業等[61]の多様な施設が混在し複雑化する。さらに地域型保育は、小規模保育や家庭的保育等、認定こども園よりも緩い基準で実施できるようになり、保育の質の低下が危惧される。

　第 4 に地域型の活用を推奨することによる保育の市場化については、3 党合意では指定制度を辞め許可制度を基本としていたが、修正法案では「指定」が「確定」に置き換えられただけである。都市部での保育需要の増大に対応する仕組みと小規模保育は市町村の許可制となり、待機児童解消を目的とした基準切り下げと企業参入の促進の危険性がある。さらに、修正法案で市町村に「保育実施義務」を残したが、施設整備の補助金対象から保育所が除かれているままであり、認可保育所の整備が困難になる。つまり、都市部や過疎地の両者でコストの低い小規模保育や地域型保育が推奨される恐れがある。

　第 5 に保育制度のための国民的議論の必要性については、法案修正等多くの

事項が内閣府令や政省令に委ねられ、国会審議を問わずに制度設計されている点をあげている。

　以上のように全国保育団体連絡会は、現行通りの市町村の保育義務の必要性を主張している。国は、認定こども園拡充については義務化していないため、幼稚園は存続し地域型保育事業や小規模保育事業等を推進したため、今後施設が混在して複雑化することを危惧している。それは、我が国の就学前教育・保育の理念や必要性の部分に対する認識の低さが影響している。

第4節　小括

　3～5歳児を受け入れる幼稚園と0～5歳児を受け入れる保育所は、設立当初より目的が教育と養護と異なっていた。幼稚園については、幼稚園振興計画により施設の増設や入所数を増やし、国立大学での幼稚園養成課程の創設をかかげた。さらに1小学校地区に1幼稚園を整備目標とし、公立幼稚園の施設整備費補助を行ってきた。

　1990年公立・私立幼稚園の保護者負担の是正を図るため、幼稚園就園奨励費補助金の対象を3歳児までに拡大し、幼児教育センターを幼稚園機能に追加し、多機能化の導入がはじまった。幼児教育アクションプログラムでは、認定こども園の促進が行われたが、政府の予想に反して2012年4月現在911件と設置数は少ない。

　幼稚園に通わせている保護者のパートタイム労働やその他保育所待機児童問題等の事情により、預かり保育が多くの幼稚園で行われるようになり、1997年度より「預かり保育推進事業」として私学助成が行われ、2002年度より市町村に対して地方交付税が措置されるようになった。預かり保育は、2010年度に私立幼稚園では約90％実施され、公立では約52％実施、さらに構造改革特区として2歳児の入園が全国展開され、「幼稚園の保育所化」と言われるようになったのである。

　一方保育所は、母親が就労している子どもが通う施設として設立され、養護、福祉としての意味合いが深い施設であった。保育所は施設不足が問題となっていたが、行革や財政再建により保育所運営費国庫補助金の抑制が行わ

第 2 章　戦後における幼稚園と保育所の歴史

れ、保育所の需要には追い付かなかった。しかし、1990年0.57ショック以降、少子化対策として保育所が取り上げられ、保育所の施設整備や延長保育、休日保育等が拡充していく。1998～2004年度の国の保育関係対策予算をみてもわかるように、社会福祉施設整備費が約4倍にも増え、民間保育所開所が進んだのである。

さらに2004年度に三位一体の改革により、公立保育所の保育運営費が一般財源化され、基準財政需要額に算入されることとなった。それ以降、特定補助金がなくなり公立保育所は公設民営化や民間移譲等、民間保育所の運営が増えていく傾向にある。

2005年度の補助金改革により、保育事業や施設整備費に関わる補助金が大きく再編され、公立の延長保育や産休代替保育士費に対する補助金が廃止となり、一般財源化された。また新型交付税の導入により次世代育成支援関連の補助金をまとめたハード・ソフト交付金ができ、ハード交付金は児童養護施設や保育所、ソフト交付金は延長保育やへき地保育所、家庭支援推進保育事業にあてられた。交付金化されなかった一部の補助金である保育対策等促進事業補助金（乳幼児、地域子育て支援センター、待機児童対策等）は、保育対策等推進事業補助金となった。そのため、一般会計予算全体の制約を受けやすくなり、保育所運営は、財政力の弱い市町村にとってさらに財政面での大きな負担となったのである。

したがって財政力の弱い市町村は、公立保育所・公立幼稚園を存続させることがさらに困難になってきている。しかも財政力の弱い過疎地域は、民間の幼稚園や保育所がない地域もあるため、公立の就学前教育・保育施設の役割は非常に大きい[62]。

2009年度以降の幼保一元化検討のあゆみは、社会保障審議会少子化特別部会の報告書により計画され、2010年1月内閣府に設置された「子ども・子育て新システム会議」は、幼保一元化や、給付の一元化、管理省庁の一元化等、大きな目標をかかげて開催され、「幼保一体化検討」が大きくクローズアップされ、幼稚園と保育所業界も含めた大きな議論となった。

当初民主党は、子どもに関わるものに関しては、「こども家庭省」を創設、省庁の縦割りをなくし、給付を一本化するとしていた。また、保育量を認定

し、幼稚園と保育所を全て幼保一体化施設にする動きもあったが、幼稚園と保育所の業界等の締め付けにあった。結果、全てを幼保一体化施設にすることは断念し、認可保育所は全て「総合こども園」[63]とし、幼稚園については0～2歳の受け入れは義務付けず、「総合こども園」についても挙手制としたのである。そして「こども家庭省」についても早々に断念したのである。

　2012年3月に国会に提出された「子ども・子育て新システム」は、認定こども園制度を廃止し、現存の保育所を「総合こども園」として移行を義務付け、幼稚園は自主選択制とした。認定を受けた保育所と幼稚園に対し、「総合こども園」の認定をし、「こども園給付」を行うというものであった。また、「地域型保育給付」も創設し、「地域型こども園」として小規模保育所、家庭的保育所、居宅訪問型保育所、事業所内保育所を含めた事業に給付するものであった。しかも給付については、従来の行政主導型から施設と利用者の直接契約に変更されるため、市町村の役割と市町村の公的保育制度の弱体化による公的保育制度の崩壊を危惧する声もでてきたのである。

　また地域型保育については、多くの保育事業を入れて保育需要に応えようとしているが、保育の質が確保できるのか、また新規参入としてNPOや株式会社の参入を許可していたため、公的保育、公共の保育の民営化、弱体化が問題視されたのである。

　新システム関連法案では、児童福祉法改正案として、施設への補助金制度の廃止と私立保育所の新設、修理、改造または整備に関する費用の3/4以内の補助規定は削除され、維持された。

　その後、「社会保障・税一体改革」の消費税増税成立のために、「子ども・子育て新システム」は、2012年6月3党合意のために、修正を余儀なくされた。3党合意後の内容は、「総合こども園法案」を廃案とし、かわりに「認定こども園制度」を復活、「新たな幼保連携型認定こども園の拡充」が前面に出されたのである。「新たな幼保連携型認定こども園」の所管は、内閣府に移管され、制度も学校基本法と児童福祉法から、認定こども園法に一本化された。

　「新たな幼保連携型認定こども園」が増えるかについては、財政措置が具体化していない現段階では施設側が積極的に幼保連携型認定こども園へと移行するか、急速に増えるとは考えにくい。第3章であげるように、認定こども園が

第 2 章　戦後における幼稚園と保育所の歴史

増えていない現状を考えると、「総合こども園」を「幼保連携型認定こども園」に変更し、自民党と公明党が作った「認定こども園」をメインとしながら、社会保障審議会少子化特別部会の報告書を維持しつつ、関係団体の状態をみて修正を行っている。つまり当時の与党民主党は、「社会保障・税一体改革」の消費税増税を成立させたいため、自民党と公明党の案をのみ、自民党と公明党は、関係団体の意思を加えつつ作成したものをもとに、3党合意へと導いていったのである。

1）　1890年3月女子高等女子師範学校が創設され、東京女子高等師範学校附属幼稚園と名称が変更した。
2）　1915年に二葉保育園と改称された。
3）　地方交付税については、人口10万人につき公立幼稚園4園で園児数420人、園長4人、教頭2人、教諭16人、事務職員4人を基準として算定されている。
4）　私学助成と呼ばれており、都道府県がそれぞれ算定基準を定めて学校法人の幼稚園に交付し、国は政令に基づいて都道府県に補助する仕組みとなっている。
5）　公立幼稚園については生活保護世帯、市町村民税非課税世帯、市町村民税所得割非課税世帯のみが対象となる。私立幼稚園の場合は、市町村民税所得割が税額18万3,000円世帯までが対象となる。
6）　文部省（現文部科学省）は、策定にあたり、次の関連五団体に事前に意見を求めている。①全国国立公立幼稚園部会、②全国国立大学附属学校連盟幼稚園部会、③全国幼稚園施設協議会、④日本私立幼稚園連合会、⑤日本保育学会である。
7）　幼稚園教諭給与費の都道府県負担は1989年まで続くこととなる。
8）　現在、幼稚園の地方交付税の算定については「教育費」の中の「その他の教育費」に「幼稚園費」として記載されている。
9）　第2次幼稚園教育振興計画と呼ぶ。
10）　東京都では、1小学校区に1幼稚園を設置したため、小学校の敷地内、もしくは隣に立地して幼稚園が設置された。
11）　1人1人の適正に応じた教育を推進するために、1990年より1学級の定員を35人以下とした。以前は40人以下であった。
12）　3歳児未満の早期受け入れの推進。
13）　幼稚園の教育課程にかかる保育時間の前後や休業日などに、保護者の要請や地域の実情に応じて幼稚園の園児のうち希望者を対象にして行っている教育活動をいう。

14) 「預かり保育」を実施する私立幼稚園に対する助成を行う都道府県に対し、国がその助成額の1/2を補助するものである。地方交付税措置が市町村に行われるようになった。
15) 2002年法律第18号により構造改革特別区域法第14条により、満2歳児になった後の初めての4月より幼稚園入園を可能とした。
16) 特区事業の評価として、2歳児に対して学校教育（幼稚園教育）を行ったが、「集団を通した教育」として幼児同士が関わりあって遊ぶ姿が見られないとのことで、学校教育になじまないという評価がされた。
17) 第3章幼稚園第24条は「幼稚園においては、第22条に規定する目的を実現するための教育を行うほか、幼児期の教育に関する各般の問題につき、保護者及び地域住民その他の関係者からの相談に応じ、必要な情報の提供及び助言を行うなど、家庭及び地域における幼児期の教育の支援に努めるものとする。」とされた。
18) 2008年4月1日構造改革特別区域法の一部改正を行い、第14条を削除、「学校教育」の実施時期については満3歳児以上からとした。
19) 全国保育団体連絡会・保育研究所編（2007）『保育白書2007』ひとなる書房、p.65。
20) 市町村は、保育料を高くして入所措置を解除した。高い保育料を支払うことの可能な世帯の児童を優先的に入所させる等の問題がおこった。
21) 最低基準に充足していない職員構成、給食を実施しないところに対して減額する方法である。
22) 1973年8月、摂津市は、東京地裁に「保育所設置国庫負担金請求」の仮執行の訴訟を起こした。
23) 無認可保育所から認可保育所への促進と運営費・施設改善費の助成を行った。
24) 全施設への予備保母の配置を行った。
25) モデル保育園での0歳児保育が開始された。
26) 現行の保育士配置基準と同じ。（進んでいたといえる）
27) 児童福祉法第24条第1項。
28) 保育所、保育ママ、市町村単独施策、幼稚園預かり保育等を活用し、2002年度中に5万人、さらに2004年度までに10万人、計15万人の受入児童数の増を図り、待機児童の減少を目指す取組をさす。
29) 延長保育事業は特別事業として交付金化され、一般会計予算全体の制約をより受けやすくなってしまい、市町村の負担がより増大した。
30) 子ども・子育て応援プランにあげられている重点事業である。
31) 認可外施設は、対象から除外された。
32) 次世代育成支援対策推進法は、保育所や乳児院等の児童福祉施設の整備を10年の時限

第2章　戦後における幼稚園と保育所の歴史

立法としているため、10年の期限が切れた場合が危惧されている。
33)　稲川は、「交付金化は、自治体間格差と施設間格差を生み出す影響がある。」と危惧している。
　　稲川登史子（2005）「2005年度保育関係予算の概要」全国保育団体連絡会・保育研究所編『保育白書2005』ひとなる書房、pp.70-73。
34)　都は、国の「安心こども基金」に加え、事業者及び市区町村の負担を軽減する都独自の支援策（待機児童解消区市町村支援事業）を行い、0～2歳児の定員拡充に取り組む市区町村への支援を強化している。
35)　認可保育所の基準に達しないが、東京都独自の基準を策定、独自基準に達しているものを認証保育所と名付けた。A型、B型運営に要する経費（基準額）の1/2ずつを都と市区町村が補助する。（補助対象契約児童数×年齢別補助単価）A型を駅前に開設する場合、改修経費を都と市区町村が一部補助する。
36)　2002年10月に施行された改正児童福祉法により、事業所内の保育施設や極めて小規模な保育施設等を除く私設保育施設を設置した場合は、事業開始の日から1ヶ月以内に知事に対する届出等の義務が定められた。
　　認定保育施設は、開設後1年以上経過した施設保育施設（認可外保育施設）のうち市町村が定めた一定の基準を満たしている良好な施設をさす。認定保育施設は、県と市町村が経費を助成している。但し、助成を受けるには、保育に欠けていることを市町村が判定する必要がある。また、一定の基準とは、①施設長が有資格者である（保育士・看護師・保健師・助産師）、②児童1人当たり1.98㎡以上の保育室を有している、③私設保育施設指導監督基準に定める基準を満たしている、④原則1日11時間以上開所する、⑤月曜から土曜日まで開所する。⑥定員は10名以上とする等である。その他基本保育時間の料金は、月額58,000円が上限と定められている。
37)　国庫支出金のうち委託金を除いた大部分である。
38)　地方六団体は、全国知事会、全国都道府県議会議長会、全国市長会、全国市議会議長会、全国町村会及び全国町村議会議長会のことである。
39)　補助金の削減の他に補助金削減に対する財源措置として、所得譲与税と税源移譲交付金と地方交付税改革が行われた。
40)　所得譲与税は2004年から始まり、地方税の増税と所得税の減税が行われることになったため、2007年で廃止された。
41)　公立保育所の国庫負担金廃止分は、所得譲与税と普通交付税で財源保障されているため、ほぼカバーされている。大沢博（2004）「平成16年度普通交付税の算定方法の改正について（上）～公立保育所運営費負担金の一般財源化に伴う交付税措置について」『地方

財政」、第43巻第9号 pp. 105-117。高木健二 (2009) pp. 7-17。
42) 川瀬によれば、一般財源化により保育に関わる事務が自治事務となり、自治体の自由裁量が増えたとはいえ、財源保障がなければサービスの切り捨てにつながっていくと指摘している。川瀬憲子 (2011) p. 229
43) 2007年4月1日に行った全国807市区町村を対象にしたものであり、回答率は73.5%であった。
44) 川瀬 (2011) 前掲 p. 219。川瀬は、「公立よりも民間の方が国の補助金が高いという補助金のメカニズムにより、保育サービスの合理化・解体が進んでいる。」と指摘している。
45) ハード交付金は、保育所施設整備費、ソフト交付金は、延長保育促進事業、へきち保育所、家庭支援推進保育事業、保育所地域活動事業等があてはまる。
46) 駒村康平 (2012)、p. 32。
47) 「総合こども園」は、学校教育と保育及び家庭における養育の支援を一体的に提供する施設である。
48) 利用定員6人以上19人以下の保育事業者をさす。
49) 利用定員5人以下の保育事業者をさす。いわゆる保育ママである。
50) これは、幼稚園側に0〜3歳児未満の低年齢児保育や長時間保育に対する抵抗感が強いためと考えられる。
51) 乳幼児保育所(満3歳未満児のみ保育)は除く。
52) 3党合意後の修正により、総合こども園への移行及び移行への義務づけはなくなった。
53) 伊藤周平 (2012)、p. 9。
54) 市町村の責任については、保育所の「直接契約」による入所・利用方式のため、公立の施設を利用しない場合の公的責任は後退する。
55) 全私学連合は、学校教育を行う教育制度として位置付けられる「総合こども園」への株式会社参入については強く反対、との意向を表明した。(『全私学新聞』2012.2.23)
56) 「子ども・子育て支援法案」、「認定こども園法改正法案」、「児童福祉法改正を含む関係法律の整備法案」が該当する。
57) しかし、2015年10月以降の消費税10%引き上げにより、新システムが本格施行される予定のため、大きな政治的変化が起これば、新たな局面をむかえる可能性も残されている。
58) 全私学連合は、「総合こども園」の株式会社の参入を強く反対していた。
59) 3歳未満児のみを保育する乳幼児保育所を除いた保育所をさす。
60) 公立保育所は10年、私立保育所は3年を移行の一定期間としていた。
61) 小規模保育、家庭的保育、居宅訪問型保育、事業所内保育等があげられる。

第 2 章　戦後における幼稚園と保育所の歴史

62)　過疎地の公立幼稚園と公立保育所の存続等については、第 4 章第 1 節で事例をあげて実際の動向をみることとする。
63)　2012 年 6 月 3 党合意のため、総合こども園構想は廃案となった。

第 3 章

幼保一体化施設の運営実態と時期区分

幼保一体化施設は、1967年神戸市垂水区多聞台町に開所された多聞台方式が行ったものが最初であると言われている。その後他の幼保一体化施設も開所されたが、施設はあまり増加しなかった。理由としては、保育所と幼稚園の省庁の違いと制度が大きな弊害であるが、保育所と幼稚園は、少子化と女性の就労率の増加、施設の老朽化等により、新しい局面をむかえていく。

　特に小泉構造改革における構造改革特区制度は、地方分権の名なのもとに都道府県・市町村からの意見を集約し、当初「規制の改革を全国一律の形」で行う予定から「地方の特性に応じさまざまな規制の在り方がある」と政策基軸を転換し、地方に応じた特別措置が行われた。その後、総合モデル事業が行われた後、認定こども園制度が制定され、幼保一体化施設は国の政策として大きくクローズアップされてきた。

　幼保一体化施設については、構造改革特区や総合施設構想よりも早い段階から、幼保一体化施設が開所されている所もある。幼保一体化施設の開所は、1960年代後半からはじまり現在に至っているが、その開所にあたる背景や理念、保育方法等はその時代により異なるものであると捉える。そこで、幼保一体化施設の開所時期を区分することにより、その背景や理念、実態と現在にかかわる政策や動向を知ることができる。

　幼保一元化についての議論は、戦前から幾度となく出ていることではあるが、実際の議論として、幼保一体化施設が模索され、施策されて開所されているケースとしては、1967年神戸市垂水区多聞台町に開所された多聞台方式、1969年兵庫県神戸市北須磨区の北須磨保育センター、1972年に開所された大阪府交野市あまだのみや幼児園が該当する。その後、幼保一体化施設が開所された所もあるが、その施設数は構造改革特区前までは、依然として少ない。

　原因としては、省庁の縦割りと制度の違いや財政面特に補助金制度が異なることや幼稚園団体と保育園団体の意向がある。そこで1967年の多聞台方式以後、幼保一体化施設の開所の時期を次の4つの区分にわけることにより、当時の幼保一体化施設開所の背景、理念、保育内容等を見て、その長所と短所を検

第 3 章　幼保一体化施設の運営実態と時期区分

討することは、今後の幼保一体化施設の在り方を検討するために必要であると考える。

　幼保一体化施設の開所の時期区分としては、①1960年代後半〜1970年代前半、②1990年代の幼稚園と保育所の共用化の時代、③2000年代の構造改革特区による幼保一体化施設、④2006年度以降の認定こども園制度における幼保一体化施設の 4 つにわけて検討することとする。

　①の時期区分については、運営状況等を第 1 節で述べるが、兵庫県神戸市北須磨保育センター及び大阪府交野市あまだのみや幼児園については、実際に施設と市町村へ行き、施設の運営を見学、ヒアリングを行い、財政資料の提供[1]を受けた。1971年に解体した兵庫県神戸市垂水区多聞台方式については、当時の資料や『父母の会のあゆみ』等から検討を行った。

第 1 節　1960年代後半〜1970年代前半における幼保一体化施設の試行

　この時期は、幼保一体化施設の試行時期であり、まず最初に1967年に神戸市垂水区多聞台町に幼稚園と保育所を併設した多聞台方式が誕生した。しかし 4 年後の1971年 3 月に同方式は幼保一体化施設を解体したした点で興味深いことも事実である。次に1971年に開所された神戸市北須磨区北須磨保育センター[2]は、立命館大学名誉教授守屋光雄氏の「保育一元化」[3]理念からうまれ現在でも運営され、構造改革特区に伴う幼保一体化施設の先行事例として多くの行政視察が行われており、その名は知れ渡っている。1972年に開所された大阪府交野市あまだのみや幼児園は、北須磨保育センターの例に倣い、幼・保を同じ施設内で一体的に運営した我が国初の幼保一体化した公立の施設として知られている。交野市では公立の幼稚園と保育所は現在あまだのみや幼児園を含めて各 3 園[4]設置され、全てが幼保一体化施設であるという点で特徴的である[5]。

　このように1960年代後半から1970年代前半に開所された幼保一体化施設は、多聞台方式のように 4 年間で解体したものもあれば、北須磨保育センターや交野市のように現在も運営が継続されている施設もある。この時期区分では、上記の 3 つの施設の開所の背景、理念、内容等を検討し、継続運営されなかった施設と継続運営された施設を比較検討することとする。

1 兵庫県神戸市垂水区多聞台町多聞台方式―幼保一体化施設に失敗し、解体した事例―

(1) 保育所不足と隣接する幼稚園との幼保一体化施設

　1967年神戸市垂水区多聞台町に多聞台団地を対象に、多聞台保育所と多聞台幼稚園を一体的に運営する多聞台方式がスタートした。多聞台団地[6]は、神戸市の団地建設計画の一環として造成地の中に児童センターの一部として設置された。児童センターには、幼稚園、保育所、児童館が設置されていた。保育所と幼稚園の両施設は、多聞台小学校の敷地内に細長く建てられており、1、2階南半分を幼稚園、北半分を保育所、3階を児童館が使用し、それぞれの玄関があった。保育所と幼稚園には仕切りがなく、運動場、遊具等が共用できるようになっていたが、入口は別であり、それぞれ背を向いて反対側に建設されていた（図3-1参照）。

　幼稚園は5歳児だけを入園させ、保育所は0～5歳児を受け入れた。保育所

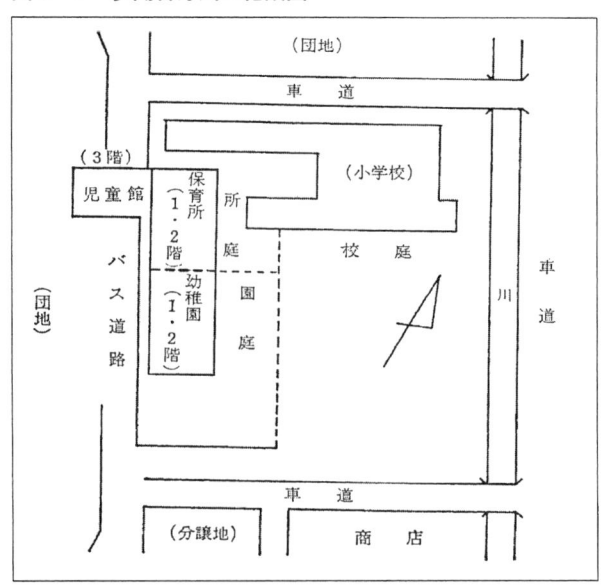

図3-1　多聞台方式の施設図

(出所) 岡田正章 (1982) p.169。

第3章　幼保一体化施設の運営実態と時期区分

児のうち5歳児の子どもは、「家庭」から「保育所」へ行き、通常の保育時間になると「幼稚園」へ移動し、通常の保育時間が終了すると「保育所」へ移動し、最後に「家庭」に戻るというように移動し、保育所では保母[7]に、幼稚園では幼稚園教諭に保育されたのである[8]。この方式は多聞台方式と呼ばれた。この方法については、当時の『神戸新聞』[9]によれば、「乳幼児期を一貫教育」と表現され、「幼稚園と施設共用、一石二鳥、ムダをはぶく新保育所」と記載されており、「乳児から小学校入学前まで各年齢に応じて一貫した幼児教育が出来ること。」に対する期待と「教育関係者から成果が注目されている。」ことも述べられている。この方法に関しては、次の点が背景にあると考えられる。

　第1に当時、保育所で行っていた保育が幼稚園教育とまったく同じであった。第2に幼稚園は、午前中で保育が終るため園舎が空いてしまうので、その保育室を有効活用しようとした。第3に園舎や運動場を両者が利用でき、保育所の不足を補えたためである。

(2) 多聞台方式解体の理由

　実際の運営では、幼稚園教諭と保母の間での事前の準備や連携不足、保護者からの不満のためにこの方式は解体された。岡田（1980）[10]は、運営方法の内容を具体的にあげると、特に保育所の保母側の反対理由が次の点であると述べている。「保育所の保母は、午前中の教育的な活動部分が、保育所から取り上げられ、幼稚園に持っていかれるという意識が強く表れている。さらに、保母の幼児教育者として専門性を否定されているという点で反論を招いた。」と指摘している。

　保育所側の反対意見は、神戸市職員組合、神戸市職員組合保母部会における組織的な多聞台方式への反対の動きへと大きくなった。保育所の保母から出された多聞台方式反対の主な理由としては、保育所の幼児教育に対する幼稚園側からの低い評価に対する劣等感、施設の相互活用を認めながらも、主体的に両者の機能が発揮できる条件が確立されていないことがあげられる。5歳児に関しては、子どもに対し、父母・保母・幼稚園教諭の三者が交互に教育することに対する疑問があげられている[11]。

　多聞台保育所父母の会（1972）[12]によれば、多聞台方式の父母の肯定的な意

見としては、「主に、幼稚園教諭の方が保育所の保母より労働条件が良い為、教育の準備ができる。子どもたちは、就学前に友達が多くでき、小学校に上がった際に、交友関係がスムーズである。」等があげられていた[13]。

父母会の否定的な意見としては、「主に短時間の幼稚園に合わせたカリキュラムを長時間の保育時に当てはめるのは正しくない。1～4歳児での集団生活の積み重ねがある保育所の5歳児に別のカリキュラムを指導することは、1～4歳児までの実績を無視し、保母との人間関係が生かしきれない。行事の重複は改善できたとしても、行政の二重指導がある限り根本的改善は難しい。」等があげられている。

また、幼稚園教諭と保母で行われた「準備のための関係者の協議」では、協議内容として保育所の5歳児の受け入れについての問題点を検討、施設面、人事面について話し合われていた。5歳児の受け入れに関しては、「保・幼・小学校の一貫した教育のため、小学校に入学したときに交友関係がスムーズである点、担任が2名となり、家庭への連絡が複雑になる、保母については、午後のみの保育となるので張り合いがない。」等[14]の意見がよせられていた。施設面、人事面については、小学校と保育所はすでに共用できるものはしているが、「今後は幼稚園と保育所も同様にして施設設備の拡充を行いたい。」[15]という意向であった。

1971年3月市立多聞台保育所父母の会は垂水区選出議員8名全員の連署を添えて、約400名の署名である「多聞台保育所の5歳児教育改善に関する請願」を市議会議長に提出した。その内容は、カリキュラムが隣接の幼稚園のものを実施するため、保育所の自主性が侵され両職員と保護者の負担と混乱が大きく、両施設の行事が重複するため、幼児と保育所職員・保護者に負担が大きいというものであった。

岡田（1980）[16]によれば、「多聞台方式で5歳児担当の保母は問題点を幼稚園と保育所の連携不足、既存の施設から幼保一体化施設へ移行したことから生じる疑問点、保護者の幼稚園と保育所に対する意識の違いである。」[17]と述べている。

解体の方向に向かった側面として5歳児の子ども数にも要因があり、1967年度では、保育所の5歳児は5人であったが、1968年度には8人、1969年度では

10人、1970年度には19人となり、保育所児だけで1クラス編成できるようになり、保育所からの反論は一層強まった。1971年度以降は、5歳児担当の保母は幼稚園教員に併任され、保育所の5歳児は保育所の建物の中で保育を受けるように変更となった。保母は、カリキュラムを共通にするために幼稚園児を保育している幼稚園教諭との職員会議に参加し、連携をはかったのである。

　多聞台方式解体後、良い結果が得られたとして高橋（1972）[18]は解体後に関係者が大きな犠牲を払ったことを次のように指摘している。「保母が幼稚園と保育所の両方の打ち合わせに参加しなければならなくなった為、労働強化となった。幼保連携にもかかわらず、両者の十分な計画や打ち合わせがなく、各セクト主義の実力の不均衡から幼稚園長、保育所長が対等に話し合える雰囲気がなかった、行事が重複化している為、父母の負担が大きくなった。」等である。

　朝日新聞（1972）[19]によれば、多聞台方式の連携不足について、「幼稚園、保育所の連携保育・多聞台方式に"ひび割れ"」と題され、幼保の連携不足を次のように指摘している。多聞台方式の解体の主な理由としては、「幼稚園と保育所の事前の連絡不足が要因の連携不足[20]、幼稚園と保育所の運営方法の違い[21]、幼稚園と保育所の幼保連携の理念の統一性の欠如と分断による。」[22]ものがあげられた。最後には、前述したように1971年に保育所の父母の会が、連携の弊害が保育所側にきていたことを危惧し、幼稚園との連携でなく、保育所の独立を願う署名運動にまで発展した。さらに神戸市教職員組合民生支部、日教組幼児教育振興対策委員会、神戸私立保育園園長会等神戸市の保育業界の厳しい批判を受けた。

　守屋（1990）[23]は、非難の内容については「多聞台方式が、下級保育施設である保育所の5歳児のみを高級教育機関である幼稚園に通園させている差別的な一元化方式である。」ことを指摘した。その後1979年度より多聞台方式は解体し、同じ場所で幼稚園と保育所がまったく関係なく運営されることになったのである。

（3）**多聞台方式の失敗からみる今後の課題**

　多聞台方式は、開所当初の目的が効率化であり、幼保一化元化に対する理念

が欠け、事前に幼稚園側と保育所側への説明が不十分であったことが失敗の大きな要因であると考えられる。さらに保育所側の問題をみると、両者の連絡ミスからくる行き違いや不満が多く、保育所の領域を侵されたという意識が強いことが窺える。そこには、幼稚園教諭と保母の根底にある教育と養護（保育）の違いが、保育所軽視に受け取られがちであることを意味しており、幼稚園教諭の優位性が生み出す両者の大きな溝であると捉えることができる。

浦辺（1972）[24]は、多聞台方式の問題として、「養護から始まった保育所制度と5歳児の幼稚園就園を目標にして保育所への配慮が大きく欠けている政府の保育所観。」を批判している。さらに保育所の教育を否定する神戸市の5歳児全員就園として「幼稚園という学校だけを幼児教育機関として、保育所の集団教育機能を否定するひとりよがりな行政思想の所産として多聞台の多くの問題や志向が生まれた。」と指摘していた。浦辺の幼保一元化とは「幼稚園も保育所も幼児教育機関とし教育環境を整え、子どもの教育差別を取り除き、子どもの生活にねざした教育努力を意味する。」ことを示唆している。

2　兵庫県神戸市北須磨区北須磨保育センター―「保育一元化」の理念型施設―

（1）理念型の幼保一体化施設―北須磨保育センター

北須磨団地は1967年、兵庫労働金庫と兵庫県労働者住宅生活協同組合が連携して開発した団地である。翌1968年北須磨団地自治会を結成し、団地住民より北須磨団地に乳幼児施設がないため、幼稚所と保育所の設立を望む声があがり、乳幼児施設開設の願いを神戸市に提出したが、当初は認められなかった。

そこで、住民は生活協同組合[25]で乳幼児施設を設立する旨を神戸市に申請し、保育所は神戸市から、幼稚園は兵庫県から認可を受け、1969年北須磨保育センターが設立した。北須磨保育センターは、幼稚園児を短時間児、保育所児を長時間児と呼び、同一施設で保育を行う方式で現在も運営されている。北須磨保育センターの運営とその経緯は表3-1の通りである。

北須磨保育センターは、北須磨幼稚園と北須磨保育園が統合された施設であり、生活協同組合が設置者であることが特徴的である。両者は同一敷地に両施設の建物が屋根続きで設計されており、両者を一体的に運営している（図3-

第 3 章　幼保一体化施設の運営実態と時期区分

表 3-1　北須磨保育センターの歴史

1967年	北須磨団地の誕生	兵庫労働金庫（現　近畿労働金庫）の15周年事業として、「ろうきん」と兵庫県労働者住宅生活協同組合「住宅生協」が連携して、自主福祉運動の実践の場として建設
1968年8月	北須磨団地自治会結成	「友愛と信義」を旗印に住民による北須磨団地自治会が結成
1969年4月	北須磨保育センター設立	生活協同組合立による、幼保一元保育を目指す施設として運営が始まった。(守屋光雄・ます夫妻による新しい幼保一元（保育）構想が盛り込まれた)
1973年	北須磨第2幼稚園の建設	1998年までの25年間に渡り2ヶ所の幼稚園を運営
1978年	幼稚園を学校法人に移行	国（文部省・厚生省）の方針並びに兵庫県、神戸市より生協法人立の幼稚園は学校法人に、保育所は社会福祉法人に移行するよう指導がなされ11月に学校法人北須磨保育センター（北須磨幼稚園・北須磨第2幼稚園）となる。
1979年3月	保育所を社会福祉法人に移行	社会福祉法人北須磨保育センター（北須磨保育園）に移行
1997年3月	特別養護老人ホーム「友が丘YUAI」の建設	社会福祉法人北須磨保育センターを事業主体とする福祉施設
同年4月	知的障害者更生施設「こんにちは友が丘」を開設	
1998年	園舎の改修	老朽化した園舎（阪神・淡路大震災の影響もあり）の改築時は、兵庫県並びに神戸市担当課の協力を得て幼稚園と保育所の同時改修を行った。
1999年3月	現在の園舎が竣工	北須磨保育園では乳児保育の実施と、市内10ケ所の内2番目として「須磨区地域子育て支援センター事業」の予算化がされ、市立保育所、私立保育所と連携した在宅家庭の子育て支援事業を行っている。
2000年1月	ホームヘルパー2級養成事業を実施	地域の高齢率が30%を突破したため、既に427名のヘルパーを輩出し地域の要望に応えていった。
2001年4月	神戸市立北須磨児童館の運営委託を受ける	神戸市より地域密着化まちづくりの一環として児童館運営を民間に委託する方向となり、子育て支援と学童保育事業を行っている。
2003年4月	園バスの導入	北須磨幼稚園では自力通園の限界から、徐々に園児が減少したためバスの導入を行った。
2006年4月	神戸市立北須磨児童館の指定管理者に認定	神戸市より児童館運営の指定管理者に認定され、子育て支援と学童保育事業を行う。
2007年5月	訪問介護事業に加え障害者の通所施設「分場すこやか」を併設した「きたすま在宅支援福祉センターすこやか友が丘」を開所	ミニコープ跡地を社会福祉法人で購入し、在宅介護支援センター「はればれエリア」をカバー。 地域住民同士が助け合い、住み慣れた地域でいつまでも安心して生活できるボランティアネットワーク「おたがいさまねっと」を立ち上げ、自主福祉と共生ケアを目指す町づくりに地域自治会と連帯した取り組みを行なっている。
2008年4月	地域包括支援センター「きたすまあんしんすこやかセンター」を神戸市より受託	友が丘周辺に住んでいる高齢者が抱えるあらゆる相談に応えられる事業を開始した。

（出所）北須磨保育センター http://www.kitasumahoiku-center.or.jp/rekisi.htm より作成。

図3-2 北須磨保育センターの配置図（開設時）

(出所) 岡田正章 (1982) p.180。

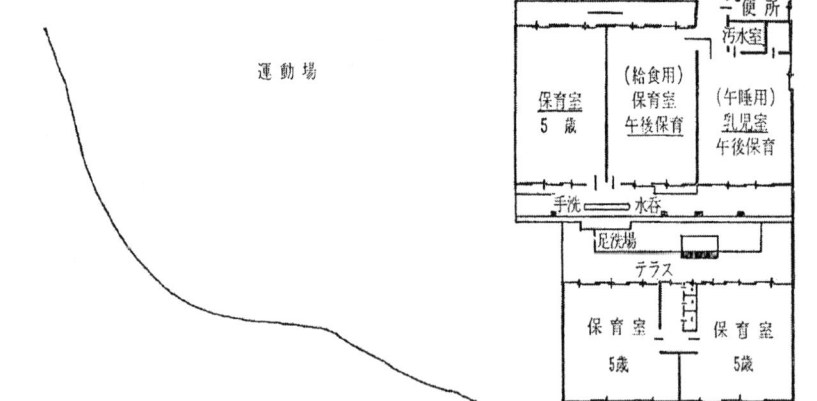

2参照)。

　北須磨保育センターは、現在は2階建となっており、現在も多くの自治体、幼稚園、保育所関係者の視察が絶えない施設である。北須磨保育センターは、現在社会福祉法人[26]北須磨保育センターとして保育所を含めた6つの福祉施設を運営しており、幼稚園のみ学校法人北須磨保育センターの中に位置づけられている。北須磨保育センターの多岐にわたる福祉運営事業については、図3-3の通りである。
　北須磨保育センターは、社会福祉法人としての福祉事業の運営については、

第３章　幼保一体化施設の運営実態と時期区分

1978年に自治会長が理事長になったことから、自治会が創設したとういう住民の意思が感じ取れる。設立に関しては、神戸市より保育所と幼稚所を別法人にする旨の通達をうけたが、1978年幼稚園を学校法人に移行、1979年に保育所を社会福祉法人に移行するまでは、同じ法人で運営していたのである。

　北須磨保育センターは、現在幼稚園と保育所以外の施設も運営しており、学校法人としては、幼稚園（1978年開設、幼保一体化施設の幼稚園部分）、社会福祉施設としては、保育所（1979年開設、幼保一体化施設の保育所部分）と特別養護老人ホーム「友が丘 YUAI」（1997年開設したロングステイ、ショートステイ、デイサービス）、障害者生活介護事務所「こんにちは友が丘」（1997年開設、入所型とショート型）、須磨区地域子育て支援センター（1999年事業運営受託）、北須磨児童館による学童保育事業、児童健全育成事業、子育て支援事業（2001年事業運営受託、2006年指定管理者）が行われている。また、きたすま在宅福祉支援センター「すこやか友が丘」（2006年開設、小規模型機能居宅介護、デイサービス、訪問介護等）、きたすま安心すこやかセンター（2008年事業運営受託の居宅介護支援施設）と、地域住民の子どもから障害者を含めた高齢者のケア施設を運営しており、ゆりかごから墓場までのトータルケアを行っている施設である（図３－３参照）。

図３－３　北須磨保育センターの組織図

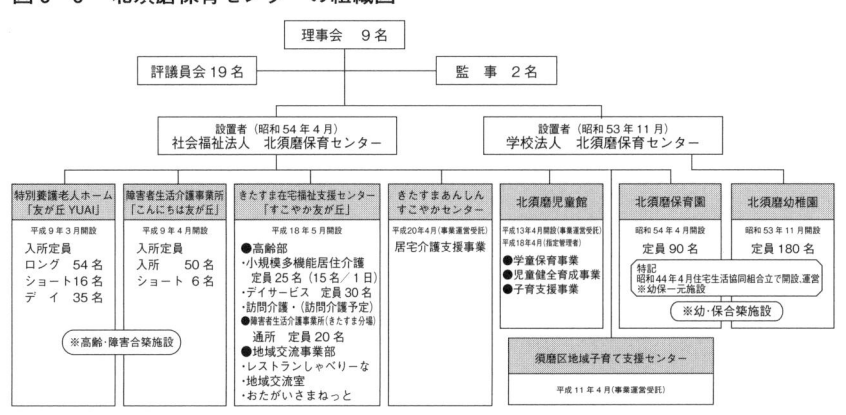

(出所)　北須磨保育センター：http://www.kitasumahoiku-center.or.jp/rekisi.htm より。

(2)「保育一元化」[27]の運営と特徴

　北須磨保育センターは、立命館大学名誉教授守屋光雄氏の理念により運営され、「保育一元化」と呼ばれている。その理念は3つの権利と称され、乳幼児の教育・保育の平等、母親の労働権の保障、保母[28]の研修権の確立と平等が基本となる。

　具体的に述べると、子どもを親の就労状況により差別しないよう、同じ保育を受ける権利がある。保育センターの保育は「保育一元化」の名のもとに、短時間児と長時間児を同じクラスで保育し、昼食後、長時間児が午睡する時間にそれぞれのクラスから、長時間児が午睡の部屋へ移動する。短時間児は、午睡の妨げとならないよう、また登園する所を長時間児に見せない配慮がなされている。

　保育者はすべて常勤であり、幼稚園教諭と保母の両方の免許をもっている者を採用するが、行政上、幼稚園教員と保母にわけて登録する仕組みとなっている。しかし両者は待遇、勤務時間、シフト、給与も同じ[29]とし、さらに保育者の研修の権利も平等に確保するということである。幼稚園と保育所にそれぞれ、園長と所長がいる。保護者については、保護者が就労する権利を保障するために、保育所でも十分な保育ができるようにしている。したがって、職員のシフトの交代制と、同一労働・同一賃金の勤務条件であるため、「保育一元化」の運営への意欲と理念を全員で共有し協力することができる。

　設置に関しての問題点は、神戸市保育園連盟（1977）[30]によれば、当時の神戸市私立保育園園長会と兵庫県社協保育問題研究委員会が北須磨保育センターを評価しつつも、主に次の問題点を指摘している。「短時間児と長時間児同士の心理的な摩擦や、午後の保育については当番制で保育を行っているため、保育者が入れ替わることへの危惧、保育時間が短いため、二重保育を強いられることへの危惧。」である。しかし、短時間児と長時間児への配慮は現場で行われており、むしろ限界に近い。いろいろな子どもが同じ施設にいることが地域の子育て支援としては評価すべきであり、また保育者が入れ替わることについては、現在の長時間保育[31]の時間を鑑みれば、保育者[32]が入れ替わることは致し方ないことである。

　また岡田（1982）[33]は、北須磨保育センターの特徴は、乳幼児の保育・教育

第3章　幼保一体化施設の運営実態と時期区分

を受ける権利、保育者の研修をする権利、母親の労働と育児とを両立させる権利であるとして、特徴的なことを主に次のように述べている。「①長時間保育の場合、各学年のクラス担任の2人ずつが交替するため、保育士でも研修時間を持つことできる。通常の幼稚園の教諭は、午後を研修時間とするが、北須磨保育センターでは理念を理解し共鳴しているため、幼稚園教諭からのクレームが出ないのである。②幼稚園と保育所の区別を子どもに感じさせないようにし、さらに幼稚園教諭と保母の区別を排除していることである。」例えば、登降園する入口は両者とも同じである[34]。さらに岡田（1982）[35]は、「北須磨保育センターは、創意、工夫により私立として貴重な役割をしている。」と高く評価される反面、「教育理念の面からではなく、財政面から神戸市、兵庫県、厚生省、文部省の行政の理解と協力が不可欠である。早期より幼保の財政の違いが幼保一元化の大きな弊害となっている点。」[36]を述べており、行政制度上の問題が今後大きく影響する可能性があることを指摘していた。

しかし岡田の心配をよそに、北須磨保育センターは現在も運営されている。この努力は北須磨保育センターの理念と地域住民の自治会を含めた施設である点も大きな要因であるといえる。北須磨保育センターの運営は、「保育一元化」の理念、3つの権利、すべて常勤職員を配置し、特に幼稚園教諭と保育士の待遇の平等と研修が確保され、規制改革会議後の幼保一体化施設の在り方に大きな影響を与えているといえる。この3つの権利は、幼保一体化施設を運営するにあたり、前述した多聞台方式の解体から学ぶと根本的な基盤を備えている。

(3) 北須磨保育センターからみた今後の課題

以上のように北須磨保育センターは、制度上の違いによる弊害を除き、子どもを中心とした「保育一元化」の保育理念のもと、幼保一体化施設が捉えられている点が特徴である。「保育一元化」の理念である乳幼児の教育・保育の平等、母親の労働権と育児の保障、保母（現在の保育士）の研修権の確立と平等は現在まで続いている縦割り行政の中、行政面では変えられない面を除き、北須磨保育センターでは、自助努力によりこの3つの権利を実現している。特に幼稚園教諭と保母の給与や待遇、研修の平等は、幼保一体化施設を運営するスタッフすべてを常勤としていることは、重要な要であることはいうまでもな

い。それは、一部の都心部において起こっている幼稚園教諭と保育士の職域別の格差が多くの問題をはらんでいるからである。

　1970年代に北須磨保育センターが誕生し、現在まで継続して幼保一体化施設を運営してきたにもかかわらず、追随する施設が少なかったことを考えると、省庁の縦割りによる弊害、都道府県による監察、幼保一体化施設をやり遂げるだけの市町村長や経営主体のリーダーシップ、既存の施設による幼稚園と保育所の摩擦で踏み切れない原因があったことも考えられる。もしくは既存のままで十分であると判断した可能性もある。つまり、乳幼児の教育保育に対する重要度が低い、もしくは乳幼児に対する「子育ての社会化」という意識が希薄であったとも捉えられる。

3　大阪府交野市あまだのみや幼児園—先駆事例　あまだのみや幼児園からみえてくるもの—

（1）幼保一体化施設の設置理由

　あまだのみや幼児園は、交野市第1保育所と第1幼稚園の2つの建物が隣接している施設で、その総称をあまだのみや幼児園と呼んでいる。

　あまだのみや幼児園の設置の背景は、交野市が市制施行された当時、幼稚園と保育所の両者とも公立が設置されていないことも大きく関係している。1970年交野市の総合計画基本構想が策定されるにあたり、生涯教育に重要な影響がある幼児教育を積極的に振興し、女性の地位向上と核家族化の傾向を踏まえ母親の就労が増加する情勢を踏まえて、保育需要に対処するよう保育行政の基本構想が議論された。

　幼保一体化施設の設立は、次の2つの理由により推進された、第1に計画を指導した東京大学日笠教授や立教大学松原教授、児童問題研究所寺内氏から、交野市の歴史的経緯と当時の現状から「幼保一元化」[37]を推進することが望ましいという答申が出された。第2に民間保育所である磐船保育園の運営主体である農業協同組合より、就園している幼児の数が組合員の幼児1/4以下となり、運営を市に移管したいとの申し出があったためである。上記2つの理由により市立保育所の設置が現実問題として提起されたのである。

　幼保一体化施設の具体的施策の検討は、町議会に提出後審議、1971年3月議

第3章　幼保一体化施設の運営実態と時期区分

会において町長の所信表明として幼児対策を明確にした。その内容は、人口急増、世帯の若返りによる若年化が顕著である点、保育需要が高まっている点、就学前教育の重要性と保育に欠ける幼児対策に重点を置く一方で、幼児の立場に立ち、公平な教育と保護の場を保障するために、「幼保一元化」の理念を追求し、可能性を検討したいという内容であった。1972年4月開所をめどに「幼保一元化」をめざす幼児施設の第1号を建設することが決まった。設置場所は磐船地域の天田神社の敷地を借地して建設された。1973年、大阪府では乳幼児に対する所轄部署が教育委員会と民生部児童課とに分断されており、それは「幼保一元化」の実施の方向に対し、困難な点であったことはいうまでもない。

　1973年11月、市役所の機構を一元化するために教育委員会と民生部児童課を幼児対策室として設置した。幼児対策室長は、市長より児童保育に関する権限と教育委員会から幼稚園関係の業務の権限を持つ者として任命された。その後、幼児対策室の強化としてあげられるのは、福祉事務所で行っていた保育所入所措置決定取扱事務と助産、母子寮関係事務についても幼児対策室が行うことになったことである。市長の措置権は福祉事務所長が委任を受け、事務処理をしていたが、これを市長に返却し、市長の措置権を市長部局の幼児対策室長が代行して実施するという形態に変更した点にある。しかし予算、決算については、従来通り保育所は民生費（款）―児童福祉費（項）―保育所費（目）、幼稚園は、教育費（款）―幼稚園費（項）―幼稚園費（目）として別建てである。市町村が窓口を一本化しても、国の補助金や保育料等の財政面は縦割りであるため、限界がある。

　その後、保育需要が増加したため、第2保育所の建設について幼児問題対策審議会に諮問した結果、1973年11月に開所（長時間児90人）となったが、当初は保育所のみとなり、5歳児については幼稚園教育要領のカリキュラムで「幼保一元化保育」を行った。その後、幼児問題対策審議会と私立幼稚園連絡協議会を開き、1977年7月より定員を120名に増員したが、1978年あまだのみや幼児園、くらやま幼稚園で定員オーバーとなり、1979年4月幼稚園が開園され、あさひ幼児園としてスタートしたのである。大阪府交野市幼児対策室(1979)[38]によれば当時の原田市長は、「就学前保育の平等、同じ地域の子どもの仲間意識を育てる、教育と保育の現場の教諭と保母に相違がある、相互的な

表3-2　交野市の幼保一体化施設の幼稚園と保育所の開園日

	正式名	定員	開園日
あまだのみや幼児園	第1保育所 第1幼稚園	90名 120名	1972年4月1日 〃
あさひ幼児園	第2保育所 第2幼稚園	120名 120名	1973年11月1日 1979年4月1日
くらやま幼児園	第3保育所 第3幼稚園	120名 120名	1974年8月1日 1975年4月1日

（出所）大阪府交野市幼児対策室（1979）『保育一元化のあゆみ』、p.26。

協力により同条件の研修時間と余暇をもたせたい。」等と考えていた（表3-2参照）。

　1974年8月くらやま保育園開園後、1975年4月くらやま幼稚園が開園し、くらやま幼児園となった。交野市の幼児園は、北須磨保育センターを例にしたものであり、市役所に「幼児対策室」を設けて幼・保一元化のために行政機構の改革を行った。幼児対策室長は市長から保育所入所の措置検討児童保育に関する権限を、教育委員会からは幼稚園関係の業務の権限をゆだねられ、両部局にまたがる位置づけであった。

（2）あまだのみや幼児園の運営

　あまだのみや幼児園の運営方法は、前述した北須磨保育センターを模倣としているため運営方法はほとんど同じで、異なる点は短時間児については5歳児のみである点と通常保育以外の部分は、パート職員が行っている点[39]である。保育者は、幼稚園教諭と保母の両方を持っている者が採用され、待遇等は同じである。栄養士は、幼児対策室で集中管理しており、3つの幼児園への献立を提供している。

　あまだのみや幼児園は開所当初、入口が別々で、幼稚園と保育所の間は防火壁で間仕切りされていた。理由としては、大阪府との話し合いで、次のことを守ることで併設を認めることが許されたためである。①幼稚園と保育所の施設の境界を明確にするために、防火塀をたてること、②外庭は塀で二分する、③

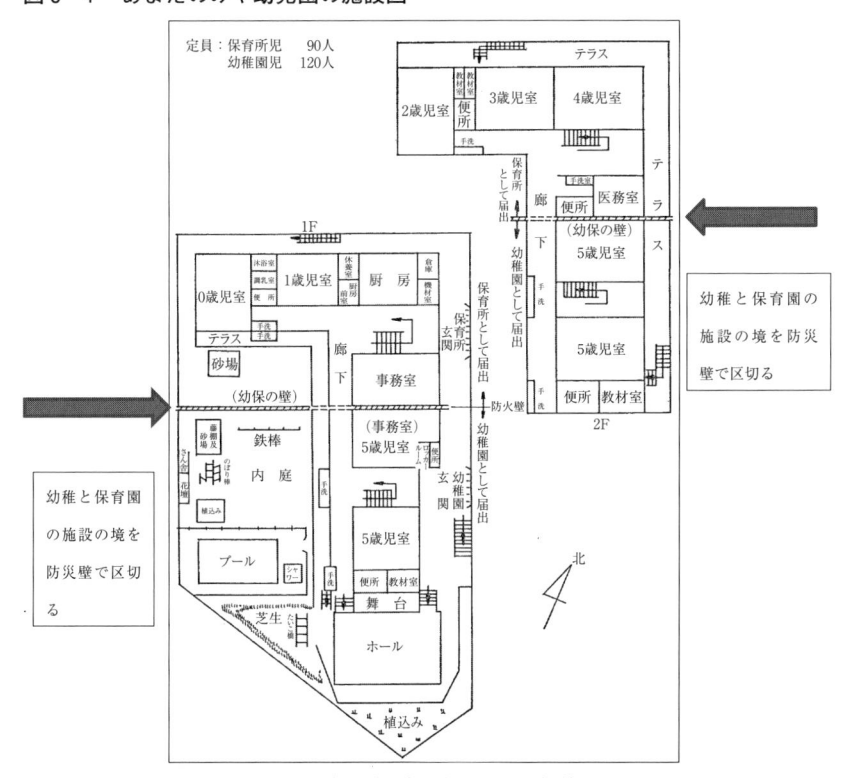

第3章　幼保一体化施設の運営実態と時期区分

図3-4　あまだのみや幼児園の施設図

(出所)大阪府交野市幼児対策室(1979)前掲書、p.12を加筆

玄関と職員室は別にする、④備品も両者による区分を明確にする等の厳しい条件が課せられた。それに伴い、防火壁で幼稚園と保育所の境界を明確にし、園庭は敷地をわける2mの高さのブロック塀が作られ、子どもたちが行き来できないようにされた。しかし現在は、全て取り払われている状態である。あまだのみや幼児園にヒアリングしたところ、開所して3年後には、全て取り払われた状況で運営しているとのことであり、職員室も同じで、協力連携を強化している。あまだのみや幼児園の建物平面図は図3-4の通りである。

（3）あまだのみや幼児園の特徴と今後の課題

　交野市の幼保一体化施設の開所当時の運営に関しては、保護者、子ども、幼児対策室面の各立場で長所と短所があると考えられる。大阪府交野市幼児対策室（1979）[40]によれば、交野市（幼児対策室）、現場の職員（幼稚園教諭・保母）と保護者からの視点で幼保一体化施設の長所と短所をあげると次頁の表3－3の通りである。

　3者の意見は、それぞれの立場から異なるものであるが、幼児対策室では、「施設面と備品の併用による合理化、幼稚園教諭と保母の協力体制の強化と協力体制[41]により、保育者のローテーションが組め、そのことで両者が混乱することはない点が長所である。」としている。前述した多聞台方式の幼稚園教諭と保母の連携不足を踏まえれば、あまだのみや幼児園の両者の協力体制は、一体化施設を運営するにあたり、大きな影響力を及ぼしているといえる。短所については、交野市で幼稚園と保育所の管轄を一つにしても、埋めることができない、国の二重行政の根本問題であるといえる。

　保育者は、行事を同日にできる点と異年齢交流ができ、全ての保育者がすべての子どもと関わることができ把握できる点、保育所・幼稚園担当であっても研修が幅広く受けられる点、ローテーションを組み両者の労働格差がなくなる点であった。その反面短所としては、保育時間が長いため、全職員そろって話し合うことが難しい点や、職員の人数が多いため研修時間が短く、研修会の割り当てが少ないことであった。

　保護者は、長所として同じ地域の子どもが同じ施設に入園でき、小学校へ就学できるので就学教育導入の意味[42]でもよい、5歳児になると集団になるため社会性が高まり、さらに短時間児でも異年齢交流ができる点であった。短所については、「父母の会等は就労している母親に合わせること」等であったが、短所はある程度容認すれば、良いものばかりであるため、子どもの視点にたてば、長所の方が多いといえる。

　以上のことから幼児対策室については、省庁の一元化が解決しなければ改善できないものであり、保育者については保育時間が長いため、話し合い等全職員で集まることが難しい点、保護者については、短時間児の親が就労している長時間児の母親にあわせなければいけない点を短所と捉えており、現在の運営

第3章　幼保一体化施設の運営実態と時期区分

表3-3　幼保一体化施設の長所と短所

	長　　　所	短　　　所
幼児対策室	①施設面の併用（プール、遊技場、砂場、運動場） ②備品の併用（遊具、身体測定器、印刷機） ③教諭、保母の格差意識がなく協力的である ④園医・薬剤師が、幼稚園・保育所を一斉に診察して頂ける ⑤施設建設費（用地・建物）が大幅に合理化できる ⑥保育者のローテーションがくめる ⑦行事がまとまる	①文部・厚生両省に所管されているため、予算・業務の執行等、全て区分して記録し、報告する必要があり、事務が重複し複雑になることがさけられない ②職員の任免なども複雑になる ③予算差引で、明確に分割できないものがある ④民間の幼保一体化的指導をどうするか
保育者	①行事、集会等同日にできる（運動会、入園式、卒園式、誕生会等） ②研修が幅広く（保育所・幼稚園）できる ③異年齢集団（縦割保育）の展開が見られる ④全職員がローテーションを組んで保育に当たるので、全園児の把握ができる ⑤幼、保担当職員の労働格差が、ローテーションを組むことにより改善される	①短時間を担任した場合、他市の幼稚園へ勤務する人と比較して研修時間が短い ②人数が多いので研修会の割当てが少ない ③新年度、保育者がローテーションを組むため、顔が変わり少々戸惑いがある ④全職員揃って話し合うことが困難である ⑤全園児参加のイベントが難しい
保護者	①同地域の子どもが同じ幼児園に入園できる ②5歳児になれば、大集団に入って社会性が高まる ③異年齢の幼児集団に入ることができ、多くの保育者に保育を受けることができる ④同地域の子どもサークルのまま小学校へ就学するので、学校に慣れやすい ⑤低年齢の子どもは、5歳児を見て大きくなりたいと希望をもつ。反対に5歳児は低年齢児をかわいがる	①父母の集会をする場合、就労する母親の便宜をはかり、土曜日に開催する ②短時間保育が午後まである日は、長時間児はやや疲労する ③保護者の要求される内容が、長時間児、短時間児で少々かわる ④最初長時間児の中で短時間児が帰宅する早い時間に帰宅したいと思う園児が少数いた ⑤短時間児の中で、もっと園に残りたいという子もいる

（出所）大阪府交野市幼児対策室（1979）前掲書、pp. 39-40より作成。

上変えられないものである。それに比べて、長所の方が合理的かつ、保育者の平等や連携が図られるもので、子どもにとっては異年齢交流や社会性を育み、就学教育の導入ができる点で評価すべきである。

4　小括

　1960年代後半〜1970年代前半の幼保一体化施設の試行については、先述した3つの幼保一体化施設が代表としてあげられる。多聞台方式は、最初に開所した幼保一体化施設であり、わずか4年で解体したため、幼保一体化施設の失敗例として後の幼保一体化施設の問題や課題が導かれる。

　多聞台方式の問題点は、現場の幼稚園教諭と保母に対して、幼保一体化施設の運営やその目的、連携に対して、多聞台町側が十分に話をしていない点が最初の時点での問題であった。お互いの領域を主張し、理解を深められなかった点が一番の問題であるといえる。幼稚園教諭と保母のお互いの課題等をみると、両者の話し合いが十分になされていない、もしくは話す状態が作り出せなかった、連絡が取れていないことが多く上げられていた。このことは、当時の幼稚園教諭が保母に対して優位性を持っていたことの1つの現れである。また、多聞台町側が保護者に対しても幼保一体化施設の内容や運営方法、目的を説明し、理解を得ていなかったため、現場の保母と保護者が一緒になり、神戸市職員組合、神戸市職員組合保母部会における組織的な反対運動にまで発展してしまったといえる。

　また、5歳児が家庭から保育所へ行き、通常の保育時間には幼稚園で保育を受け、通常保育終了後保育所へ移動し保育を受け家庭に戻ると子どもが移動することに対する心配が大きくクローズアップされていたが、現在の早朝、延長保育が多くの保育所で行われている現状からすれば、現在は通常のこととなってしまっているため、当時の実情では問題視されることであったともいえる。現在は、就労時間が伸び、親の就労時間による子どもをめぐる事業は子どもと親が一緒にいる時間を大きく分離させている。

　北須磨保育センターは、多聞台方式とは異なり、「保育一元化」の理念により、子どもの教育・保育を平等にし、女性の就労権利と子育ての権利を守り、幼稚園教諭と保母の研修と待遇の権利3つの基本理念を基に現在も運営されて

第3章　幼保一体化施設の運営実態と時期区分

いる。多くの視察があることからもわかるように、この理念に基づいた運営は、効率化を目的とせず、子どもを中心とした、保護者、保母と幼稚園教諭の連携を実現するための基本的スキルを表現している。幼稚園教諭と保母が同様の研修に参加すれば、同じように保育に携わる者として必要な情報や内容が身につく。幼稚園教諭と保母の処遇の平等については、都市部の地域では行われていない自治体もあり、管理職や勤務時間の問題を阻んでいる点で、その問題を解消する重要な点であり、現場の協力体制と連携を支えている柱であることは確かである。

　交野市あまだのみや幼児園については、公立ではじめての合築型幼保一体施設を開所した自治体であり、現在も運営されている。公立の幼稚園と保育所がなかったため、幼保一体化施設を開所することが可能であったといえる。一方で、当時の2つの省庁をまたがる幼稚園と保育所の幼保一体化施設を開所したことはある意味で、首長のリーダーシップが発揮されたともいえる。開所当時に、大阪府から幼稚園と保育所の施設を防火壁で区分し園庭に塀を立てる等を指摘された点は、現在の幼保一体化施設の区分[43]と変らない。交野市は、北須磨保育センターをモデルとして開所したため、幼稚園教諭と保母の連携や、保育の運営方法については、開所当初からあまり問題がなく、現在も運営されている。北須磨保育センターの事例の優位性と公立施設でも同じことができることを証明している事例である。

　このように3つの先行事例は、現在の幼保一体化施設の運営のベースとなる要素が多く盛り込まれている。幼保一体化施設の試行時期の施設運営は、これからも増加するであろう幼保一体化施設の課題である職員同士の協力、平等と現在に繋がる運営方法が多い。つまり施設運営側でできる自助努力とそれ以外（国の制度上の問題）に分ると、国が行わなければならない問題の解決が進んでいないことを示唆している。

第2節　1990年代幼稚園と保育所の共用化の時代

　1996年12月20日の地方分権推進委員会第1次勧告では、幼児教育・保育について「幼稚園・保育所の施設の共用化等弾力的な運用を確定する」と初めて論

じられ、地方分権化と幼稚園・保育所の施設の共用化の流れが出てきた。地域により幼稚園と保育所が偏在していることは第2章でも述べたが、少子化による地域の子どもの減少による幼稚園の充足率の低下と女性の就労の増加による保育需要の増加と保育所不足が要因となり市町村の財政悪化とあいまって両者の共用化が指摘されるようになったのである。この状況において保育施設を必要とする市町村の事情を補完するものとして幼稚園が低年齢児を受け入れ、さらに保育時間を長くする預かり保育の増加へといわゆる「幼稚園の保育所化」が行われていったのである。

1　地方分権推進委員会第一次勧告

　幼稚園と保育所は、施設を共用することは認められていなかったが、1996年12月20日、地方分権推進委員会第一次勧告において「幼稚園・保育所の施設の共用化等弾力的な運用を確立する。」ことが求められた。幼稚園と保育所の在り方については、近年における少子化の進行、共働き家庭の一般化などに伴う保育ニーズの多様化等が背景にある。そこで、1997年4月文部省と厚生省は共同で、「幼稚園と保育所の在り方に関する検討会」を発足させ、多様なニーズに対応できるよう、幼稚園と保育所の施設運営の共用化や職員の兼務等の在り方を幅広い観点から検討することとした。検討会では、幼稚園と保育所を合築、併設、又は同一敷地内に設置するに当たり施設の共用化等に関する取扱いを中心に検討を行った。1998年3月文部省と厚生省は共同で「幼稚園と保育所の施設の共用化に関する指針」を発表、その際には地域の実情に応じて弾力的な運用を図り、共用化された施設について保育の内容等運営を工夫し、有効利用することを目的とし、主に次のような指針が作成された。

　①施設及び設備について相互に共用することが可能である。
　②共用化された施設について必要とされる基準面積及び職員の数は、原則として、幼稚園設置基準、児童福祉施設最低基準により幼児数を基に算定するものとする。
　③備えられている園具・教具・用具について、幼稚園及び保育所は相互に使用すること。
　④共用化されている施設においては、教育・保育内容に関し、合同研修の実

第3章　幼保一体化施設の運営実態と時期区分

　　施を努める。
　⑤施設設備の維持保全、清掃時の共通する施設管理業務について一元的な処
　　理に努める。
　地方分権推進委員会第一次勧告により、主だった幼稚園と保育所の共用化が推進され、勧告以降、幼稚園と保育所の在り方は、急速に変化していくこととなる。
　指針では、保育所と幼稚園の基準面積は、それぞれの基準を守り、共用部分は按分して管理することとしている。また職員数についても、保育所と幼稚園の設置基準により算定すること、園具・教具・用具については相互に利用することが可能であることが示されていたが、幼稚園と保育所の最低基準は異なるため大きな課題であった。
　この時期の幼保一元化への試行は、少子化に伴う施設の小規模化への対策、幼稚園の園児減少と保育所不足が重なり、幼稚園と保育所の施設を共用化することにより経費削減を図るものであった。後述（第4章第1節、第2節）する東京都千代田区いずみこども園や和歌山県白浜町白浜幼児園でも構造改革特区申請前は、同じ建物内もしくは道路を隔てた幼稚園と保育所の合同保育や合同の行事等が行われていた。
　このように幼稚園と保育所の共用化の実態は、文部省と厚生省の1997年4月「幼稚園と保育所の在り方に関する検討会」による調査が発表され、共用化を合築、併設、同一敷地内の3種に分類している。合築は、幼稚園と保育所が1つの建物にあり、廊下、トイレなどの施設を両者が共有している施設を指す。併設は、幼稚園と保育所が1つの建物の中にあるが、玄関が別々、壁で仕切られている等、両者が共有している部分がない施設である。同一敷地内に関しては、建物は別々であるが、一続きで施設内にあり運動場などの敷地が柵、塀などにより完全に仕切られていないため、相互に利用できる施設である。
　1998年5月総務庁が「児童福祉対策等に関する行政監察結果報告書」を発表、幼稚園の預かり保育が幼稚園教育要領上明確な位置づけがない点と保育所保育指針は幼稚園教育要領に準じているが、検討の余地があると指摘した。
　1998年6月19日、文部省と厚生省は、「子どもと家庭を支援するための文部省・厚生省共同計画」を発表し、「幼稚園と保育所の連携の促進」では、①教

育内容・保育内容の整合性の確保、②幼稚園教諭と保母の研修の合同開催、③幼稚園教諭と保母の人的交流の促進、④幼稚園教諭と保母の養成課程における履修科目の共通化、⑤幼稚園と保育所の子育て支援にかかわる事業の連携実施、⑥公的助成及び費用負担の在り方の検討等の具体的な提案が行われた。

①は、既に幼稚園教育要領と保育所保育指針については、各子どもの年齢で、整合性がとれている。②③は、各市町村に応じて行われている所もあるが、当時は多くはなかったのである。④は、カリキュラムの改正を行い、幼稚園教諭と保母の養成課程における科目の共通化をはかった。⑤は、幼稚園や保育所に地域の子育て支援センター事業を併設する園を増加させている。⑥は、保育料について、保育所は応能負担、幼稚園は応益負担である点、保育所と幼稚園の運営費補助の違いは、現在も検討されている大きな課題であるといえる。

2 施設の共用化と規制緩和による影響

1998年文部省と厚生省は、「幼稚園と保育所の共用化に関する指針について」を発表し、その後幼稚園と保育所の共用化は少しずつ施設数を伸ばしていく。2000年度には、公立105園、私立56園に対し、2004年度では公立172園、私立132園と増加していく傾向にある。2007年度までは、施設の共用化について公立の方が多かったが、2008年度以降、公立が234園、私立237園と逆転した（図3－5参照）。

共用化の施設の状況は、合築が234施設（公立142園、私立92園）、併設42園（公立27園、私立15園）、同一敷地内195園（公立65園、私立130園）である。公立は合築が多く、新規に建設したもの、もしくは既存の施設を改築して開設した施設が多い。私立は同一敷地内で行っている施設が多いことがわかる（表3－4参照）。

1998年2月、「保育所における短時間勤務保母の導入について」が一部改正され、児童福祉施設最低基準で規定されている「定数上の保母の取り扱いについては、従来の常勤の保母をもって充てるように指導してきた。」が「多様な保育需要や保母の多様な勤務形態に柔軟に対応できるよう、短時間勤務の保母を当てても差し支えない。」ことと緩和された。この緩和以降、公立保育所に

第3章　幼保一体化施設の運営実態と時期区分

図3-5　共用化施設数の推移

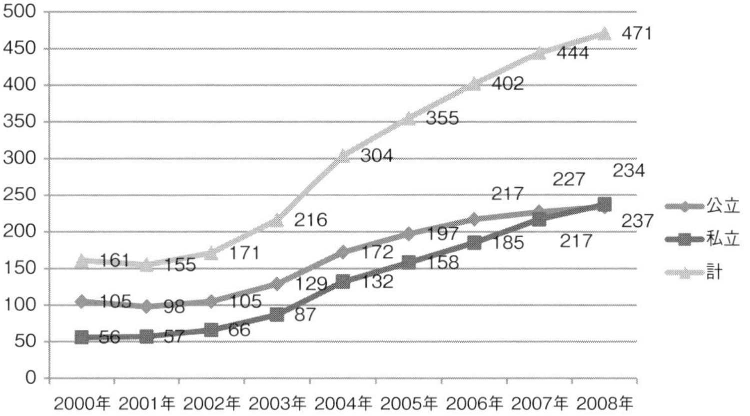

年	公立	私立	計
2000年	105	56	161
2001年	98	57	155
2002年	105	66	171
2003年	129	87	216
2004年	172	132	304
2005年	197	158	355
2006年	217	185	402
2007年	227	217	444
2008年	234	237	471

（出所）文部科学省初等中等教育局幼児教育課（2011）『平成22年度　幼児教育実態調査』、p.16。

表3-4　共用施設の状況

	公立	私立	計
合築	142	92	234
併設	27	15	42
同一敷地内	65	130	195
計	234	237	471

（注）認定こども園の認定を受けた施設を除く。
（出所）文部科学省初等中等教育局幼児教育課（2011）前掲資料、p.16。

おいて非常勤の保母が急増し、地域により1つの保育所の中で、正規保母よりも非常勤保母（以下1999年以降は保育士とする）の数の方が多い所も出てきており、正規職員と非常勤職員の業務分担等の問題が持ち上がっている市町村もある。

　厚生省（2000）『地域児童福祉事業調査』によれば、1999年10月時点での「短時間勤務の保育士の導入を認めている」市町村数は、1,489、保育所のある

143

市町村の48.3%となっている。このうち、公営・私営の保育所とも導入を認めている市町村は1,287（41.7%）、私営は認めているが公営は認めていない市町村は202（6.5%）となっている。導入することを認めていない市町村は1,596（51.7%）である。また、実際に導入している保育所のある市町村は623あり、保育所のある市町村の20.2%となっている。

　市町村合併が促進され、市町村数ではなく比率に着目すると、厚生労働省（2009）『平成20年度地域児童福祉事業等調査結果の概要』によれば、保育所がある市町村における短時間勤務の保育士の導入状況をみると、「導入を認めている市町村」は1,212[44]（69.1%）と急増し、そのうち「公営・私営とも認めている市町村」が1,027（58.6%）、「私営は認めているが公営は認めていない市町村」が185（10.6%）となっている。また、「導入を認めている市町村」のうち、実際に導入している保育所がある市町村は885（73.0%）となっており、1998年の短時間保母の導入は急増、多様化する保育需要に対応するために、延長保育の補助等を行わせ、保育運営費の抑制の手段としても配置されている。

第3節　2000年代構造改革特区による幼保一体化施設

　2001年3月規制緩和委員会は「規制緩和3ヶ年計画」を策定し、2000年度より保育所への企業や個人の参入が認められるようになった。また、利用者と施設との直接契約や保育所と幼稚園の共用化の推進、幼稚園における預かり保育の拡充が計画の中に盛り込まれた。2002年7月、構造改革特区制度を推進し、規制改革を地域の自発性を最大限尊重する形で進め、日本の経済と地域の活性化を実現することを目的として構造改革特別本部が内閣に設置された。

　2003年総合規制改革会議は、「規制改革推進のためのアクションプラン」を発表し、重点検討事項12点の中に「幼稚園と保育所の一元化」が盛り込まれ、施設整備基準の統一や資格・配置基準の統一、入所対象の統一等が求められ、その後幼保一元化は大きくクローズアップされることとなった。

　構造改革特区において幼保一元化関連のものは、①保育所における保育所児及び幼稚園児の合同活動（特区914）、②幼稚園における幼稚園児及び保育所児の合同活動（特区807）、③保育事務の教育委員会への委任（特区916）、④3歳

第3章　幼保一体化施設の運営実態と時期区分

未満児の幼稚園入園の容認（特区806）、⑤公立保育所における給食の外部搬入の容認（特区920）、⑥保育所と幼稚園の保育室の共用（特区823・921）、⑦幼稚園の基準面積算定方法の弾力化（特区831）、⑧保育所における私的契約児の弾力的な受け入れの容認（特区913）であった。

　2003年第1回構造改革特区認定から2010年11月までのもので、「幼保一元関連」と構造改革で分類されている（表記をそのまま用いた）ものを表にしたものが表3-5である。幼保一元化関連にあげられている内容でも、幼保一元化に直結しているのは、特区番号807・823・914・921である。

　承認された中でも、幼保一元化関連の別の特区も同時に申請し、承認されている場合は備考欄に重複数を記入した。全国展開されていったため、この事例を行ったものが現在いくつの市町村であるかは、現在の数は定かではないが、増加傾向にある。

　特区914と807に関しては、両者を申請した市町村が32あり、それ以外は単独

表3-5　特区による「幼保一元化関連」事項の承認数

特区番号	内容	承認数	備考	全国展開日
914	保育所における幼稚園児と保育所児の合同活動	35	内重複32	2005/11/22
807	幼稚園における幼稚園児と保育所児の合同活動	37	内重複32	2005/11/22
916	保育事務の教育委員会への委任	12	内重複11	2005/11/22
831	幼稚園の基準面積算定方法の弾力化	5	内重複5	2005/11/22
806	3歳未満児の幼稚園入園の容認	38	内重複4	2008/7/9
920	公立保育所における給食の外部搬入の容認	94	内重複9	2010/11/30
823・921	保育所と幼稚園の保育室の共用	7	－	2005/11/22
913	保育所における私的契約児の弾力的な受け入れの容認	4	－	2007/7/4

（注）全国展開されるまでの数である。
（出所）構造改革特別区域推進本部HP、各認定より作成。

申請であるため、保育所で幼稚園児を預かった市町村が3つあり、幼稚園で保育所児を預かった市町村が5つあることがわかる。次に多いのは、3歳未満児の幼稚園入園の容認38件である。幼保一元化関連の特区は既に述べた通りすべて全国展開されているため、全国展開された日からの増加は定かではないが、公立保育所における給食の外部搬入の容認以外は、比較的早目に全国展開されたことがわかる。給食の外部委託に関しては、保育団体からの反対等もあり、全国展開するには他の特区より時間を要した。しかし給食の外部委託が多い理由は、調理室の設備と給食に関わる職員の削減等、効率化と費用削減を目的としたことが多いものであるともいえる[45]。

　保育事務の教育委員会への委託の特区を申請した市町村は、12の内11市町村が他の特区も同時に申請しており、申請内容は、「幼稚園における幼稚園児及び保育所児の合同活動」(特区807)と「保育所における保育所児と幼稚園児の合同活動」(特区914)の両方の認定をうけた市町村は、9つあり、特区807のみの市町村が2つある。したがって、保育事務の教育委員会への委任の目的の中に、幼保一元化関連実施の内容が含まれているのである。一方で、「満3歳未満児の幼稚園入園の容認」(特区806)は、38件の内4件のみしか複数への申請がなく単独申請である。この特区は、保育所があれば保育所に入れるか、もしくは幼稚園を保育所の補完材にしている可能性が高い。

　「幼稚園の基準面積算定方法の弾力化」(特区831)については、承認された5つの市町村とも複数申請で、しかも特区内容は「幼稚園と保育所の保育室の共用」であり特区823と921を5つとも申請し、承認されている。したがって、保育室の共用には、幼稚園の基準面積算定方法を弾力化すれば、幼保一体化施設にしやすいという現実があるということである。

　特区申請が必要であった時点では、特区920公立保育所における給食の外部搬入の容認が94と最も多いが、この申請を行った市町村で他の幼保一元化関連の内容を申請したのは9つに過ぎない。幼保一元化関連といいながら、実施は幼保一元化に関連する事項を行ったというよりも、保育所の給食を外部委託に踏み切ったケースが多いことがわかる。

　以上のように、構造改革特区の承認内容をみると、「保育所における保育所児及び幼稚園児の合同活動」(特区914)、「幼稚園における幼稚園児及び保育所

第3章 幼保一体化施設の運営実態と時期区分

児の合同活動」（特区807）、「保育事務の教育委員会への委任」（特区916）が多く、しかも重複している。いくつかの特区を使用すると幼保一体化施設が可能となるのである。構造改革前までは規制の壁に阻まれ、個々の運営を余儀なくされていたことが窺える。したがって、構造改革特区は幼保一元化関連については、地域のニーズに対応した施設を作ることが可能となり、多様化した保育ニーズを提供することが出来るようになった点で、省庁の壁を越えて地域の実情を踏まえた改革であったといえる。

幼保一元化に関連の特区認定がどのような市町村で行われているかを全国展開される前の状況でみると表3-6の通りである。この時期は市町村の数も合併により変化しているので市町村数の割合でみることはできないが、特区内容と市町村で照らし合わせると特区806の3歳未満児の幼稚園入園の容認以外の特区は全て町、次に市による申請が多いことがわかる。人口の少ない町で幼保一元化関連の特区申請が多く行われ、認定されたのである。

表3-6　市町村別特区認定数

特区番号	内　　容	村	町	市	区	県
914	保育所における幼稚園児と保育所児の合同活動	2	17	16	－	－
807	幼稚園における幼稚園児と保育所児の合同活動	2	21	13	－	1
916	保育事務の教育委員会への委任	2	8	2	－	－
831	幼稚園の基準面積算定方法の弾力化	－	2	3	－	－
806	3歳未満児の幼稚園入園の容認	－	6	24	1	7
920	公立保育所における給食の外部搬入の容認	3	56	34	－	－
823・921	保育所と幼稚園の保育室の共用	－	4	3	－	－
913	保育所における私的契約児の弾力的な受け入れの容認	－	4	－	－	－

（注）全国展開されるまでの数である。
（出所）構造改革特別区域推進本部HP、各認定より作成。

次にどの地域で何の特区が行われたかをみると、表3-7の通りである。第4章で細かい事例については述べるが、構造改革特区申請を行い、幼保一体化施設を開設した市町村は、少子化や公立幼稚園の充足率の低下、施設の老朽化

表3-7 幼稚園と保育所に関する特区認定市町村一覧

特区内容	特区認定自治体名
「幼稚園における幼稚園児及び保育所児等の合同活動（特区914）・保育所における保育所児及び幼稚園児の合同活動」（特区807）	群馬県六合村、、茨城県北砂郷町、岐阜県瑞浪市、秋田県千畑町、神奈川県箱根町、静岡県掛川市、三重県藤原町、兵庫県加西市、和歌山県太地町、香川県池田町、宮城県田尻町、
「幼稚園における幼稚園児及び保育所児等の合同活動」（特区914）	埼玉県北本市、三重県明和町、北海道稚内市
「保育所における保育所児及び幼稚園児の合同活動」（特区807）	北海道東川町、和歌山県橋本市、茨城県（県）、大分県九重町
「保育事務の教育委員会への委任」（特区916）	宮城県田尻町、長野県駒ケ根市、北海道東川町、秋田県千畑町、静岡県掛川市、三重県藤原町、香川県池田町、群馬県六合村、富山県福岡町、長崎県小値賀町、静岡県戸田村、大分県九重町
「幼稚園の保育所の保育室の共用」（特区823,921）	富山県福岡町、島根県穴道町・賀茂町、長崎県小値賀町、岐阜県瑞浪町市・大垣市、三重県四日市市
「幼稚園の基準面積算定方法の弾力化」（特区831）	富山県福岡町、長崎県小値賀町、岐阜県瑞浪町市、岐阜県大垣市、三重県四日市市
「三歳児未満の幼稚園入園の容認」（特区806）	長野県県内全域、山口県防府市、京都府長岡京市、京都府大山崎町、鳥取県米子市、福井県丸岡町、岩手県花巻市、茨城県県内全域、石川県小松市、福井県県内全域、島根県益田市、島根県西郷町、宮崎県延岡市、北海道富良野市、岩手県一関市、北海道恵庭市・北広島市、埼玉県秩父市、佐賀県県内全域、長崎県県内全域、北海道上富良野市、宮城県仙台市、山形県山形市、島根県松江市、島根県穴道町、富山県県内全域、宮城県多賀城市、東京都葛飾区、岩手県雫石町、石川県羽咋市、北海道千歳市、島根県斐川町、栃木県栃木市、静岡県三島市、京都府向日市、茨城県県内全域、山梨県上野原市
「公立保育所における給与の外部搬入の容認」（特区920）	群馬県明和町、島根県穴道町・賀茂町、山口県和木町、宮城県田尻町、茨城県北砂郷町、岐阜県瑞浪市、三重県藤原町、鳥取県羽合町、北海道清里町、山形県鳥島町、山形県金山町、岡山県新見市、鳥取県智頭町、広島県呉市、和歌山県広川町、山形県最上町、群馬県六合村、三重県東員町、京都府久御山町、徳島県阿南市、東京都神津島村、新潟県新発田市、北海道奥頭町、福島県会津美里町、岡山県井原市、香川県宇多津町、岐阜県大野町、三重県志摩市、宮崎県綾町、岐阜県神戸町、三重県木曽岬町、和歌山県高野町、長野県長和町、岐阜県恵那市、和歌山県紀美野市、北海道登別市、岡山県高梁市、和気町、広島県安芸太田町、北海道上湧別町・湧別町、福井県坂井市・越前町、岐阜県海津市、愛知県豊田市・安城市・蒲郡市・常滑市・稲沢市・日進市・田原市・清須市・北名古屋市・東浦町・長久手町・春日市・甚目寺町・蟹江町・阿久比・一色町・吉良町・幡豆町・三好町・設楽町・豊根村、三重県亀山市、和歌山県すさみ町、山形県高畠町、茨城県阿見町、千葉県勝浦市、石川県能美市、山梨県南アルプス市、岐阜県安八町・揖斐川町・北片町、三重県伊賀市、福岡県粕屋町、千葉県大多喜町、山梨県富士吉田市、岐阜県本巣市・白川町、静岡県伊豆市、大阪府熊取町、兵庫県上郡町、広島県東広島市・江田島市、山梨県市川三郷町、千葉県横芝光町、岐阜県白川町、静岡県熱海市、兵庫県福崎町、広島県安芸高田市、大阪府泉佐野市
「保育所における私的契約児の弾力的な受け入れの容認」（特区913）	北海道佐呂間町・下川町・足寄町・上士幌町

（出所）構造改革特別区域推進本部HP、各認定より作成。

等、さまざまな地域の事情により、幼保一体化施設を開設するに至っている。開設するための原因は先述した通りのものが多いが、開設するまでの経緯や方法等は地域により異なる。

いずれにせよ小泉政権が行った構造改革特区により、今まで認められなかった幼保一体化施設が開所できるようになったことは、深刻に少子化が進んでいる過疎地や都市部の待機児童対策や両者の行政改革を可能にし、幼保一元化政策を改めて考える契機となったことは事実である。しかし、特区での運営はあくまでも現行の幼稚園と保育所の制度をそのまま反映しているため、地域や現場での工夫はされていても、省庁の縦割りによる、幼保の制度の改善が行われたわけではなく、財政の縦割りは依然として残されている。つまり地域にある程度の運営は任せたとしても、2つの制度の根本的な部分は、何も変わっていないことが大きな問題である。幼稚園と保育所の弊害という問題のみが大切なのではなく、子どもを育てる「子育ての社会化」への認識が少ないため子どもを中心として捉えた、政策に結びついていないのである。幼保一元化政策は、次節であげる文部科学省と厚生労働省が合同で開設した幼保連携推進室が窓口となった認定こども園制度へと展開されていくのである。

第4節 2006年以降の認定こども園制度

文部省と厚労省は1998年6月19日、「子どもと家庭を支援するための文部省・厚生省共同計画」を発表し、「幼稚園と保育所の連携の促進」として実際には、幼稚園と保育所等と通じた教育・保育要領の充実、施設共用化のための環境整備等を行ってきた。計画では幼保の連携をさらに進め、地域の多様なニーズに応え幼稚園と保育所の制度の枠組みを越えた新たな仕組みとして2006年10月に「認定こども園」制度をスタートさせた。認定こども園制度の管轄は文部科学省と厚生労働省両省合同で設置した「幼保連携推進室」であり、認定こども園の推進を図っている。

1　総合施設モデル事業

認定こども園制度は、第2章でも述べたように幼保一元化について2002年6

月「地方分権改革推進会議中間報告」、同年総合規制改革会議「規制改革の推進に関する第二次答申」でも取り上げられ、総合施設モデル事業を経てできた制度である。

　前述の会議を経て、幼保一元化の政府の方針は、2003年6月「経済財政運営と構造改革に関する基本方針」[46]が閣議決定されたことによりクローズアップされた。この基本方針では、「地域のニーズに応じて就学前の教育・保育を一体として捉えた一貫した総合施設の設置を可能とすること。」と「関連する負担金の一般財源化など国と地方の負担のあり方について……必要な措置を講ずる。」と2つのことが検討されることとなったのである。

　2003年12月総合規制改革会議は「規制改革の推進に関する第三次答申」を発表し、「2006年度中に基本的なことを取りまとめたうえで、2007年度に試行事業を先行実施するなど、必要な法整備を行うことも含め……2008年度から本格実施を行う。」[47]と発表し、試行事業には35施設が選ばれた[48]（表3-8参照）。

　2004年5月、文部省中央教育審議会幼児教育部会と厚生労働省社会保障審議会児童部会の合同検討会議が設置[49]され、総合施設について検討が進められた。同年8月「就学前の教育・保育を一体として捉えた一貫した総合施設について（中間まとめ）」が発表された。中間まとめでは、総合施設の受入年児を0歳児から対象にした点と利用方法を保護者と施設の直接契約にしたことが含まれていたのである。

　同年12月「就学前の教育・保育を一体として捉えた一貫した総合施設について（審議まとめ）」が発表された。審議まとめでは、保育料の設定が施設の自由裁量となった点が最大の関心事であり、保育制度を大きく変えるものとなったのである。

　2005年、総合施設モデル事業評価委員会が総合施設モデル事業の評価をするためにつくられ、同年12月「総合施設モデル事業の評価について（中間まとめ）」、2006年3月「総合施設モデル事業の評価について（最終まとめ）」が発表された。中間まとめでは、総合施設のタイプを4つに分類[50]、職員配置は保育所か幼稚園のどちらかの基準を満たし、地域の子育て支援センターを必ず設置することが盛り込まれていた。

　最終まとめでは、仕事と子育ての両立支援や働き方の見直しなど社会全体で

第3章 幼保一体化施設の運営実態と時期区分

表3-8 総合施設モデル事業に選ばれた施設

都道府県	市区町村名	公・私別	設置者	施設名
北海道	登別市	私立	学校法人・登別市	白雪幼稚園 登別保育所
青森県	弘前市	私立	学校法人・社会福祉法人	柴田幼稚園 桜ヶ丘保育園
岩手県	水沢市	私立	社会福祉法人	駒形保育園
宮城県	仙台市	私立	学校法人	ろりぽっぷ幼稚園 ろりぽっぷ保育園
秋田県	平鹿町	私立	社会福祉法人	浅舞感恩講保育園
山形県	酒田市	私立	学校法人	アテネ幼稚園
福島県	二本松市	私立	学校法人	まゆみ幼稚園 中里保育所
茨城県	日立市	私立	学校法人	茨城キリスト教大学附属 聖児幼稚園日立園
群馬県	明和町	公立	明和町	明和町立明和幼稚園 明和町立明和保育園
埼玉県	岡部町	公立	岡部町	おかべ幼稚園 みらい幼児園おかべ
千葉県	柏市	私立	学校法人	くるみ幼稚園
東京都	品川区	公立	品川区	二葉すこやか園 二葉つぼみ保育園
東京都	新宿区	私立	社会福祉法人	エイビイシイ保育園
神奈川県	横浜市	私立	学校法人・社会福祉法人	ゆうゆうのもり幼稚園・保育所
新潟県	塩沢町	私立	学校法人・社会福祉法人	金城幼稚園 わかば保育園
長野県	長野市	私立	学校法人	若穂幼稚園
岐阜県	各務原市	私立	学校法人・社会福祉法人	かわしま幼稚園 川島保育園
愛知県	豊田市	公立	豊田市	渡刈保育園
三重県	東員町	公立	東員町	東員町立三和幼稚園 東員町立みなみ保育園
滋賀県	守山市	私立	社会福祉法人	カナリヤ第4保育園
京都府	綾部市	私立	社会福祉法人	中筋保育園（中筋幼児園）
大阪府	堺市	私立	学校法人	常磐会短大付属泉丘幼稚園
兵庫県	加西市	公立	加西市	賀茂幼児園
奈良県	奈良市	公立	奈良市	帯解幼稚園・保育所
和歌山県	白浜町	公立	白浜町	白浜幼児園
島根県	松江市	私立	学校法人・社会福祉法人	育英北幼稚園 たまち保育園育英北分園
岡山県	岡山市	私立	その他	だいいち子どもの国
広島県	広島市	私立	社会福祉法人	広島光明学園保育園
香川県	牟礼町	公立	牟礼町	はらこどもセンター （原幼稚園・東部保育所）
愛媛県	松山市	私立	学校法人	東松山幼稚園
高知県	南国市	私立	学校法人	ひまわり幼稚園
佐賀県	川副町	私立	学校法人	鳳鳴の里幼稚舎
長崎県	佐世保市	私立	学校法人・社会福祉法人	光の子グレース幼稚園 光の子保育園
熊本県	玉名市	私立	学校法人・社会福祉法人	大倉幼稚園 八嘉保育園
宮崎県	南郷町	私立	学校法人	立正幼稚園

（出所）総合規制改革会議 http://www.mhlw.go.jp/shingi/2005/12/s1209-10.html。

子どもの育ちや子育てを支援する次世代育成支援の観点から、総合施設は、親の就労の有無・形態等で区別することなく、就学前の子どもに適切な教育・保育の機会を提供する機能とともに、すべての子育て家庭に対する支援を行う機能を備えるものとして枠組がつくられたのである。

モデル事業は次の4類型で実施されている。
① 幼保連携型（認可幼稚園と認可保育所が連携し一体的な運営を行うことで総合施設としての機能を果たすタイプ）
② 幼稚園型（認可幼稚園が機能を拡充させることで総合施設としての機能を果たすタイプ）
③ 保育所型（認可保育所が機能を拡充させることで総合施設としての機能を果たすタイプ）
④ 地方裁量型（幼稚園・保育所のいずれの認可も受けていないが、地域の教育・保育施設が総合施設としての機能を果たすタイプ）

施設については、モデル事業実施施設の施設整備が一体的に配置されているが、一部の幼保連携型施設では、幼稚園と保育所の施設間に距離がある施設もあるため[51]、幼児の移動の安全を配慮している。子どもの安全を考えれば、施設設備が一体的に設置されていることが望ましい。

調理室については、設置が望ましいが、既存施設が総合施設になる場合、調理室の整備や調理員の配置等が困難な場合[52]もあるため、モデル事業実施施設の中には外部搬入方式[53]により給食を実施している施設もある。

運動場については、施設の同一敷地内にあるか隣接しているが、モデル事業実施施設の中には、近隣の公園等を活用し遊び場を確保している施設もある。この場合は、幼児が安全に利用できるかどうか、利用時間と場所を日常的に確保できるかどうか等、運動場としての機能を果たし得るかどうかという観点から一定の条件を付けることが必要と考えられていた。

2　認定こども園の分類

総合モデル事業の翌2006年、「就学前保育等促進法」が成立し、同年10月1日「認定こども園制度」が実施されることとなった。この制度は、就学前の子どもの教育・保育を従来の幼稚園と保育所、親の就労状況に捉われずに行い、

第3章　幼保一体化施設の運営実態と時期区分

地域の子育て支援も行う施設であり幼稚園と保育所の機能と子育て支援センターの機能を併せ持った施設である。施設や整備運営の在り方を定めた認定基準を達成し、都道府県が施設の認定を行うこととなった。

(1) 認定こども園の制度と類型

認定こども園には、①認可幼稚園・認可保育所が認定を受ける幼保連携型、②認可幼稚園がそのまま認定をうける幼稚園型、③認可保育所がそのまま認定を受ける保育所型、④幼稚園と保育所いずれかの認可も受けていない施設が認定を受ける地方裁量型の4つがある（図3-6参照）。①は、認可幼稚園と認可保育所が一体的な運営を行い、認定こども園としての機能を果たす施設であ

図3-6　認定こども園の類型

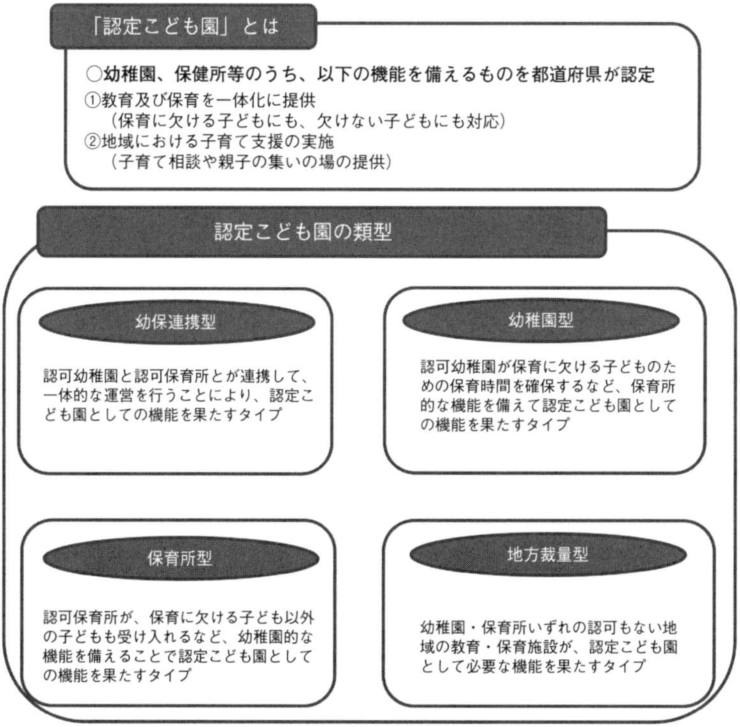

「認定こども園」とは

○幼稚園、保健所等のうち、以下の機能を備えるものを都道府県が認定
①教育及び保育を一体化に提供
　（保育に欠ける子どもにも、欠けない子どもにも対応）
②地域における子育て支援の実施
　（子育て相談や親子の集いの場の提供）

認定こども園の類型

幼保連携型	幼稚園型
認可幼稚園と認可保育所とが連携して、一体的な運営を行うことにより、認定こども園としての機能を果たすタイプ	認可幼稚園が保育に欠ける子どものための保育時間を確保するなど、保育所的な機能を備えて認定こども園としての機能を果たすタイプ
保育所型	地方裁量型
認可保育所が、保育に欠ける子ども以外の子どもも受け入れるなど、幼稚園的な機能を備えることで認定こども園としての機能を果たすタイプ	幼稚園・保育所いずれの認可もない地域の教育・保育施設が、認定こども園として必要な機能を果たすタイプ

（出所）幼保連携推進室（2006）『認定こども園の概要』。

る。②は、認可幼稚園が保育に欠ける子どものために保育時間を確保する等保育所的機能を備えている施設である。③は、認可保育所が保育に欠ける以外の子どもも受け入れる等幼稚園的な機能を備える施設である。④は、幼稚園・保育所のどちらの認可もない地域の教育・保育施設である。

①幼保連携型は2つに類型され、幼稚園と保育所が並列的に存在している場合と、垂直的に存在している場合とに分けられる（図3-7参照）。並列型は、保育に欠ける場合は、0～5歳児まで保育所等に通い、保育に欠けない場合は、3～5歳児まで幼稚園に通うという「保育に欠けるか否か」で保育所等と幼稚園の利用が分かれる。垂直型は、「保育に欠ける、欠けない」に関係なく、年齢で幼稚園か保育所かを区分する方法である。並列型を幼保連携並列型、垂直型を年齢区分別と呼ぶ場合もある[54]。認定こども園は子育て支援事業を兼ね備えていることが必要条件となっている。

認定こども園の認可基準について国の指針は、次の通りの事項を定めている。①職員配置と職員資格については、0～2歳児は、保育所と同様の職員体制で保育士資格保有者とする。3～5歳児については、職員配置は学級担任を配置し、長時間利用時には個別対応が可能な体制とする。職員資格としては幼稚園教諭免許と保育士資格の併有が望ましいが、学級担任は、幼稚園教諭免許保有者、長時間児については保育士資格の保有者を原則とし、片方の資格しかないものを排除しないように配慮する。②教育・保育の内容としては、幼稚園

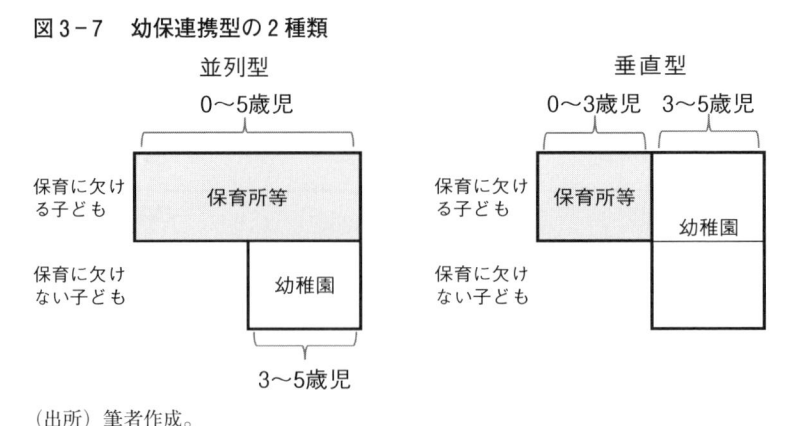

図3-7　幼保連携型の2種類

並列型　　　　　　　　　　　　垂直型
0～5歳児　　　　　　　　0～3歳児　3～5歳児

保育に欠ける子ども　　保育所等　　　保育に欠ける子ども　　保育所等
保育に欠けない子ども　　幼稚園　　　保育に欠けない子ども　　　　幼稚園

3～5歳児

（出所）筆者作成。

教育要領と保育所保育指針の目標が達成される教育・保育を提供すること。施設の利用開始年齢の違いや短時間児・長時間児の事情に配慮すること。認定こども園として一体的運用の観点から、教育・保育を全体的に計画すること。小学校教育への円滑な接続に配慮すること。③子育て支援センターについては、保護者が利用したいときに利用できる体制を確保し、さまざまな地域の人材や社会資源を活用することがあげられている。

　幼保連携の特例としては、幼稚園の運営費及び施設整備費の助成については原則学校法人、保育所の施設整備費については原則社会福祉法人に限られていたが、社会福祉法人、学校法人のどちらに対しても運営費及び施設整備費の助成が行われることとなった（表3-9参照）。

　つまり、社会福祉法人に対する幼稚園機能の追加、学校法人に対する保育所機能の追加を促す財政上の特例を設けたことは、施設の機能増加を公立でなく私立に期待し、私立への認定こども園開園を促進しているといえる。

　認定こども園制度の大きな特徴は、直接契約制度である点、施設が保育料の決定を行う点、都道府県[55]が認定を行う点である。ただし、「保育に欠ける」要件は残しているため、保護者からの申し込みを市町村に送付、市町村が保育に欠けることを認定した後に、入所が決定される仕組みとなっている。保育料

表3-9　認定こども園幼保連携型の財政上の特例（私立施設）

		現　　行	新制度
幼稚園	（施設整備費）私立幼稚園施設整備費補助金	学校法人のみの助成	社会福祉法人にも助成
	（運営費）私学助成	学校法人のみの助成	社会福祉法人にも助成
保育所	（施設整備費）次世代育成支援対策施設整備費交付金	社会福祉法人、日赤等に助成（学校法人は対象外）	学校法人にも助成
	（運営費）保育所運営費負担金	設置主体にかかわらず助成	設置主体はかわらず、助成対象を拡大（定員10人でも保育所認可）

（出所）全国保育団体連絡会・保育研究所（2006）p.71。

設定については、施設側が設定した保育料を市町村に届け出、市町村は保育料設定が不適切と判断した場合は施設に改善命令を出すことができる。

特に私立保育所の保育料については、保育料設定が市町村が決めた保育料よりも高い場合と低い場合で、施設側に支払われる金額が異なる場合がある。例えば、子ども1人あたりの1ヶ月の保育費が8万円とすると、市町村が決めた保育料が4万円の場合を考える。

認定こども園が保育料を市町村の定めた保育料よりも高い5万円とした場合は、保護者が認定こども園に5万円を支払う。次に市町村は保育費用から保育料を引いた3万円を認定こども園に支払うこととなる（図3-8参照）。

認定こども園が保育料を市町村の定めた保育料よりも低い3万円とした場合は、保育費用から市町村が定めた保育料を引いた4万円を認定こども園に支払うこととなる。したがって、認定こども園は、市町村が定めた保育料よりも低い保育料にした場合、市町村から受け取る費用は減額されて受け取ることとなる。経営面からみてこのようなケースはほとんどないと考えられる。また、直接契約になり、現行の認可保育所（私立）と認定こども園の保育料の流れは、直接契約となることにより、保育料の流れが図3-9のように変わる。

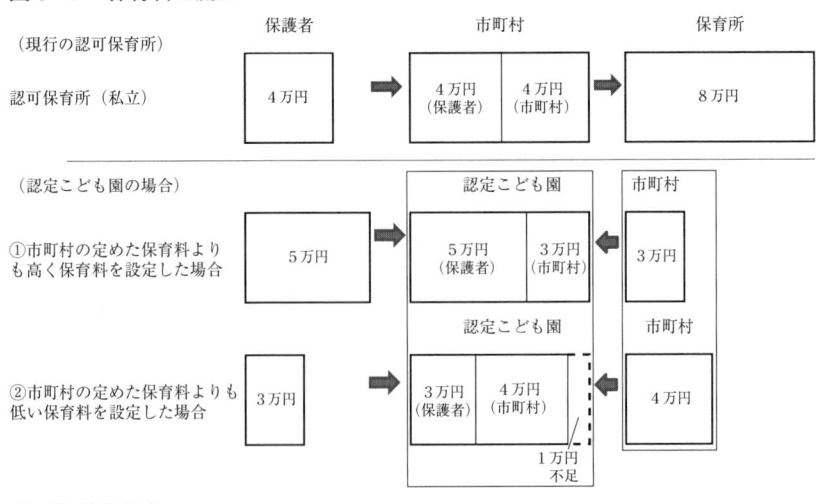

図3-8　保育料の流れ

（出所）筆者作成。

第3章　幼保一体化施設の運営実態と時期区分

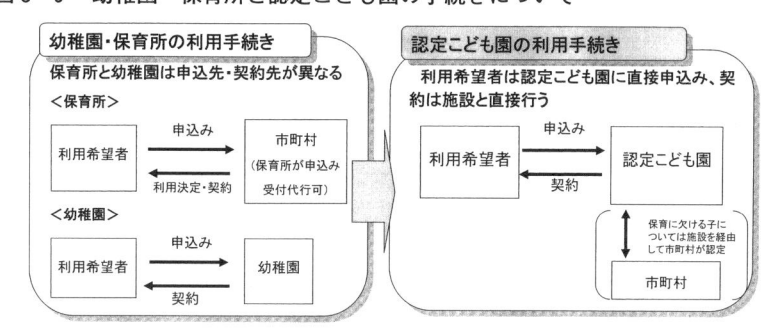

図3-9　幼稚園・保育所と認定こども園の手続きについて

（出所）内閣府（2006）『認定こども園について』、p.8。
http://www.8.cao.go.jp/shoushi/10motto/06kodomoen/k_1/pdf/s2.pdf#search。

　認定こども園の保育所の利用手続きは、現行の保育所であれば、保護者が市町村に申込みを行い、市町村が入所基準に従い、入所の必要性がある子どもから、指定された保育所に行くこととなる。入所窓口が施設になる点と保育料を施設が決めるという点では、既存の私立幼稚園の利用に近い制度となったといえる[56]。

（2）認定こども園の分類と傾向

　政府は2014年までに認定こども園の目標数を2,000としているが、認定こども園の数をみると2007年度94園（公立23園、私立71園）2011年度で762園（公立149園、私立613園）と少ない。その理由としては、特別な財政支援がない点と省庁の縦割りによる、事務の複雑さ等があげられる。

　認定こども園制度は、前述したように①幼保連携型、②幼稚園型、③保育所型、④地方裁量型の4つに分けられる。認定こども園は地域の子育て支援機能を持ち、さらに子育て支援機能がプラスされた施設である。認定こども園を公立・私立に類型別にみると（図3-11参照）私立が多く、2007年では94園となり年々増加し、2010年では536園が認定されたのである。

　4つのタイプの設置数を2010年度でみると公立では、幼保連携型が169園（59％）、幼稚園型が18園（6％）、保育所型が99園（35％）、地方裁量型はない。私立は、幼保連携型が382園（41％）、幼稚園型が393園（42％）、保育所型

157

図3-10 認定こども園の推移

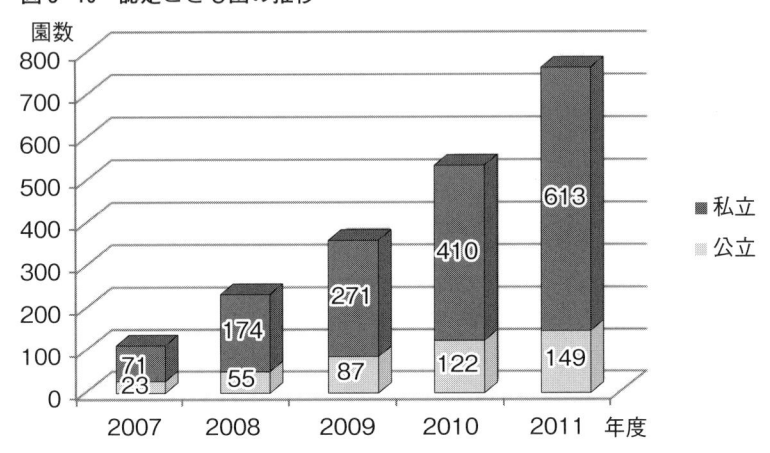

年度	私立	公立
2007	71	23
2008	174	55
2009	271	87
2010	410	122
2011	613	149

(出所) 全国保育団体連絡会・保育研究所編 (2006-2011)『保育白書』2006～2011より作成。

図3-11 認定こども園のタイプ別（公立・私立別）園数

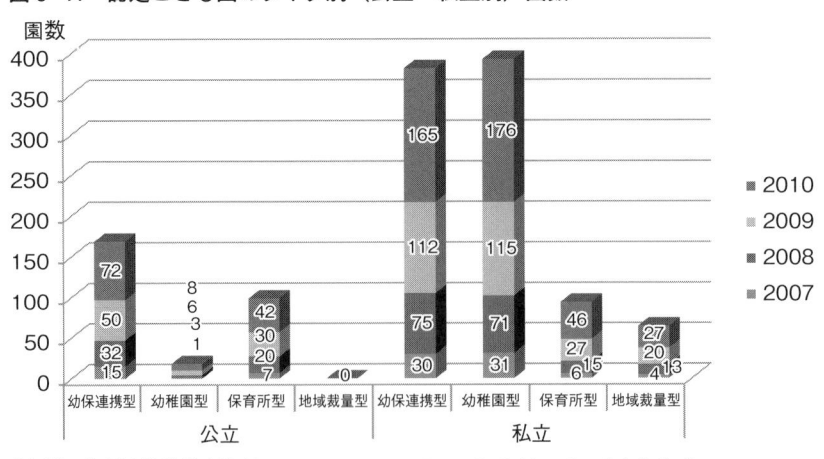

公立
- 幼保連携型: 72 (2010), 50 (2009), 32 (2008), 15 (2007)
- 幼稚園型: 8, 6, 3, 1
- 保育所型: 42, 30, 20, 7
- 地域裁量型: 0

私立
- 幼保連携型: 165, 112, 75, 30
- 幼稚園型: 176, 115, 71, 31
- 保育所型: 46, 27, 15, 6
- 地域裁量型: 27, 20, 13, 4

(出所) 幼保連携推進室資料 http://www.youho.go.jp/ichiran.html より作成。

が94園 (10%)、地方裁量型64園 (7%) である。公立では幼保連携型と保育所型が多く、私立は幼保連携型と幼稚園型が多い。公立の場合は、幼稚園の空き教室を使用した幼保一体化型や保育所で4・5歳児の空きの部分に保育に欠け

第3章　幼保一体化施設の運営実態と時期区分

ない子どもを受け入れることが多い。私立の場合は、充足率の低い幼稚園が、空き教室で長時間保育を必要とする子どもを受け入れることができる幼稚園型と幼保連携型が多い（図3-12、3-13参照）。

　認定こども園に関する補助は、2009年度安心こども基金が創設され、21億4,700万円、2010年度32億1,300万円計上された。2008年、幼保連携推進室は、『認定こども園に対するアンケート結果』を公表した。認定を受けた市町村は、国の取り組むべき課題として財政支援が十分でない点と文部科学省と厚生労働省との連携の点を挙げている。また、保護者からは保育時間が柔軟に選べる点と就労の有無にかかわらず施設を利用できる点を大きく評価していた。

図3-12　公立の認定こども園のタイプ別内訳

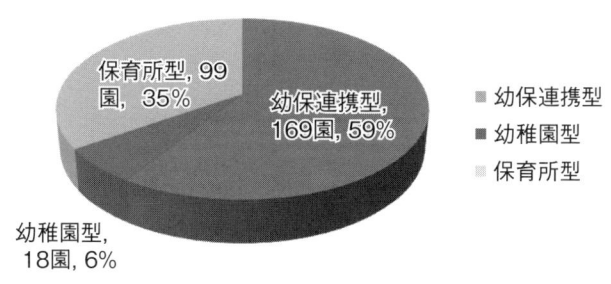

（出所）幼保連携推進室資料 http://www.youho.go.jp/ichiran.html より作成。

図3-13　私立の認定こども園のタイプ別内訳

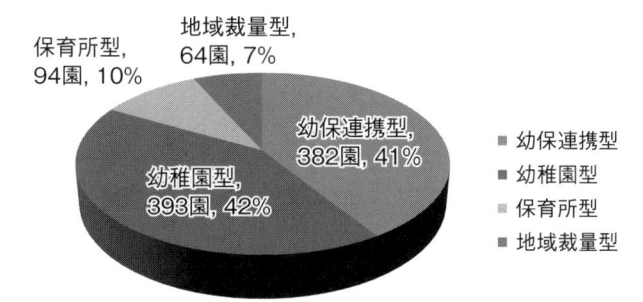

（出所）幼保連携推進室資料 http://www.youho.go.jp/ichiran.html より作成。

(3) 認定こども園の施設方式

認定こども園には、3つの施設運営方式があり、施設が一体的に運営されているとは限らない。例えば、新宿区を例にとると、施設一体方式、分園方式、単体方式と3つにわけられる（図3-14参照）。

施設一体方式は、小学校の適正配置や既存の幼児施設の大規模改修等の機会を活用し、計画的に整備する方式である。分園方式は、近隣の保育園舎と幼稚園舎との組み合わせにより、保育・教育環境の充実や定員の拡充が可能な場合に、分園方式のこども園として整備する方式である。その整備にあたっては、分離している園舎を組み合わせる形で運営される。園舎同士が概ね300メートルの範囲内に位置し、移動時間が概ね10分以内の場合である。給食の実施に必要な設備を備え付けてある。就学前の乳幼児の保育・教育を行うこと等の事項を満たすことを条件としている。さらに近隣の保育園舎と幼稚園舎との組み合わせにより、保育・教育環境の充実や定員の拡充が可能な場合に、分園方式の子ども園として整備する方式である。

図3-14　こども園の施設運営方式

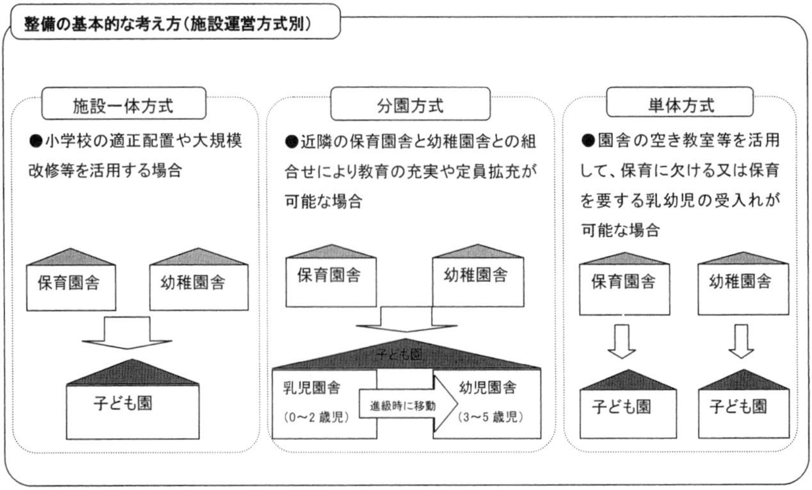

（出所）新宿区子ども園化推進検討委員会（2011）『最終報告（概要）』、p.4。
http://www.city.shinjuku.lg.jp/content/000081498.pdf。

第3章　幼保一体化施設の運営実態と時期区分

　単体方式は、保育園舎又は幼稚園舎の空き定員等を活用し、0～2歳の保育に欠ける乳幼児や3～5歳の保育を要する児童の受入れが可能な場合に、単体方式の子ども園として整備する方式である。

　認定こども園といっても、分園方式で施設が離れている場合（隣接でない場合）は、その運用形態や子どもの安全を考えた場合、認定こども園として運営する必要があるのかという疑問が生じるが、その解決策として、都心部特有の施設（土地）の活用問題として、認定こども園を捉え、運営をすることが乳幼児の一体的保育と捉える必要がある。新宿区の場合、柏木子ども園・おちごなかい子ども園の2つの分園方式の園では施設方式により0～2歳児が幼児部である3～5歳児園舎へ、希望やあこがれをもつような活動や声掛けを行い、創意工夫し、保育にとりくんでいる。また、保護者との信頼づくりも丁寧に行ってきたことで、保護者からも理解を得られている。認定こども園制度は、既存の施設を中心とした乳幼児施設の再編であり、土地の少ない都心にみられる施設を中心とした運営形式であることを踏まえながらも現場と市区町村とで話しあい、子どもへの環境づくりと保護者への理解が得られるような努力が必要である。

3　認定こども園の問題と実態

　認定こども園は、待機児童対策としてつくられた制度にもかかわらず、待機児童の多い0歳児の受け入れを義務づけていない点は、既存の幼稚園制度を中心として整備された制度といわれても致し方ない部分がある。それ以外にも、認定こども園制度は、現行の認可保育制度の改革を示唆する面が多い。それは、認可保育所以外も認可外保育所として認定こども園として認定する（幼稚園型、地方裁量型）ことか、認可外保育所の促進を促すことに繋がるからである。

　保育の基本条件である設備、職員配置、職員資格については、規制の基準を幼稚園と保育所の緩い方にあわせている点、認定こども園制度の直接契約方式が認可保育所と保護者との直接契約への導入的位置づけである点、市区町村の関与[57]はあるが公的保育制度が弱体化するとの懸念もある[58]が、実際に施設との直接契約で行われているかについては、後述する。

また保育の優先順位、緊急性の高い子どもの選考が漏れる恐れや、入所や経済的理由による保育料滞納者の施設退所等[59]があげられている。施設の保育料設定は、同じ市町村で保育料に格差が出る恐れがあるからである。

　認定こども園について伊藤（2011）[60]は、教育行政学的視点から次の3つを問題点としている。第1に施設整備・職員配置に関する基準を引き下げ、既存施設からの転換を押し進めようとしている点である。例えば、保育所における調理室の必須義務緩和がこれにあたる。第2に国は、認定こども園の認定のための基準について指針を出しているが、認可外保育施設の認定等、具体的内容を都道府県に任せている点である。これにより地方格差・地域格差が拡大される懸念がある。第3に施設と利用者の直接契約を導入にしている点である。現行の保育制度では、市町村が保育の実施責任を負っている（児童福祉法第24条）が、「認定こども園の導入により、市町村の公的責任が縮小し、乳幼児の

表3-10　東京都認定こども園（幼保連携型）の手続きや保育料について

番号	施設所在地	施設名	設置者	受付	入所基準	保育料	区分
1	新宿区	新宿区立四谷子ども園	新宿区	区役所	同じ	0～3歳児は同じ、4・5歳児については、短・中・長時間児により階層により、保育料が高い場合も低い場合もある。	年齢
2		新宿区立あいじつ子ども園	新宿区				
3		新宿区立西新宿子ども園	新宿区				
4	台東区	石浜橋場こども園	台東区	区役所	同じ	区立認可保育所と同じ	年齢
5	江東区	しののめYMCAこども園	学校法人東京YMCA学院	施設	施設	区立保育所と同じ	年齢
6	世田谷区	青葉学園野沢こども園	学校法人青葉学園	区役所	同じ	区立認可保育所と同じ、但し保育料は毎月直接当園に預金口座振替で納付	並列
7		羽根木こども園	学校法人常磐学園			区立認可保育所と同じ	並列
8	中野区	やよいこども園	学校法人常磐学園	区役所	同じ	区立認可保育所と同じ	並列
9	足立区	足立区立元宿こども園	足立区	区役所または、施設	同じ	区立認可保育所と同じ	並列
10		足立区立鹿浜こども園	足立区	区役所または、施設	同じ	区立認可保育所と同じ	並列
11	東久留米市	東久留米こども園	学校法人小金井学園	施設	健康診断等も配慮	施設	年齢
12	多摩市	おだ認定こども園	学校法人織田学園	市役所	市町村に準じる	市の認可保育所と同じ	年齢

（出所）筆者作成。

第3章　幼保一体化施設の運営実態と時期区分

保育の権利を踏まえたものではなく、設置の理念や目的が曖昧であること。」を指摘している。

　認定こども園は、施設と利用者との直接契約であり、保育料設定も施設の自由設定であることが、現在まで築いてきた公的保育制度の危機であるとの見解もあるが、実際に認定こども園ではどのように運営されているかを分析することとする。事例は東京都内の認定こども園74園（2012年4月現在）の保育料設定と入所手続きの場所（施設と直接契約または、市区町村の役所）を3つの類型別[61]にみると次のようになった。

　幼保連携型施設12園のうち、公立が運営している6施設については、入所受付市区町村（役所）、入所基準、保育料ともに、該当する市区町村の認可保育所と同じ[62]であった。私立は6施設中、2施設の入所受付が施設となり、入所基準は2施設のみ施設となるが、保育料については、5施設が該当する市区町村の認可保育所の保育料と同じであった（表3-10参照）。

表3-11　東京都認定こども園（保育所型）の手続きや保育料について

番号	施設所在地	施　設　名	設　置　者	受付	入所基準	保育料
1	新宿区	新宿区立柏木子ども園	新宿区	区役所	同じ	0〜3歳児は同じ。4・5歳児については、短・中・長時間児により階層により、保育料が高い場合も、低い場合もある。
2		新宿区立おちごなかいこども園	新宿区			
3	台東区	ことぶきこども園	台東区（運営主体：特定非営利活動法人子育て台東）	区役所	同じ	区立保育所と同様、延長保育のみ施設設定
4	品川区	認定こども園品川区立一本橋保育園	品川区	区役所	同じ	区立保育所と同様
5		認定こども園品川区立旗の台保育園				
6		認定こども園品川区立五反田保育園				
7		学研こども園	株式会社　学研コフアン・ナーサリー	施設で受付、その後、区役所で要件を満たしているかを審査		
8	渋谷区	西原りとるぱんふきんず	社会福祉法人清香会	区役所	同じ	区立保育所と同様
9	足立区	足立区立おおやたこども園	足立区	区役所か施設	同じ	区立保育所と同様

（出所）筆者作成。

163

保育所型については、9施設のうち公設公営の6施設[63]の受付けは市区町村（区役所）であり入所基準も同じ、保育料についても市区町村の認可保育所とほとんど同じ[64]であった。公設民営のこども園についても同様であるが、延長保育料のみ施設設定となっていた。社会福祉法人と株式会社の施設についても、受付[65]、入所基準、保育料ともに市区町村の認可保育園と同じであった。（表3-11参照）

　次に地方裁量型の施設をみると、10施設全ての入所受付が施設となっており、保育料も施設決定であることが共通点である。入所基準については、特にない施設が7施設、保育に欠けるが1施設、月に160時間利用者を対象とする施設が2つであった（表3-12参照）。

　以上3つの施設類型をみると、幼保連携型は、江東区のしののめYMCAこども園を除いて受付、入所基準、保育料ともに従来の認可保育所と同じ（市区町村役所受付、入所基準従来通り、保育料も従来の許可保育所の所得階層ごとの負担）であることがわかった。保育所型についても同様に、こども園の認定を受ける前に保育所を運営していた関係上、従来の認可保育所の手続き、保育料ともに従前と同様であった。しかし、地方裁量型については、認定こども園

表3-12　東京都認定こども園（地方裁量型）の手続きや保育料について

番号	施設所在地	施　設　名	設　置　者	受付	入所基準	保育料
1	中央区	小学館アカデミー勝どきこども園	株式会社小学館集英社プロダクション	施設	なし	施設
2	江東区	認定こども園文化教養学園	個人	施設	なし	施設
3	江東区	グレース認定こども園	有限会社Mサポート	施設	月に160時間利用者を対象	施設
4	世田谷区	昭和ナースリー	特定非営利活動法人NPO昭和	施設	月に160時間利用者を対象	施設
5	荒川区	ワタナベ学園	個人	施設	なし	施設
6	板橋区	コスモメイト成増保育園	株式会社コスモメイトシステム	施設	保育に欠ける	施設
7	足立区	六町駅前保育園	株式会社ろく	施設	なし	施設
8	青梅市	青梅エンゼル保育園	有限会社多摩エンゼル	施設	なし	施設
9	福生市	牛浜こども園	個人	施設	なし	施設
10	羽村市	あすなろ	株式会社みらい	施設	なし	施設

（出所）筆者作成。

特有の施設での直接契約と施設の保育料設定が行われていることが判明した。
　以上3つの施設類型をみると、幼保連携型や保育所型にみられる既存の施設から認定こども園となった施設については、認可保育所制度の枠組みがそのまま維持されているといえる。しかし、地方裁量型については、保育所の機能の部分が、認可保育所ではないため、認定こども園制度の枠組みである施設との直接契約と、施設の保育料設定が行われているのである。したがって、認定こども園制度の直接契約と施設の保育料設定が行われているのは、実際のところ、新規に参入してくる民間施設と、地方裁量型であるといえる。

第5節　小括

　本章では、幼保一体化施設の運営実態を4つの時期区分にわけ、①1960年代後半〜1970年代前半の幼保一体化施設の試行、②1990年代共用化の時代、③2000年代構造改革特区、④2006年以降認定こども園にわけた。幼保一体化施設については、1990年代共用化の時代を経て、2000年代構造改革特区により大きな改革が行われ、新たな展開をむかえている。幼保一体化施設は、①の区分の時期から数は少ないが開所されている所もあり、②の共用化の時代を経て③の時期区分以降の幼保一体化施設の運営は大きな曲面をむかえている。
　①の時期区分の多聞台方式（兵庫県神戸市垂水区）は幼稚園と保育所が同じ敷地内にあったため、幼保一体化運営となった。幼保一体化施設として運営してからは、幼稚園教諭と保母（当時）の連携不足や連絡ミス、さらに幼稚園教育が保育よりも優位であるという長年培われてきた考え方、両者の話し合いがもたれない点、市町村（市役所）の十分な説明不足の点が大きな理由となり、保護者や神戸市教職員組合民生支部、日教組幼児教育振興対策委員会、神戸私立保育園園長会等を巻き込み、神戸市の保育業界の厳しい批判を受け、4年で廃止に至った。多聞台の経験は後世への課題を投げかけたものであった。
　北須磨保育センター（兵庫県神戸市北須磨区）については、「保育一元化」の理念より開所された社会福祉法人の施設で、現在も運営されている点で継続性があり、かつ運営方法に定評がある。「保育一元化」理念は、子どもの教育・保育の平等と女性の労働と子育ての権利を守り、幼稚園教諭と保母の平等

と研修権の確保である。この３つの理念が現在も運営されている秘訣であり、現在の幼保一体化施設の課題であることはいうまでもない。したがって、③構造改革特区による幼保一体化施設の開所にあたり、北須磨保育センターはさまざまな施設の先行事例として、多くの施設のモデルとなっている。

あまだのみや幼児園（大阪府交野市）は、1972年公立で初めて開所された幼保一体化施設（合築）であり、交野市では公立幼稚園と公立保育所は全て幼保一体化施設であることが特徴である。開所当時は、大阪府の要請で、施設を幼稚園と保育所部分に防火壁で区切り、庭も塀で区切る等をすることで開所が認められた。現在では区切りはないが、現在の幼保一体化施設においても、幼稚園部分と保育所部分の施設は別々の基準であり、塀こそないが、開所当時と変わりはない。北須磨保育センターを手本とし、運営されているため、職員は幼稚園教諭と保母の両方の免許を持っており、待遇や勤務時間も同じのため、研修等にも積極的に参加しているケースである。

②1990年代共用化の時代は、少子化が進み、幼稚園の休園と廃園、充足率低下が進む中で行われた。共用化は、隣接している施設、もしくは道路を隔てた施設同士で行われた。第４章の事例に挙げる、和歌山県白浜町では、道路を隔てた白浜幼稚園と白浜保育所でも共用化が行われ、後の構造改革特区で行う幼保一体化施設開所への足掛かりとなったことはいうまでもない。このように各地で、条件の見合った[66]場所で、共用化が進められていったのである。

③2000年代構造改革特区は、小泉政権下で行われた構造改革であり、幼稚園と保育所については、「幼保一元化」が推進され、地方から要望の多かったものについて、特区申請を行い運営が許可されるものであった。幼保一元化関連の特区事例は、①幼稚園における幼稚園児及び保育所児の合同活動、②幼稚園と保育所の保育室の共用、③保育事務の教育委員会への委任、④３歳未満児の幼稚園入園の容認、⑤保育所における私的契約児の弾力的な受け入れの容認、⑥幼稚園の基準面積算定方法の弾力化、⑦公立保育所における給食の外部搬入の容認があげられ、⑦以外は2005年から2006年度までに全国展開された。⑦については、2010年度以降全国展開されたが、幼保一元化関連と言いながらも給食の外部委託が推進されたことは、多くの市町村の関心事であり、効率化につながるものであったが、食育や子どもの健康や安全を考えた上で、保育業界か

第3章　幼保一体化施設の運営実態と時期区分

らの批判は大きかった。このように構造改革特区により、地域のニーズに応じた運営方法が模索され、幼保一体化施設の運営が可能となったが、省庁の縦割りによる弊害や2つの制度には変更がなかったため、市町村と保育現場との工夫が多く求められたものであったともいえる。

　④2006年以降認定こども園は、③の構造改革特区の後に、第3の施設[67]として厚生労働省と文部科学省の両者がたちあげ、幼保連携推進室が主管となっている。認定こども園は4つの類型があり、幼保連携型、幼稚園型、保育所型、地方裁量型にわけられ、都道府県が決めた基準により都道府県が認定を行う。③構造改革特区時期であげた構造改革特区申請した幼保一体化施設の中で認定こども園制度を申請しているものは少ない。幼保連携推進室（2008）[68]によれば、その理由は既に「幼稚園と保育所の認可を持ち運営を行っており、認定こども園にしても財政的メリットがない点、申請の事務処理が複雑である等。」が理由としてあげられている。認定こども園制度は、直接契約方式で施設と利用者との関係で入所が決められ、保育料についても施設が決めることができる点が従来の幼保一体化施設と異なり、このような保育制度改革が進められることを、公的保育制度の崩壊として危惧する声も多い。

　実際に認定こども園が、直接契約、保育料設定を行っているかを東京都内の認定こども園で施設の類型別（幼保連携型、保育所型、地方裁量型）に調べた結果、幼保連携型と保育所型はほとんどが現行の保育制度のままであったが、地方裁量型については、全て直接契約、施設の保育料設定であった。つまり、既存の保育所から認定こども園になった場合は、現行の保育制度をそのまま受け継いでいる場合が多いが、地方裁量型は全て認定こども園制度の直接契約、施設の保育料設定が行われていた。したがって、認定こども園制度特有の直接契約と保育料設定は、地方裁量型と新規の民間認定こども園で行われる。

　以上のように幼保一体化施設は1960年以降から運営されているが、2000年代の共用化の時代を経て、急速に政策の重要事項として位置づけられるようになった。特に構造改革特区では、地域のニーズに対応したものであったが、その反面、公立保育所の給食の外部委託を急増させる結果となってしまった。2006年認定こども園制度が制立してからは、さらに幼保一体化施設と認定こども園[69]が混在し、さまざまな形態が出き、保育所の児童福祉法と幼稚園の学校教

167

育法との対応や運営、保育料、両者の資格に係る課題が大きくクローズアップされるに至った。

　昨今の社会保障・税一体改革のメインとして幼保一体化施設が位置づけられるようになったが、この幼保一体化は、先行事例のような理念型の幼保一体化施設ではなく、効率化と既存の施設の再編であり、社会保障・税一体改革のカモフラージュとして大きくクローズアップされてきた懸念がある。しかしこの契機を就学前教育・保育の一元化への一段階と捉え、再編の中に必要とされる事項を盛り込み、段階をへて「子育ての社会化」を実現する仕組み及び財源保障を行うよう働きかけることも必要である。

　先行事例として時期区分①の多聞台の失敗、北須磨保育センターの理念と運営、あまだのみや幼児園の開所と運営については、多くの成功事例と失敗事例等、乳幼児の教育・保育のための課題、現在に繋がる課題が盛り込まれていた。

　また認定こども園は、2010年過疎債の対象事業[70]となり、急速に進んでいる少子化による幼稚園と保育所の統廃合の際に認定こども園を開所しようとする動きを加速させるよう、政策誘導している。今後過疎地による認定こども園の開所については、今後増加するか、注目すべき点である。

1）　財政分析については、第4章で行っている。
2）　現在は、社会福祉法人であるが、当時は生活協同組合が設置者であり、協同組合が設置したという点でも、珍しいケースであるといえる。
3）　施設を幼稚園と保育所にわけるのではなく、子どものための保育を一元化するという理念である。
4）　あまだのみや幼児園の他に、あさひ幼児園、くらやま幼児園がある。
5）　この他に1973年に開所された秋田県飯田川町若竹幼児教育センターがある。同一建物の中で2～5歳児を対象に幼・保を一体的に運営し、教諭保母と呼ばれる担当者が7：30～17：00までの保育にあたっていた。
6）　約3,000戸の団地であった。
7）　1999年に児童福祉法が改正され保育士と名称を変更しているが、当時の名称で記した。
8）　5歳児はまず、朝保育所へ行き、9時になると屋根続きの廊下を使い、幼稚園でそれぞれのクラスに入り幼稚園教諭から保育をうける。その後幼稚園の保育時間が終了する

第 3 章　幼保一体化施設の運営実態と時期区分

と、保育所に戻り、保育所担当の保育士から保育を受け、家庭に戻るというように、子どもが移動して保育が行われていた。
9)　『神戸新聞』1967年1月5日付。
10)　岡田正章（1980）「幼・保の競合と一元化の試行」、pp. 387-391。
11)　この他に5歳児を幼稚園へ託すことは、保母としての役割と機能を裏切るものである等、保母と幼稚園教諭の資格による格差と、保育所が幼稚園よりも低いものとして評価されていることに対するものが多い。
12)　多聞台保育所父母の会（1972）p. 25。
13)　この方式のおかげで他の保育所より、設備や保母の配置数の点で改善され、現状に満足している、行事の重複は幼稚園と保育所の話し合いで解決できる等の意見もあった。
14)　多聞台保育所父母の会（1972）p. 28。
15)　多聞台保育所父母の会（1972）p. 28。
16)　岡田正章（1980）pp. 387-391。
17)　理由としては、全て幼稚園のペースで行われており、保育所がやりにくくても我慢して幼稚園に合わせて保育を行っている。幼稚園側の保育所に対する認識が甘く、譲歩がみられない。5歳児が全員抜けてしまうため、保母にとっては保育に対する意欲が半減される。子どもが日常的に「幼稚園の子ども」「保育所の子ども」という言葉を使い、子ども自身落ち着きがない等があげられていた。
18)　高橋寿（1972）「多聞台方式と父母の立場」多聞台保育所父母の会（1972）『神戸市多聞台保育所父母の会の歩み』、多聞台保育所父母の会会長、p. 29。
19)　『朝日新聞』1972年3月2日付。
20)　保育所の行事である父母同伴のイチゴ狩りの日に、幼稚園の保育参観とPTA総会がぶつかった。運動会の際は、保育所の5歳児は幼稚園の運動会も参加するため、2日間参加することとなった。
21)　保育所は給食であるが、幼稚園はお弁当である点。
22)　幼稚園が研究記録として『幼・保連携の五か年間』を作成したが、保育所側に一言の連絡もなく、問題点に触れていなかった点。前年度4歳児は20人以上保育所に在籍していたが、5歳児となり、半数以上が保育所をやめ、幼稚園へ移動した。
23)　守屋光雄（1977）pp. 44-45。
24)　浦辺史（1972）pp. 49-52。
25)　組合は団地開発時より一世帯ごとに会費を徴収している。取引銀行は兵庫労働金庫の為、徴収しやすく、確実である。
26)　1978年より社会福祉法人となった。

27) 北須磨保育センターの理念であり、守屋氏が考えた「保育一元化」をさし、幼稚園と保育所を一元化するのではなく、保育を一元化することを目的としたものである。
28) 当時の名称をそのまま使用。1999年児童福祉法改正に伴い保育士に名称変更され、2003年より国家資格となった。
29) 給与は同じであるが、年金については、幼稚園は私学共済組合制度、保育所は厚生年金制度と別の制度であるため、保険徴収額と年金受給額が異なってしまうことは、制度に阻まれた限界であるといえる。
30) 神戸市保育園連盟（1977）「保育制度の整備と保育園の役割」『神戸の保育園史Ⅱ』、p.108。
31) 通常保育の時間を越えた早朝保育、延長保育等を含めた保育のことを指す。
32) 北須磨保育センターの幼稚園教諭と保育士は、常勤のみで、非常勤はいない。
33) 岡田正章（1982）p.189。
34) 前述した多聞台方式は、幼稚園児と保育園児の登降園の入口は別であった。
35) 岡田正章（1982）前掲 p.189。
36) 幼稚園と保育所の一体的運営をしていた東京の保恵学園が東京都の合成指導により解消した点を踏まえて述べている。
37) 制度上、幼稚園と保育所が同じ制度であることを「幼保一元化」と呼ぶが、ここでは、答申の言葉をそのまま用いた。（この後も同様に使用する）
38) 大阪府交野市幼児対策室（1979）『保育一元化のあゆみ』、p.36-37。
39) 通常保育以外の保育時間はパートであることは、現在も変わらず行われている。幼保一体化施設においては、保育士や幼稚園教諭が保育時間（早朝、延長を含め保育時間）が長時間のため、早朝から遅くまでいくつものシフト交替で勤務している施設が多い中、現在もこのように行われていることは珍しく、保育者の勤務状態が確保されているといっていいのではないか。その反面、子どもの一日の流れの中に専任の保育士が常駐していない点は、責任の所在や運営上の管理に問題がないか検討する必要がある。
40) 大阪府交野市幼児対策室（1979）前掲。
41) 幼稚園免許と保母資格の両方を有する者しかいない点。
42) 現在の保幼小連携である。
43) 現在は区分の壁こそ必要はないが、建設の際、幼稚園部分と保育所部分に分けられて申請することとなっている。
44) 市町村合併で、市町村数は全体として減少しているが、短時間保育士の導入を行っている自治体は増えている。
45) 「食育」が大切にされている現在、給食を外部委託することについては、保護者や保育

第 3 章　幼保一体化施設の運営実態と時期区分

者からの反対の声が多い。

46)　閣議決定の内容については http://www.kanteigo.jp/jp/singi/keizai/tousin/030626f.html を参照した。
47)　答申には、「総合施設については、現行の幼稚園と保育所に関する規制のどちらか緩い方の水準とすべきである。」と述べられ、保育関係者の批判が集まった。
48)　この試行事業の中には、第 4 章第 1 節の過疎地の幼保一体化施設として取り上げる和歌山県白浜町白浜幼児園、第 2 節都市部で取り上げる東京都品川区二葉すこやか園と二葉つぼみ保育園も含まれている。
49)　2003 年 6 月に閣議決定された「経済財政運営と構造改革に関する基本方針」を受けて設置された両省庁の特別部会である。
50)　総合施設のタイプは、①幼保連携型、②幼稚園型、③保育所型、④地方裁量型の 4 つであった。内容については「2　認定こども園」の分類で詳しく述べることとする。
51)　分園方式と呼ばれる。分園方式については後述する。
52)　調理室設置に対する補助金はない。また調理員の配置は、人件費増となるからである。
53)　「公立保育所における給食の外部搬入の容認」(特区 920)により、2010 年度から給食の外部委託は全国展開されることとなった。
54)　第 4 章第 2 節の事例でとりあげる東京都品川区「二葉すこやか園」と「のびっこ園台場」は、認定こども園ではないが、施設の関係上、前者は年齢区分型、後者は幼保連携型となっている。
55)　政令都市であっても都道府県が行う。
56)　杉山隆一 (2006) p.8。杉山は、認定こども園は既存の幼稚園制度と保育所制度を前提に、幼稚園と保育所の両者で幼児教育と保育を提供できる仕組みとして捉えている。さらに既存の幼稚園が認可外保育所施設の併設も含め保育機能を持てるようにするための制度であり、幼稚園制度を軸(直接契約、保育料の自由設定)にした、保育制度の再編であると述べている。
　　中山徹 (2006) p.104。中山は、認定こども園は、保育所と幼稚園の制度をそのまま残し、むりやり認定こども園として一本化を図った仕組みとして捉えている。さらに幼稚園と保育所の制度上の相違点を私立幼稚園にあわせた点に最大の特徴があると述べている。
57)　認定こども園は、設定した保育料を市区町村に届け出なければならない。その際保育料が適正でないと判断された場合は、市区町村から改善命令が出される仕組みとなっている。
58)　中山徹 (2006) p.103。杉山隆一 pp.4-18。
59)　市町村が責任をもつ場合には、保育を受ける権利を守るために、滞納者であっても保

育を受けることができた。
60) 伊藤良高 (2011) p. 209。
61) ここでは、幼保連携型と保育所型と地方裁量型をとりあげた。幼稚園型については、もともと幼稚園施設であったため、入所や保育料、基準については、施設側で行うものであるため、ここではあえてとりあげなかった。
62) 市区町村で決められている所得階層ごとの保育料である。
63) 足立区おおやたこども園については施設直接も可である。また、同園の建物（施設）は10年間のリースである。
64) 但し、新宿区の認定こども園（柏木子ども園、おちごなかいこども園）については、表3-11にあるように、保育料はほとんど同じであるが、一部金額が異なる所得階層もあった。
65) 株式会社設置の施設については、入所確定後、直接契約の書類を保護者とかわすことになっている。
66) 同じ敷地内に保育所と幼稚園がある場合や、道路を隔てた場所に幼稚園と保育所がある場合等、両者の立地場所による。
67) 保育所でも幼稚園でもない施設をさす。
68) 幼保連携推進室（2008）『認定こども園に係るアンケート調査の結果について』。
69) 幼保一体化施設でも認定こども園制度を受けていない施設もある。
70) 2010年過疎地域自立促進のための地方債（法第12条）（過疎対策事業債）として対象施設に、認定こども園［65］が追加されることとなった。国の補助のかさ上げとして、過疎地に対する公立保育所の施設設備については、通常1/2を5.5/10、公立以外の保育所については1/2を2/3にかさ上げし、次世代育成支援対策施設整備交付金で補助していた（法第10・11条）。

第4章

過疎地と都市部における幼保一体化施設の課題

構造改革特区以降幼保一体化施設が増加しているが、幼保一体化施設が進む背景としては、第3章であげた1960年代後半から1970年代前半にかけて開所された、「地域の子どもに同じ教育・保育を提供するという理念の幼保一体化」とは異なり、少子化の急速な進展により、幼稚園と保育所の統廃合が進められている。この統廃合には、過疎地と都市部でその運用や目的が異なっている。過疎地では、急速な少子化の影響で、既存の保育所や幼稚園の園児数が減少、既存の施設の存続や充足率の低下により、集団遊びが困難になる等の事態が起こり、建物の老朽化等の時期にあわせて幼稚園と保育所を一体的に行う幼保一体化施設が開所されている。都市部では、女性の就労の増加により、幼稚園の充足率の低下と保育所不足による待機児童問題があり、既存の幼稚園の施設を利用して保育所の機能を追加する幼保一体化施設が開所され、待機児童対策としての幼保一体化施設が開所されている。

　本章では過疎地と都市部の自治体の事例を取り上げ、幼保一体化施設の運用や特徴、課題を検討することとする。後述する市町村の事例をとりあげた理由は、次の2点の理由によるためである。①国全体の動きも重要であるが、実際に市町村が行っているミクロのケースをみることが、今後の地域の現状と動向を考える上では非常に重要な視点となる、②市町村の決算資料をあたりヒアリング等により、数字の情報だけでは得られない、詳細な情報を得た上で、財政状況を分析することは、今後の幼保一体化施設の運営において有益な情報を提供する。したがって、各市町村の決算や事業別計算書等を分析することとする。

　そこで、過疎地と都市部の抱えている問題と幼保一体化施設の在り方について傾向を捉え、今後の幼保一体化施設の課題をみつけることとする。

　幼保一体化施設の事例については、森田（2000）[1]など運営内容やヒアリングにおける研究がされているが、幼保一体化施設の財政分析は行われていない。今後、幼保一体化施設を分析するにあたり、幼保一体化施設の縦割りの財政状況や幼保一体化施設となる前後の比較や効果等を検討し、現地の役所担当者や

園長と話をし、課題や方向性を明らかにすることが重要となる。過疎地の幼保一体化施設の研究では、拙稿（2010）[2]、幼保一体化施設前後の比較は拙稿（2010）[3]があるが、今回はそれを含めた幼保一体化施設の運営と財政分析をすることとする。

第1節　過疎地の幼保一体化施設

1　過疎地が幼保一体化施設を運営する目的

（1）過疎地と保育所

　過疎地が幼保一体化施設を開所する目的としては、既存の幼稚園の充足率が低下し、集団で保育が難しくなる場合と既存の施設の老朽化に伴う建て替えの際に考えられることが多い。また、過疎地では少子化が深刻な状況であり、特に幼稚園は人数が少数のため、充足率が低く、保育を集団で行うことができない状況や、異年齢交流ができない等の事情も影響している。

　過疎地は都市部と異なり、私立幼稚園や私立保育所がないケースも多く、市町村の運営が唯一の就学前教育・保育であることも多いため、公的部門の役割は非常に大きい。さらに近年の少子化と地方財政の悪化に伴い、過疎地では既存の公立幼稚園と公立保育所の在り方が問われている。地域によっては、幼稚園もしくは保育所のどちらかしか設置されていない市町村もあるため、女性の就労による乳幼児の保育需要が増加する一方で、既存の幼児教育の存続を求める声も多い。したがって、今後過疎地が就学前教育・保育をどのように提供するかは、大きな問題であり、若者世代を呼び込み、または流出を防ぐためにも必要である。

　過疎地域が全国に占める割合をみると、図4-1の通りである。市町村数1,728市町村のうち、過疎地域が776市町村（44.9％）、非過疎地域が952市町村（55.1％）、人口1億2,777万人のうち過疎地域の人口は1,124万人（8.8％）、非過疎地域の人口は1億1,653万人（91.2％）、面積は全国377,915km²の内、過疎地域は216,477km²（57.3％）、非過疎地域は161,438km²（42.7％）である。

　次に幼児教育経験者数比率（表4-1）をみると、1970年度過疎地での幼稚

図 4-1　過疎地域が全国に占める割合

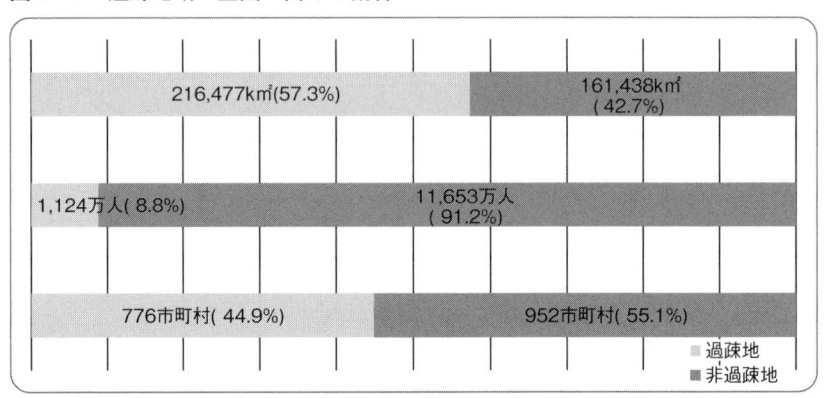

216,477km²(57.3%)　　161,438km²(42.7%)

1,124万人(8.8%)　　11,653万人(91.2%)

776市町村(44.9%)　　952市町村(55.1%)

■過疎地
■非過疎地

※1　市町村数は2010年4月1日現在。過疎地域の市町村数は過疎関係市町村数による。人口及び面積は2005年国勢調査による。
※2　東京都特別区は1団体とみなす。
(出所) 総務省自治行政局過疎対策室 (2010)『平成21年度版過疎対策の現況について』、p.2。

表 4-1　幼児教育体験者数比率

		1970度		1980度		1990度		1995度		2002度		2009度	
		過疎	全国	過疎	全国	過疎	全国	過疎	全国	過疎	全国	過疎	全国
幼児教育経験数		57.4	76.2	87.6	91.2	95.0	95.5	95.5	95.0	98.3	96.7	95.1	96.7
	幼稚園就園率	18.3	53.8	35.4	64.4	34.9	64.0	34.2	62.8	34.9	59.9	32.2	56.4
	保育所在籍率	39.1	22.4	52.2	26.8	60.1	31.5	61.3	32.2	63.4	36.8	62.9	40.3

※1　全国は文部科学書『学校基本調査』及び『社会福祉施設調査』による。
※2　過疎地域は総務省調べ。
(出所) 総務省自治行政局過疎対策室 (2010)『平成21年度版過疎対策の現況について (概要版)』、p.10。

園就園率18.3％、保育所在籍率39.1％に対し、全国は幼稚園就園率53.8％、保育所在籍率22.4％である。全国と比較すると過疎地の保育所在籍率は高いが幼稚園就園率は低い。幼児教育経験者比率をみると、過疎地57.4％、全国76.2％と全国の方が18.8ポイント経験者比率が高い。

　1980年度になると幼児教育経験者比率は、過疎地87.6％、全国91.2％とな

第4章　過疎地と都市部における幼保一体化施設の課題

り、過疎地も全国並みに幼児教育経験者比率は増加し、9割近い子どもが幼児教育経験を経験するようになったといえる。幼児教育経験内容の内訳をみると、過疎地は保育所在籍率が52.2％、幼稚園就園率は35.4％にとどまっている状態である。全国では、保育所在籍率が1970年度の4.4ポイント増加となるが、幼稚園就園率が10.6ポイント増加となった。

　1990年度になると、過疎地では幼稚園就園率が34.9％となり全盛期をむかえ保育所在籍率は60.1％となり、2002年度まで上昇し続ける。全国は、幼稚園就園率64.0％と1980年の全盛期以降、下降傾向となる。保育所在籍率は31.5％と2009年度の統計40.3％まで増加し続ける。

　2009年度になると過疎地の保育所在籍率62.9％、幼稚園就園率32.2％と保育所在籍率が増加し、全国の保育所在籍率40.3％、幼稚園就園率56.4％であり、過疎地は保育所在籍率、全国は幼稚園就園率の方が高いことがわかる。幼児教育経験者は過疎地95.1％、全国96.7％となり、幼児教育経験者としての目標は達成している。しかし、幼児教育の施設が住民のニーズに合っているものかは別の話であり、女性の就労増加による保育需要の高い都市部では保育所が不足する事態がおこり、都市部過疎地域ともに、幼稚園の充足率の低下という問題が発生する。

　地域により、幼稚園と保育所の設置数やその配分に違いがあるため、幼稚園しかない市町村では、現在の保育需要を鑑み、既存の幼稚園の機能に新規に保育所の機能をもった幼保一体化施設の開所を行っている市町村もある。都市部のように民間施設がない過疎地の場合は、保育所開所を考えることは、公的部門としての役割のひとつである。

（2）過疎地における過疎地域対策法の役割

　過疎地域対策法は、生産機能及び生活環境の整備等が他の地域に比較して低位にある地域について行われており、総合的かつ計画的な対策を実施するために必要な特別措置である。

①過疎地域対策緊急措置法

　1970年に議員立法により10年間の時限立法として過疎地域対策緊急措置法が

制定された。過疎地は年率2％を超える人口減少が続く中で、人口の急激な減少により地域社会の基盤が変動し、生活水準及び生産機能の維持が困難となった。

　緊急に生活環境、産業基盤等の整備に関する総合的かつ計画的な対策を実施するために必要な特別措置を講じ、人口の過度の減少を防止し、地域社会の基盤を強化し、住民福祉の向上と地域格差の是正に寄与することが目的である。10年間で898ヶ所の保育所が整備され、ベビーブームや保育需要に対応した。

②過疎地域振興法
　過疎地域振興法は、1980年に制定され、住民福祉の向上、雇用の増大及び地域格差の是正に寄与することを目的とし、過疎地域振興特別措置法が制定され、振興法10年間で保育所は551ヶ所整備された。

③過疎地域活性化特別措置法
　過疎地域活性化特別措置法は、過去の著しい人口減少に起因して若者が少なく高齢者が多いという人口の年齢構成の偏りの問題を合わせて、地域の活力が低下していることを過疎問題と捉えた。過疎地域活性化特別措置法の目的は、将来に向かい活性化するための対策を講じ、前述の過疎地域振興法と同様に住民福祉の向上、雇用の増大及び地域格差の是正に寄与することであり、10年間で704ヶ所の保育所が整備された。

④過疎地域自立促進特別措置法
　2000年4月1日、過疎地域自立促進特別措置法が2009年度までの10年間の時限立法として、新たに施行された。従来からの目的に加え、過疎地域が豊かな自然環境に恵まれた21世紀にふさわしい生活空間としての役割を果たすとともに、地域産業と地域文化の振興等による個性豊かで自立的な地域社会を構築すると捉えた。自立促進特別法の目的は、我が国が全体として多様で変化に富んだ、美しく風格ある国土となっていくことに寄与することである。8年間で682ヶ所の保育所を整備しているが、過疎地域緊急措置法や過疎地域活性化特別措置法の時期とは異なり、箇所数は年々減少している。

第4章　過疎地と都市部における幼保一体化施設の課題

　その後2010年3月に失効する過疎地域からの要望により、制限が6年延長され2015年度までとなった。その後、東日本大震災の発生により過疎対策事業の遅延が想定される地域からの延長を求める声により、2015年度の有効期限をさらに2020年度に延長された。

　過疎法における保育所の扱いは、自立促進法では、「過疎地域の自立促進を図り、住民福祉の向上、雇用の増大、地域格差の是正及び美しく風格ある国土の形成に寄与すること（第1条）」を目的とするものとしており、4つの分野[4]となっている。過疎対策は、財政、行政、金融、税制上の施策にわたり、過疎法による施策における財政上の措置として、保育所は過疎法第10条・第11条として国の負担又は補助割合の特例にあげられている。過疎対策の具体的施策として、高齢者等の保健及び福祉の向上普及及び増進としてへき地保育所の推進もあげられ、保育所の特別措置の状況（実績）は表4-2の通りである。

　保育所は過疎法により整備される施設であり、保育所に対する国の負担又は補助割合の特例（法第10条）として厚生労働省より財政措置が講じられている。内容としては、過疎地域における生活環境施設の整備の一環として、児童福祉施設のうち保育所の整備の新設、修理、改造、拡張又は整備に対して、通常の国の負担割合は1/2であるが、過疎地域市町村については5.5/10としている（社会福祉施設等整備及び社会福祉施設等設備整備国庫負担金）。ただし、国又は自治体（都道府県・市町村）以外のものが設置する保育所に係るものは2/3としている。

　三位一体の改革に伴う過疎地域補助金の取り扱いについては、改革後かさ上げ措置のある補助金が交付金化された場合は、補助金を参酌し、当該交付金の額を算定する措置がとられている。廃止された場合には、施設設備事業（一般財源化分）で対応することとされた。施設設備事業（一般財源分）は、従来の補助金相当部分（補助率かさ上げ部分を含む）について地方債を充当し、当該地方債の元利償還金について後年度その100％と普通交付税の基準財政需要額が算入されることとなった[5]（表4-3、表4-4参照）。

　過疎地の事例としては、群馬県六合[6]村と和歌山県白浜町、福島県鮫川村の3つをとりあげることとする。

　群馬県六合村は、公立幼稚園3園しかなかった村が、施設の老朽化と少子

表4-2 保育所の特別措置の状況

年度	箇所数	事業費	国庫補助金	特例により引き上げられた国庫補助金
(緊急措置法) 1970〜1979年度	箇所 898	千円 24,980,553	千円 16,648,678	千円 4,027,685
(振興法) 1980〜1989年度	551	26,842,922	16,884,231	3,462,784
(活性化法)				
1990年度	46	2,290,202	1,259,611	114,510
1991年度	55	2,791,916	1,535,554	139,596
1992年度	49	2,161,449	1,188,797	108,072
1993年度	66	3,185,424	1,786,664	193,952
1994年度	52	2,872,327	1,591,218	155,054
1995年度	93	4,644,996	2,554,748	232,250
1996年度	49	2,671,798	1,530,944	195,045
1997年度	50	3,426,438	2,003,854	290,635
1998年度	147	5,846,195	3,215,407	292,310
1999年度	97	4,525,876	2,489,232	226,294
小計	704	34,416,621	19,156,029	1,947,718
(自立促進法)				
2000年度	99	5,406,153	2,973,384	270,308
2001年度	201	7,445,615	4,095,088	372,281
2002年度	179	7,855,033	4,320,268	392,752
2003年度	103	4,319,243	2,573,054	227,451
2004年度	58	4,998,806	2,806,144	253,339
2005年度	30	3,858,608	1,074,688	95,257
2006年度	12	733,458	278,070	21,635
小計	682	34,616,916	18,120,696	1,633,023
合計	2,835	120,857,012	70,809,634	11,071,210

(出所) 過疎対策研究会編 (2008) 『過疎対策データブック』、p.177。

化、住民の保育需要を考え、乳幼児を受け入れる保育所の機能を追加し、構造改革特区を利用して幼保一体化施設「六合こども園」を新設した事例である。

和歌山県白浜町白浜幼児園は、道を1本隔てた場所にある幼稚園と保育所の共用化をし、総合モデル事業を行い、構造改革特区を利用して新規に合築の幼保一体化施設を開所した事例である。

第4章　過疎地と都市部における幼保一体化施設の課題

表4−3　過疎法10条及び予算補助

事業名		かさ上げ率	対応状況
保育所の新設等	公立	1/2→5.5/10	廃止→施設整備事業（一般財源化）で対応、2006年度より
	その他	1/2→2/3	現行どおり（次世代育成支援対策施設整備交付金）2005年度より

（出所）過疎対策研究会編（2008）『過疎対策データブック』、p.196。

表4−4　施設整備事業（一般財源化）の仕組み
（現行）

国庫補助金1/3	かさ上げ部分	過疎対策事業債

（新たな措置）

特別の地方債（従来の補助金相当部分）交付税措置（100％）	過疎対策事業債

（出所）過疎対策研究会編（2008）前掲資料、p.196。

　福島県鮫川村は、山脈丘陵が連なる自治体で、公立保育所2園と公立幼稚園1園を運営していた自治体が、現場の保育者の声から行政改革へとつながり、廃校になった小学校を改修し、地方再生計画で幼保一体化施設を開設した「さめがわこどもセンター」が事例である。
　この3つを選んだ理由は、住民のアンケートと保育の現場からの発信であり、新規に保育所を作った点（六合村）と幼稚園と保育所別々の決算報告書と幼保一体化施設の決算報告書が作成され、縦割りの財政が浮き彫りになる点（白浜町）、既存の施設を改修して幼保一体化施設を開所した点（鮫川村）、である。

2　群馬県六合村六合こども園を事例として
　　　―旧公立幼稚園と六合こども園の財政比較―

　六合村は、公立幼稚園2園の統廃合を検討し、幼稚園2園もしくは保育所1

園の設置を考えたケースである。六合村は、公立幼稚園2園しかなかったが、少子化と既存の幼稚園の老朽化に伴い以前からニーズのあった乳幼児保育の開所と幼稚園の統廃合及び存続を住民との話し合いを通じて検討した結果、構造改革を利用して幼保一体化施設を設置した。村が行った住民のニーズへの対応が実際には財政の効率化とどのような関係になっているかを検討することが重要であり、旧公立幼稚園の財政状況と六合こども園の財政状況を比較分析することは大きな意味がある。

(1) 経緯

六合こども園は2003年度に建設され、2004年度に開設されたが、それ以前は日影幼稚園(1972年設立)と入山幼稚園(1973年設立)の村立幼稚園2園(4・5歳児)があり、各園に園長と担任2名が配置されていた。保育所は無いため広域委託[7]をし、近隣市町村の保育所を利用していた。

公立幼稚園では、4・5歳児を受け入れていたが、少子化の影響により、2003年度には各園で園児数が16名と12名の少数となり、集団とは言い難い人数編成の状況であった。また両幼稚園の老朽化が進み、地域でも民家が点在していたため、子ども同士の交流が少なく、子どもの社会性が育まれにくいという深刻な問題を抱えていたのである。そこで2001年11月より、全村民を対象とした「幼児教育を考える集い」を開催し、村の幼児教育施設について検討を重ねることとなった。

2001年11月全村民を対象に「幼児教育を考える集い」を開催し、アンケート調査等を行い、住民の意見を調査した。その後、2002年7月村幼児教育検討委員会を設置、既存の2つの幼稚園を統廃合し、財政的見地からも幼稚園と保育所のどちらかで検討を続けた。2002年12月構造改革特別区域法により、幼稚園における幼稚園児、保育所児等の合同活動が容認されることとなった。

2003年4月に「幼保一体化特区」認定をうけ、2004年4月に「六合こども園」が開園に至った。住民との話し合いで、幼保一体化施設の開設を決断したことは、住民のニーズに応えた形となった。この短い期間の中で特区申請にこぎつけたことについては、住民との意見のやりとりの充実と早期の決断、特区申請とタイムリーであった点があげられる。

第4章　過疎地と都市部における幼保一体化施設の課題

(2)「幼児教育を考える集い」アンケート結果（六合村2001年アンケート結果より）

　就学前幼児の保護者76名に対してアンケートを行い、回答者は36名、回答率は47.4%あった。アンケート結果は、次の通りである。

①幼稚園、保育所、幼保隣接

　幼・保育所隣接を望むが50.0%、幼稚園を望むが44.4%、保育所を望むが5.6%であった。幼稚園と保育所の隣接を望む声が半数であるが、「幼・保育所隣接を望む」を含めると幼稚園希望が99.4%、保育所を望むのは55.6%となり、幼稚園の存続を求める声が強いことがわかる。

②幼稚園の場合、その就学年数

　3年保育を望むが72.7%、2年保育を望むが15.2%、どちらともいえないが12.1%、3年保育を望む声が7割を越えており、3年保育の需要の高さが窺える。

③幼稚園の場合、滞在時間数に対する考え方

　午後3時迄が44.1%、次に現状のまま（午後1時）でよいが26.5%、午後2時迄が14.7%、午後4時迄が8.8%、午後5時迄が5.9%である。午後3時が4割以上の希望となり、午後4、5時となると1割未満と非常に少ない。

④幼稚園の箇所数に対する考え方

　現状通り2園が59.4%（日影幼稚園では52.4%、入山幼稚園では72.7%）、統合して1園が37.5%（日影幼稚園では47.6%、入山幼稚園では18.2%）、幼稚園、保育所を各1園希望が3.1%であった。現状通り2園が約6割と多いが、そのうち中心部から離れている入山幼稚園では7割以上が現状通り2園を希望している。統合した1園については、3割強が希望しており、この場合中心部の日影幼稚園が4割強、中心部から離れている入山幼稚園が18.2%と非常に少ない状況である。つまり、施設の場所が幼稚園の開園数に影響を及ぼしているのである。

⑤保育所の対象年齢に対する考え方

　0～3歳児が選択肢となっており、61.1%の回答率である。1歳児が50.0%、2歳児が36.4%、0歳児が9.1%、3歳児からが4.5%である。この質問に対する回答はアンケート回答36名中、22名回答と他の質問の回答数よりも少ないことからも、幼稚園の存続を望み保育所のみ設置についての希望が少ないことがわかる。

⑥アンケート結果からいえること

　住民は保育所のみの設立は望んでおらず、従来の幼稚園を残し、3歳児の受入と幼稚園と保育所という機能を希望していることがわかる。さらに預かり時間については、午後4時までは4割をこえているが、それ以降は少数であり、幼稚園預り保育の延長4時間で対応できる保育時間となっている。しかし受入年齢1歳児が5割、2歳児が3割強となっているため、子どもの受入年児については保育所でないと対応できないことも事実である。

　また、幼稚園の箇所数のアンケートからは、中心地から離れている家庭の場合は、2つの幼稚園を残すことを強く希望している。保護者にとって、山林原野における交通の便による施設の設置場所が非常に重要であることがわかる。さらに地域の子どもが減少し、子ども同士の遊びが必要であることを踏まえると親の就労状況に関係なく、村の子どもが同じ教育・保育を受けることができる環境を整えることは子どもの発達においても必要である。

(3) 特徴

　六合村では六合こども園を設置条例の制定[8]、村単独条例の制定[9]、特区の活用[10]、1人の園長のもとで行われる幼稚園と保育所の一体運営、事務窓口の一本化[11]、外部給食搬入方式を採用[12]の5つの特徴があるとしている。特区申請と内容については表4-5の通りである。

(4) 幼稚園教諭と保育士の待遇

　一般的に幼稚園教諭は教育職、保育士は一般職（役所の職員と同じ待遇）と別立となっている市町村が多い。六合村では、幼稚園教諭も保育士も一般職扱

第4章　過疎地と都市部における幼保一体化施設の課題

表4-5　六合こども園の特区申請

認定日	特区番号	内　　容
H15.4.21	特区807	幼稚園における幼稚園児及び保育所児等の合同活動事業
H15.11.21	特区914	保育所における保育所児及び幼稚園児等の合同活動事業
H15.11.21	特区916	保育の実施に係る事務の教育委員会への委任事業
H18.3.31	特区920	公立保育所における給食の外部搬入方式の容認事業

（出所）群馬県六合村教育委員会（2008）『幼保一体化施設「六合こども園」』、pp.3-4。

いのため待遇も同等であり、幼保の連携をスムーズにし、協力体制を強化できる重要な要因であるといえる[13]。

　六合村では、幼稚園教諭と保育士の採用については、役場職員として採用され、教育委員会へ出向、こども園勤務を命じられるため幼稚園教諭と保育士の区別はない。しかし幼保一体化施設は省庁の縦割りが存在するため、形式的に幼稚園と保育所とに職員が配置される形をとっている[14]。ラスパイレス指数[15]が95.4であり、群馬県内36市町村のうち26番目であり、給与水準は高くはない。

（5）六合こども園の整備費[16]

　六合こども園の建物面積は691.74㎡であり、幼稚園分334.86㎡、保育所分が356.88㎡、補助対象面積は合計691.74㎡で、基準の面積である。

①こども園全体の整備費

　六合村教育委員会（2007）[17]によれば、六合こども園の設備費と財源内訳は、建設工事2億870万円、外構・遊具工事1,960万円、備品545万円、合計2億3,375万円である。

　財源内訳をみると、学校施設整備費国庫補助金2,280万4,000円（9.76％）、社会福祉施設整備国庫負担金4,426万4,000円（18.94％）、社会福祉施設県費負担金2,012万円（8.61％）、過疎債[18]（社会福祉施設整備）4,140万円（17.71％）、子どもと木のふれあい推進事業県費補助[19]600万円（2.57％）、一般財源9,916万2,000円（42.42％）である。

図4-2をみると社会福祉施設、つまり保育所に対する国庫負担金が18.94%、県負担金が8.61%であり合計27.55%、社会福祉施設に対するものとして過疎債を含めると約45%も占めている。学校施設整備費国庫補助金、つまり幼稚園に対する補助金は9.76%と1割にも満たない。このように六合こども園の整備費は一般財源42.42%、過疎債17.71%であり、村の負担、過疎債を含めると60.13%である。幼稚園と比較すると保育所に対する補助が3割と多い。

②保育所分と幼稚園分の設置別整備費用比較（図4-2参照）

保育所については国庫負担金が4,426万4,000円である。その内訳は、建設費と施設費に分かれている。それぞれ、国負担と県負担を計算する仕組みとなり、次のように計算されている。

(ⅰ) 建設費

60人定員のため保育所本体の費用と低年齢児童のための費用を合算[20]すると建設費の補助基本額は合計7,440万円となる。過疎地域のため補助率は5.5/10[21]となり、国庫負担金基本額は7,440万円の5.5/10である4,092万円、県負担金基本額は7,440万円の1/4である1,860万円となる。

国庫負担金所要額は、74,400千円×5.5/10＝40,920千円……A

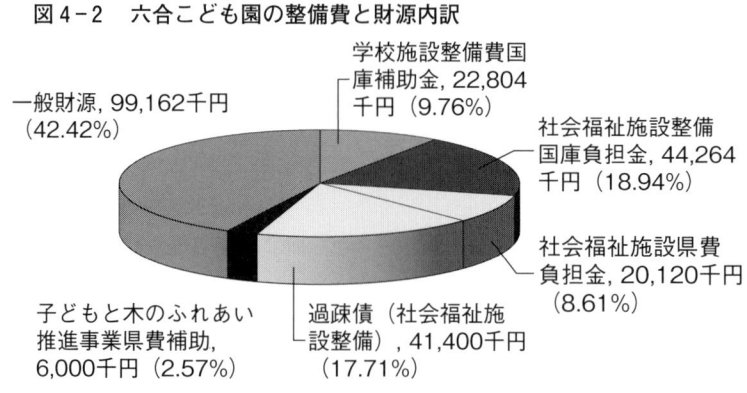

図4-2 六合こども園の整備費と財源内訳

- 一般財源, 99,162千円 (42.42%)
- 学校施設整備費国庫補助金, 22,804千円 (9.76%)
- 社会福祉施設整備国庫負担金, 44,264千円 (18.94%)
- 社会福祉施設県費負担金, 20,120千円 (8.61%)
- 過疎債（社会福祉施設整備）, 41,400千円 (17.71%)
- 子どもと木のふれあい推進事業県費補助, 6,000千円 (2.57%)

(出所) 群馬県六合村教育委員会（2007）『構造改革特区と幼保一体化施設六合こども園』、p.17。

第４章　過疎地と都市部における幼保一体化施設の課題

県費負担金所要額は、74,400千円× 1／4＝18,600千円……B　　となる。

(ⅱ) 施設費

　60人定員のため初年度整備費と大型遊具費用を合算[22]すると、補助基本額は合計608万円となる。そのうち国庫負担金基本額は、過疎法第10条が適用され608万円の5.5/10である334万4,000円となる。県費負担金基本額は、608万円の１／４である152万円となる。

　国庫負担金所要額は、6,080千円×5.5/10＝3,344千円……C
　県費負担金所要額は、6,080千円× 1／4＝1,520千円……D　　となる。

　建設費と施設費の国庫負担金と県費負担金を合算すると、国庫負担金は、A＋C＝4,426万4,000円、県費負担金は、B＋D＝2,012万円となる。それを図に示したものが図４−３となる。

　整備費では保育所に対し国・県負担金の両方が交付され、両者合計して6,438万4,000円の補助を受けている。しかし幼稚園は文部科学省より国負担金のみ2,280万4,000円補助されているにすぎない。

　保育所と幼稚園の補助対象面積は、356.88㎡(51.59％)と334.86㎡(48.41％)であり、保育所の方が22.02㎡大きいだけである。建物整備に対する補助としては、保育所の補助は全体の27.54％となり、幼稚園は全体の9.76％にすぎない点でも両者の違いは明らかに大きい。

　次に村の負担分を法定負担分と超過分にわけてみると、法定負担分については、保育所分は過疎法による国庫負担が5.5/10と県負担１／４を引いた１／５となり1,609万6,000円となる。幼稚園分については、国負担分は１／３となるため村負担分は２／３となり、国負担分の２倍の4,560万8,000円、村法定負担分は合計6,170万4,000円となる。

　超過負担は総額２億3,375万円から保育所と幼稚園の国負担金、保育所の県負担金、保育所と幼稚園の村法定負担分と県費補助金（こどもと木の推進事業）と過疎債を差し引いた3,745万8,000円となる。六合こども園の建設費用に関わる村負担額は、法定負担分と超過負担分を合算した１億1,631万4,000円（過疎債含む）、整備費全体に対して60.13％を占めており、村負担の割合が大

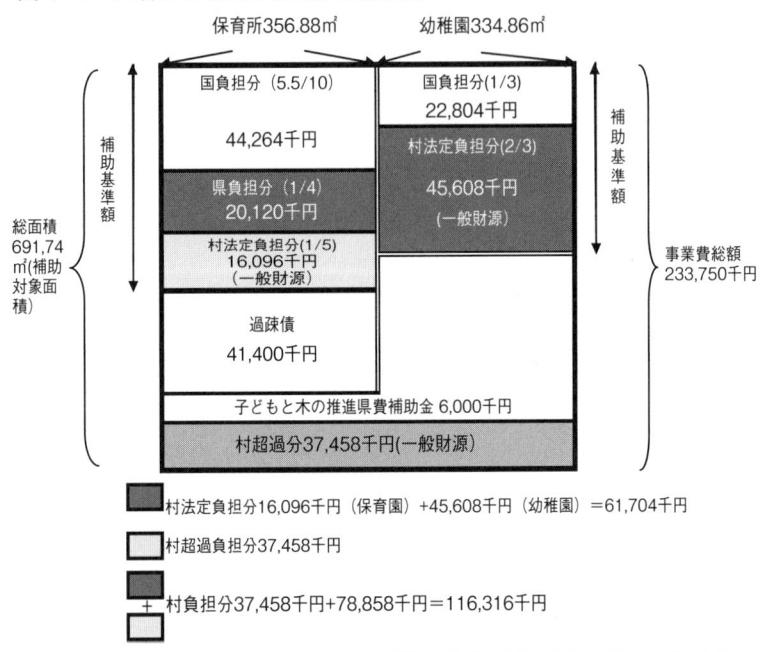

図4-3 六合こども園の保育所と幼稚園

保育所356.88㎡　幼稚園334.86㎡

総面積691.74㎡(補助対象面積)

補助基準額

国負担分（5.5/10）44,264千円
県負担分（1/4）20,120千円
村法定負担分(1/5) 16,096千円（一般財源）
過疎債 41,400千円

国負担分(1/3) 22,804千円
村法定負担分(2/3) 45,608千円（一般財源）

子どもと木の推進県費補助金 6,000千円
村超過分37,458千円（一般財源）

事業費総額 233,750千円

■ 村法定負担分16,096千円（保育園）＋45,608千円（幼稚園）＝61,704千円
□ 村超過負担分37,458千円
■ 村負担分37,458千円＋78,858千円＝116,316千円
□

(出所) 群馬県六合村教育委員会 (2007)『構造改革特区と幼保一体化施設六合こども園』、p.17より作成。

きいことがわかる。

(6) 旧公立幼稚園と六合こども園の財政比較

　六合こども園と従来の公立幼稚園（2園）の財政状況を比較することとする。六合こども園は、旧公立幼稚園を廃止し、新規に幼保合築施設を設立したという経緯がある。そこで村が、財政の効率化と住民のニーズのために開園した六合こども園の財政運営が、旧公立幼稚園の財政運営とどのように変化したかをみることは重要である。また旧公立幼稚園の時に、保育所利用希望者が、広域保育制度を使用し、草津町の保育所を利用していたため、広域保育利用の状況もあわせて財政分析する。

　公立幼稚園の財政状況は、2003年度分を用い、決算上掲載されている六合こ

ども園の建設費等を除いたものを用いた。さらに広域保育の財政状況をみるためにも2003年度分を用いることとし、六合こども園については、施設が完成した2004年度分を用いることとする

①公立幼稚園（日陰・入山幼稚園）の財政分析（表4-6）

　2003年度の日陰・入山幼稚園の園児数は日陰15名、入山12名であり、両施設の教員は各3名、計6名が勤務し、その内1名が両園の園長を兼ねていた。保育料は毎月3,000円、給食費は3,350円であった。給食は給食センターで行っていたため、給食費収入と給食費用は学校給食センター扱いにされているため、

表4-6　六合村における旧公立幼稚園2園の合計決算(2003年度)　　（単位：千円）

収入項目	金額
保育料	993
合　計	993

支出項目	金額
給料	20,949
職員手当等	9,180
共済費	5,175
賃金	180
報酬費	33
旅費	184
需用費	1,579
役務費	386
委託料	3,900
使用料及び賃借料	550
備品購入費	61
負担金補助及び交付金	94
合　計	42,271

（出所）群馬県六合村（2004）『歳出決算事項別明細書　平成15年度』、pp.13-107。

歳入は保育料のみとなる。

　歳出については、幼稚園教諭の給与合計（手当等を含む）が3,548万4,000円（賃金を含めた額）、歳出全体の83.94％を占めており、1人当たり給与は平均591万4,000円となる。委託料は消防用設備等点検他と消防施設等点検他が13万4,000円、幼稚園バス運行委託が376万6,000円であり、ここには広域保育の委託料は含まれていない。

　子ども1人当たりの年間総コスト[23]は約156万6,000円、1人当たりの年間純コスト[24]は約152万9,000円である。保護者負担割合は2.35％であり、非常に低い。各園に教員3名は最低限でも必要な人員であるため、園児1人当たりのコストが高くなるのはいたしかたない。しかし、歳出に占める村負担は4,127万8,000円となり、村負担割合は97.65％と大きくなってしまう。公立幼稚園については、国庫負担金ではなく、一般財源としての地方交付税で交付されているため、地方税と地方交付税[25]による財源負担は、一括して村負担として扱われる。

②広域保育利用（草津町保育所利用）

　六合村に保育所がないため、2003年度まで保育所利用希望の家庭は、広域保育制度を使用して、隣町の草津町の公立保育所を利用していた経緯がある。2003年度の広域保育利用者は、3名（2歳児1名、3歳児1名、5歳児1名）である。理由としては、保護者の勤務地が草津町である2名（兄弟）と草津町が自宅から近い1名が利用していた。

　保育料については、六合村で決めた保育料を保護者に負担してもらい、国基準の保育料との差額は村が負担することとなっている。また群馬県の補助として、3歳未満児保育料軽減（毎月3,000円）があるため、2歳児については、六合村で決めた保育料から群馬県の補助を引いたものを保護者が負担[26]していたこととなる。

　六合村の支出についてみると、広域保育制度を利用した場合の保育料は、六合村が草津町に支払った金額は年間187万8,200円であり、その内訳をみると次のようになる[27]。

　国基準の保育単価の1／2を国庫負担金[28]として25万2,720円、1／4が県負

第4章　過疎地と都市部における幼保一体化施設の課題

担金として12万6,360円、保育料が67万5,120円、保育料県補助3万6,000円、残りが六合村負担78万8,000円となる。従って年間1人当たりの総コスト平均は約62万6,000円、純コストは40万1,000円[29]となり、保護者負担割合は35.94％、村負担割合は41.96％となる。（図4-4）

図4-4　六合村における広域保育による保育支出

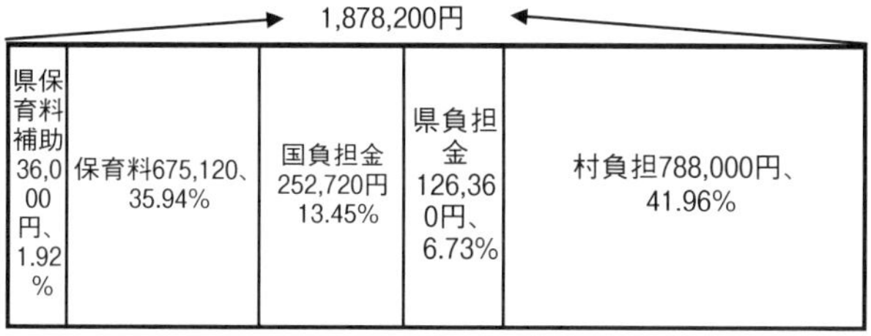

県保育料補助 36,000円、1.92％	保育料675,120、35.94％	国負担金 252,720円 13.45％	県負担金 126,360円、6.73％	村負担788,000円、41.96％

1,878,200円

（出所）群馬県六合村（2004）前掲資料、p14、18とヒアリングにより作成。

③六合こども園の財政分析

　六合村では、六合こども園の決算（歳入歳出事項別明細書）は一本になっており、その中で子ども園管理費と保育園（所）費、幼稚園費の3つにわかれて記載されている。2004年度は保育所利用者31名、幼稚園利用者25名、六合こども園の利用者は合計58名である。六合こども園は、子どもの年齢の各クラスに担任が1名おり、幼稚園教諭と保育士という区分をしていない。しかし予算上の区分と保育士の最低基準、幼稚園教諭の最低基準をクリアするために分けると表4-7の配置となる。

　六合こども園全体の決算（表4-8参照）を見ると、年間の収入が幼稚園保育料78万4,000円、保育園（所）保育料147万円、3歳未満児保育料軽減が16万9,000円、一時保育促進事業補助金4万7,000円である。支出は5,430万6,000円で、内幼稚園教諭と保育士の給与（手当等臨時職員給与含む）は4,597万3,000円となる。保護者負担割合は4.2％、自治体負担割合は95.5％、県負担割合0.3％であった。

　次に子どもの年齢別に1人当たりの1年間にかかるコストを算出することとする。園長、副園長、担任以外は人数按分、幼稚園教諭と保育士は表4-7の

表4-7 六合こども園の職員配置（2004年度）

こどもの年齢	職員配置			予算上の区分	子どもの人数（定員）	
	正規	臨時	非常勤		保育所	幼稚園
0・1歳児	-	1	-	保育所	0・2	-
2歳児	1	2	-	保育所	8	-
3歳児	1	1	-	幼稚園	7	4
4歳児	1	-	-	幼稚園	16	12
5歳児	1	-	-	幼稚園		9
園長	-	-	1	幼稚園	-	-
副園長	1	-	-	保育所	-	-
担任外	1	-	-	保育所	-	-

（出所）六合村のヒアリングにより作成。
※幼稚園は、3・4年児複式で1クラス、5歳児で1クラス、合計2クラスである。

配置に基づき人数按分、給与以外の費用は子どもの人数で按分すると表4-9となる。

　子ども1人当りの年間総コストは、0・1歳児は213万1,000円、2歳児は179万3,000円である。3歳児は99万5,000円、4・5歳児は57万8,000円である。通常子どもの年齢が低いほど保育士の配置基準が多いためコストが高いが、六合村の場合0・1歳児が2名でしかも臨時職員1名が担当しているため、1歳児のわりには213万1,000円と非常に低いコストであるといえる。2歳児は8人おり、正規職員1名と臨時職員2名が担当し、0・1歳児のコストの84.14％になる。3歳児は配置基準により正規1名、臨時1名のため99万5,000円、4・5歳児の園児数は多いが、配置数が少ないため57万8,000円と0・1歳児の27.12％となり、幼稚園教諭や保育士の配置数がコストに大きく反映しているといえるのである。

　純コストは、幼稚園と保育所の両者の保育料を人数で按分したものを差し引いた。0・1歳児は206万7,000円、2歳児は172万9,000円、3歳児は90万1,000

第4章　過疎地と都市部における幼保一体化施設の課題

表4-8　六合こども園の決算（保育所・幼稚園合算）（2004年度）　（単位：千円）

収入項目	金額
幼稚園保育料	784
保育園（所）保育料	1,470
3歳児未満保育料軽減	169
一時保育促進事業補助金	47
合計	2,470

支出項目	金額
報酬費	1,200
給料	21,297
職員手当等	9,847
共済費	5,376
賃金	9,453
報償費	96
旅費	483
需用費	354
役務費	905
委託料	4,232
使用料及び賃借料	144
工事請負費	630
原材料費	10
備品購入費	134
負担金補助及び交付金	145
合計	54,306

（出所）群馬県六合村（2005）『歳出決算事項別明細書平成16年度』、pp.14-104。

円、4・5歳児51万4,000円である。

④旧公立幼稚園と六合こども園コスト比較
　（ⅰ）総コスト比較（表4-10）
　総コストをみると、旧公立幼稚園2003年度の総額は4,227万1,000円に対して、六合こども園の2004年度の、総額は5,430万6,000円となり増加している。

193

表4-9　六合こども園の子どもの年齢別1人
　　　当たりのコスト　　（単位：千円）

	総コスト	純コスト
0・1歳児	2,131	2,067
2歳児	1,793	1,729
3歳児	995	901
4・5歳児	578	514

（出所）群馬県六合村（2005）『歳出決算事項別明細書　平成16年度』より作成。

表4-10　六合こども園の旧幼稚園とこども園の支出合計と保育料収入　（単位：千円）

	支出合計	保育料収入	差し引き		支出合計	保育料収入	差し引き
2003年度（公立幼稚園）	42,271	993	41,278	2003年度（広域保育所利用）	1,878	675	1,203
2004年度（六合こども園）	54,306	2,470	51,836	2003年度(幼稚園・広域保育)合計	44,149	1,668	42,481
2005年度（　〃　）	56,352	2,475	53,877				
2006年度（　〃　）	41,185	2,431	38,754				
2007年度（　〃　）	40,071	2,515	37,556				
2008年度（　〃　）	41,185	2,431	38,754				

（出所）群馬県六合村（2004—2009）『歳出決算事項別明細書　各年度』より作成。

2004年度から保育料収入が増加するのは、こども園の保育料が長時間保育利用者については所得階層ごとになっているためである。

　2003年度に広域保育制度で保育所を利用した者に対する保育事業の支出も入れると支出合計は、4,414万9,000円となる。そこから保育料を引くと4,248万1,000円となる。2004年度になり、こども園の支出は、公立幼稚園と広域保育所利用の支出合計よりも増加したことがわかる。住民のニーズに応えたが、事業運営に関する支出を抑制することはできなかったといえる。つまり幼保一体化施設は、効率化に直結するわけではない。

　2006年度支出合計は、2005年度よりも1,516万7,000円も減少している。この理由は正職員が2名退職した部分を臨時職員で賄った点と、給食を外部委託に

第4章　過疎地と都市部における幼保一体化施設の課題

したことにより、調理員の賃金が給食センター扱いになったためである。

2008年度の保育料収入が減少しているが、支出が増えている理由は、2007年度の臨時職員3名を正規職員にしたためである。正規職員を増員した割には支出合計の増減の割合が少ないが、これは正規職員の3名が若いため、正規職員の給与であっても増加が著しく支出に影響しなかったためである。

（ⅱ）旧幼稚園とこども園の子ども1人当たりの純コスト（表4-11）

旧幼稚園の子ども1人当たり純コストは152万9,000円であり、現在のこども園の2歳児の1人当たりのコスト172万9,000円に比較的近い数値となる。旧幼稚園については、2つの施設に子ども27名、幼稚園教諭各3名のため、子ども1人当たりのコストは高くなっているのである。

こども園の場合、1歳児の子ども2人を臨時保育士1名が担当しているが、保育士配置数の条件があるため金額が高くなるのである。2歳児は子どもが8名と多いが、正規保育士が1名と臨時保育士2名のため、1人当たりの純コストは172万9,000円と高くなる。

3歳児は短時間保育利用者4名、長時間保育利用者7名と多いため、1人当たりの純コストは90万1,000円となり、0・1、2歳児よりも約1/2以下のコストとなる。4・5歳児については、短時間保育利用者21名、長時間保育利用者16名となり、利用者の増加と正規幼稚園教諭1名が配置されているため、1人当たりの純コストが51万4,000円とさらに低くなる。こども園の4・5歳児の

表4-11　六合こども園の旧幼稚園とこども園の子ども1人当たりの純コスト　（単位：千円）

	幼稚園	こども園	広域
0・1歳児	−	2,067	401
2歳児	−	1,729	
3歳児	−	901	
4・5歳児	1,529	514	

（出所）群馬県六合村（2005・2006）『歳出決算事項別明細書　各年度』より作成。

1人当たりの純コストは旧幼稚園の約33.64％程度となっている。

幼稚園の機能に保育所を加えても、4・5歳児の利用者に対する幼稚園教諭の配置が、35人に対して1名であるため、年齢の高い子どもの1人当たりのコストは下がる。また、臨時保育士を採用することで人件費が削減されている。臨時職員を正規職員にしても、年功序列型賃金のため、若い世代の正規保育士であれば人件費に大きく影響しないためである。

(7) まとめ

六合村の幼保一体化施設では、子どもの数が減少し、民家が点在している地域の子どもの集団保育、異年齢交流、保育所機能の増加、幼稚園の存続を実現した。住民との話し合いの場であった「幼児教育を考える集い」、「幼稚園教育検討委員会」での検討後、小泉構造改革の特区の利用により、早期の実現を行えたためである。人口が少なく、山林平野の村にとって、住民のニーズをかなえ、旧幼稚園2園の中間地点にこども園を開園した点、子どもの教育・保育環境の場を整えた点は、大きな成果であった。

旧公立幼稚園2園をこども園にして、保育園の機能を追加したことは、親の就労に関係なく、就学前の教育・保育を提供することとなったのである。また旧公立幼稚園と比較して、子どもの在籍数が2倍に増加したため、集団保育や異年齢交流をする機会を提供することとなった。さらに財政面においては旧幼稚園と広域保育制度の合計支出（2003年度）に比べ2004年度には支出合計5,430万6,000円、純コスト5,183万6,000円と一度増加したが、2006年度では支出合計4,118万5,000円、純コスト3,875万4,000円と91.2％に抑えることができた。長期保育利用の場合は、所得階層ごとの保育料のため増収となり、純コストが低くなったためである。子どもの就学前教育と村運営の両者にとり大きな成果であるケースといえる。

3　和歌山県白浜町白浜幼児園を事例として―幼稚園と保育所のコスト比較[30]―

和歌山県白浜町白浜幼児園[31]は総合モデル事業をへて、構造改革特区を利用し幼保一体化施設を開所した事例である。白浜町を構造改革特区の事例とした

第 4 章　過疎地と都市部における幼保一体化施設の課題

のは、構造改革特区にはじめに名乗りを上げた点と以前より幼保の連携に取り組んでおり、それぞれの収支報告書を作成しているためである。財政分析をすることにより、幼稚園と保育所がかかえている二つの省庁による財政面での縦割りを理解し、幼保一体化施設の課題を浮き彫りにする[32]。

（1）白浜町の幼保一体化施設の経緯

　白浜町が幼保一元化に取り組んだのは、国の政策に先駆けた1988年である。同年に町長の諮問機関である幼児教育研究委員会が、「幼児が受ける幼児教育に差があってはならないとする基本理念にたち、幼保一元化を目指すべきである。」[33]として幼稚園を残し、幼保一元化に取り組むことが決定された。

　その後1992年度、幼保一元化推進委員会が設置され、道を隔て隣接している白浜第一幼稚園と白浜保育園の保育の交流を月1回行うことが始まった。1995年度、役所に幼児対策室を設置し、幼稚園と保育所の事務を一括して担当する窓口の一本化を行った。また、園長会の統合や月2回の合同保育等、保育内容については就学前教育（保育）内容の統合を行い、乳児から5歳児までの一貫した保育計画を作成した。

　1996年度、幼稚園と保育所の垣根を越えて職員を配置することを開始した。これについては、幼稚園と保育所職員の任用問題が、職員同士の摩擦を生み、連携を困難にしている市町村もある中、スムーズな保育運営を行う基盤を築いている。

　1997年度、保育所と幼稚園の職員の研究研修組織である保育研究会と幼稚園教育研究会を「幼児教育研究会」に統合した。また、道を1本隔てた白浜保育園と白浜第一幼稚園を統合して、「白浜幼児園」として運営を開始し、同年齢の子どもを同じ場所で保育を開始したのである。

　2001年度、白浜幼児園新園舎が完成し[34]、乳幼児保育を開始[35]した。2004年度全国で初めて特区認定[36]を受け、2005年総合モデル事業に認定された。現在認定こども園の認定は受けず「幼保一体化施設」として運営している。その理由としては、すでに幼稚園と保育所の両方を機能した「幼保一体化施設」となっているため、認定こども園にする必要はないとのことであった。その背景には認定こども園の申請業務等の煩雑さも含まれていると考えられる。

（2）運営方法

　白浜町では、従来1～4歳児は保育所、5歳児は幼稚園と保育所の棲み分けが行われていた。就学1年前は全ての子どもに同じ保育を受けさせるというものでもあった。しかし「幼保一体化施設」となり、保育所では0歳児の乳幼児保育を開始、5歳児までを受け入れ、幼稚園では、4歳児の受け入れを開始し、2年次保育とした。

　白浜幼児園は白浜第一幼稚園（定員70名）と白浜保育園（定員150名）が合築した施設であり、管理運営要網上の名称を総称し、「白浜幼児園」と言われている。白浜幼児園は、幼保連携型の合同施設であり、白浜第一幼稚園を短時間部、白浜保育園を長時間部と呼び、保育を行っている。4・5歳児は、短時間部と長時間部の子どもを、混合してクラスを編成し、短時間部と長時間部の区別をなくし、同じ就学前保育を行い子どもたちの環境を整えている。短時間児と長時間児の保育の流れは次の通りである。給食までは、長時間児と短時間児合同で保育を行う。その後、短時間児と長時間児を別の部屋に移動させ、短時間児が長時間児の午睡の妨げにならないよう、保護者との交流を見ないように保育室を移動するように配慮されている。（図4-5参照）

　次に、白浜幼児園合築施設をみると、1・2階にわかれており、2階は子育て支援センターと0・3歳児クラス、1階は保育所と幼稚園部分がある。4・5歳児は、短時間児と長時間児の混合クラスではあるが、申請上4・5歳児の幼稚園各1クラス、保育所各1クラス、合計4クラスとなっている。建物も同様に幼稚園部分と保育所部分でわかれている。

　1階部分の見取り図4-6をみると、遊戯室の部分から右半分が幼稚園となり、遊戯室の左半分から左側が保育所の建物申請[37]となる。しかし幼稚園部分の4・5歳児の保育室に実際は、5歳児が2クラスとなり、保育所の4・5歳児の保育室を実際は4歳児が2クラス利用している。短時間児と長時間児が給食の後、保育室を移動する際にどちらかの保育室に移動することとなっている。このように、幼保一体化施設であっても、省庁の縦割りによる申請が行われるため、建築の際もそのことに配慮しなければならない。現場での運営のやりくりが必要であり、幼稚園教諭と保育士の連携が必要不可欠である。

第4章　過疎地と都市部における幼保一体化施設の課題

図4-5　白浜幼児園の短時間児と長時間児の保育の流れ

同じ年齢の子どもが同じ保育室で教育・保育される

短時間で帰る子ども達の姿が見えないよう、また長時間の昼寝の子どもが静かに眠れる場所を確保している。

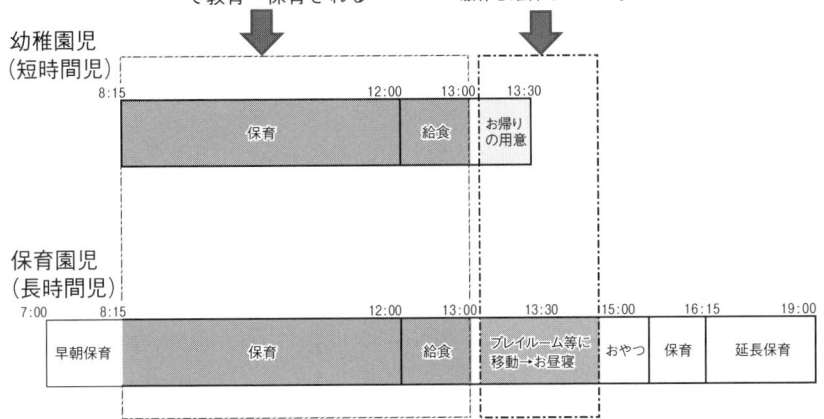

幼稚園児
（短時間児）
8:15　　　　　　　　　12:00　13:00　13:30
保育　　　　　　　給食　　お帰りの用意

保育園児
（長時間児）
7:00　8:15　　　　　　　12:00　13:00　13:30　　15:00　16:15　　19:00
早朝保育　保育　　　　　　給食　プレイルーム等に移動・お昼寝　おやつ　保育　延長保育

（出所）作成。

図4-6　白浜幼児園の平面図

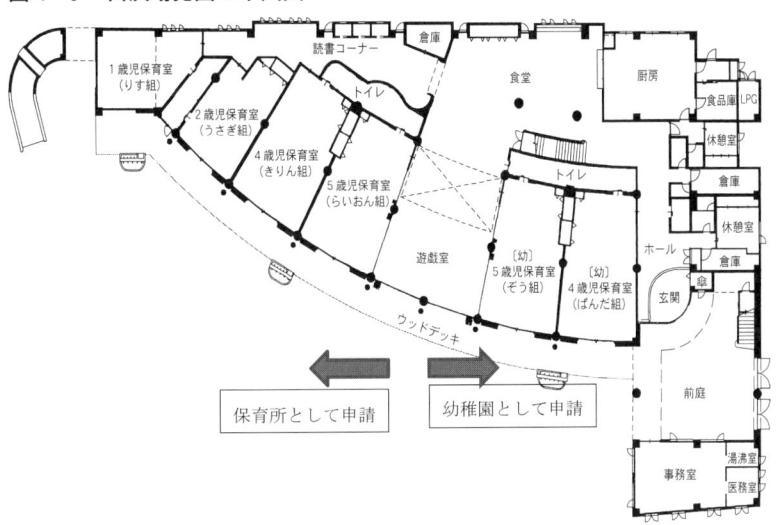

倉庫　読書コーナー　倉庫　食堂　厨房　食品庫　LPG
1歳児保育室（りす組）　トイレ　休憩室
2歳児保育室（うさぎ組）　倉庫
4歳児保育室（きりん組）　トイレ　休憩室
5歳児保育室（らいおん組）　ホール
遊戯室　〔幼〕5歳児保育室（ぞう組）　〔幼〕4歳児保育室（ぱんだ組）　倉庫　玄関
ウッドデッキ
前庭
保育所として申請　　幼稚園として申請
事務室　湯沸室　医務室

（出所）和歌山県白浜町（2008）『白浜幼児園要覧（平成20年度）』、p.1に加筆した。

199

（3）職員配置

　前述のように1996年度より、幼稚園と保育所の垣根を超えて職員の配置をおこなっている点で、幼保一体化に向けた早い取組であり、スムーズな職員の連携の事例であるといえる。2004年度当初は、白浜幼児園には幼稚園長と保育園長の2名がいたが、2008年度には表4-12によれば、非常勤の幼稚園長が1名、2009年度以降は、役所の幼児対策室長が幼稚園長を兼務している。そのため、実際は保育園長が幼稚園長を兼任している形となっている。園長1名、主任2名、指導保育士1名は主任を兼務している。教諭は3名のうち1名は臨時職員であり、保育士21名のうち臨時職員は14名、給食調理員は6名のうち5名は臨時職員である。栄養士は1名であるが勤務時間数が決められている臨時職員である。

　このように保育士の臨時職員の割合が66.7％と高い状況である。クラス担任についても正規の保育士が担当するだけでは困難な状況のため、勤務時間が同じ臨時職員の保育士に担任を任せる場合もある。

　給与体系については、保育士は一般行政職として役所の職員と同じ給与体系であり、幼稚園教諭は教育職である。和歌山県白浜町（2009）『白浜町の給与・定員管理等について』[38]によれば、両職員の給与体系は別立てであるが、給与額は同じである。2009年度4月1日、大学卒の場合の一般行政職と教育職の初任給は17万2,200円、高校卒は14万100円である[39]。

　白浜町職員の給与を全国的にみるため、ラスパイレス指数をみると全国町村平均は2008年度94.2に対し、白浜町は97.0であり、全国町村でみると比較的高い給与である。

表4-12　白浜幼稚園の職員構成

職域	園長	主任	指導保育士	教諭	保育士	給食調理員	栄養士
職員数	1	2	1（兼務）	3(1)	21(14)	6(5)	1(1)

※（　）については非常勤である。
(出所)　和歌山県白浜町（2009）『白浜幼児園要覧　平成20年度』、p.6。

第4章　過疎地と都市部における幼保一体化施設の課題

（4）建設費用と補助金

　和歌山県白浜町（2009）[40]によれば白浜幼児園の面積等は1,636㎡であり、そのうち保育所分が1,036㎡、幼稚園分が335㎡で、補助対象分が1,371㎡、対象外が265㎡、事業費総額は4億3,404万5,000円である（図4-7参照）。

　補助率は、保育所は基準額の3/4であり、その内訳は国が1/2、県が1/4、残りが町負担となる。幼稚園は国の補助が1/3、残りは町負担となる。

　幼保一体化施設であっても幼稚園と保育所は縦割りのため、補助率や補助金は別々で計算されている。幼稚園分をみると補助対象面積335㎡の建設費用は7,382万7,000円であり、国庫補助金が1/3であるため、補助額は2,460万9,000円、町負担分は4,921万8,000円となる。

　保育所は補助対象面積1,036㎡、保育所分費用は2億1,349万4,000円であり、

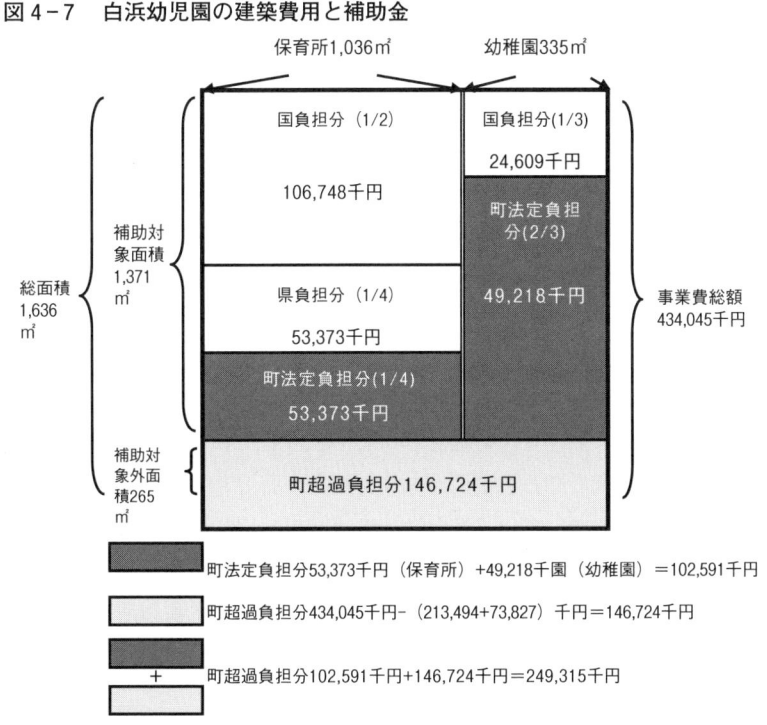

図4-7　白浜幼児園の建築費用と補助金

（出所）和歌山県白浜町（2009）『行政視察（幼保一元化）』、p.11より作成。

その内訳は国負担金1億674万8,000円（1／2）、県負担金5,337万3,000円（1／4）、町法定負担分5,337万3,000円となる。したがって、幼稚園と保育所の補助対象面積における町負担分は1億259万1,000円となり、補助面積対象外265㎡の費用は、1億4,672万4,000円で町超過負担分となる。白浜幼児園建設における町の負担は2億4,931万5,000円となる。

　このように幼保一体化施設については幼稚園と保育所の対象面積により補助が異なるため、補助率でみると保育所は国と県をあわせて3／4の補助を受けることができる。幼稚園は国の補助1／3のみであるので、建設時における補助率は保育所のほうが41.7％高い。また白浜幼児園では補助対象外面積が265㎡であり、施設全体の面積の16.2％を占めているため、比較的大きい施設を用いた幼保一体化施設であると言える。

（5）縦割りの財政運営

　白浜幼児園の保育財政については、縦割りの財政運営となり、幼稚園と保育所で分けられている。施設や保育運営は一緒であるが、財政は別立てというのが縦割りの象徴である。白浜町は各幼稚園、保育所で収支計算書が作成されており、表4-13のように費用項目により、人数割と面積割をして計算している。

　白浜町では、各幼稚園と保育園の園長が財務管理をしており、現場で賃金雇用職員の勤務時間を把握し、給与計算を行い、毎月役所の財務管理システムに入力している。これは、現場の園長に負担を強いることではあるが、実際に園の職員配置や当番をやり繰りしている園長が一番把握しやすい点でもある。したがって、園長は従来の保育園全体の運営だけでなく財務システム等の管理も行い、園長の業務は園運営、財務管理にまで拡大している。そのため、主任保育士に園運営を任せることも必要となり、連携が必要となる。この財務システムに関して各園で把握していることは他の市町村では少ない。白浜町では、監査委員からの要望により各園での収支計算書の作成が行われるようになり、監査委員が財政運営に大きな影響力をもたらしていると言える。

（6）白浜第一幼稚園の収支決算書

　和歌山県白浜町（2009）『収支計算書　平成20年度』[41]によれば、幼稚園の保

第4章　過疎地と都市部における幼保一体化施設の課題

表4-13　白浜幼児園の費用項目の計算方法について

按分方法	費用項目
人数割	水道料→園児数＋職員数 健康検診手数料（ぎょう虫、検尿） 眼科検診手数料 児童安全共済金 建物大災保険料
面積割	電気管理委託料 貯水槽清掃等手数料 清掃用具借上料 廃棄物処理手数料
その他	電話料 燃料費 消防設備保守点検手数料 樹木消毒手数料 修繕料

（出所）白浜町へのヒアリングにより作成。

育料は定額月額5,500円であり、幼稚園の保護者負担をみると支出から特定財源を除いた金額は1,767万2,496円となる。保護者負担割合は8.0%で非常に低い（表4-14参照）。

園児1人当たりの年間費用は83万5,087円（純コストは73万5,300円）となる。定員70名のうち在園児が23名のため充足率が32.9%と非常に低くなるため、1人当たりのコストが高くなる。

支出に占める人件費の割合は86.5%（臨時職員も含めると91.3%）である。支出に対する収入の割合は11.9%となり、自治体負担が88.1%と高い。

(7) 白浜保育園の収支計算書

和歌山県白浜町（2009）[42]によれば、保育所の保育料は月額平均1万7,257円[43]（延長保育、広域保育を含めると2万471円）である。保育所の保護者負担をみると支出から特定財源を除いた金額は7,582万3,340円となり、保護者負

203

表4-14 白浜第一幼稚園収支計算書（2008年度）

収入項目	収入金額（円）	備考
幼稚園使用料	1,534,500	
学校健康会納付金	4,600	日本スポーツ振興センター納付金
雑　入	756,000	給食関係徴収金
合　計	2,295,100	

支出項目	支出金額（円）	備考
給料関係費等	16,616,322	職員数で按分（給料、職員手当等、共済費含む）
賃金	924,250	臨時職員賃金
報償費	7,245	
旅費	19,660	職員出張旅費
需用費	1,365,068	電気代、水道代、燃料費、消耗品、修繕料等
役務費	82,554	電話料、健康検査、衛生検査、器具点検手数料等
委託料	37,844	電気管理委託料
使用料及び賃貸料	21,840	器具借上、清掃器具借上料
原材料費	10,153	砂場（砂）
備品購入費	99,970	ガスマルチ給湯器、石油ファンヒーター
負担金補助交付金	22,090	幼児教育研究負担金、日本スポーツ振興センター共済掛金
合　計	19,206,996	

（出所）和歌山県白浜町（2009）『収支計算書　平成20年度』。

担割合は22.4％と幼稚園に比べて非常に高い（表4-15参照）。

　理由としては、保育所の保育料は所得階層ごとになっており、生活保護法による被保護世帯を除くと、白浜町は毎月6,000円から6万5,000円を徴収している点と子どもの年齢（0～2歳、3歳、4～5歳）ごとに保育料が異なる（子どもの年齢が低いほど保育料が高い）点があげられる。国基準の保育料に対する保育料の割合をみると保護者の負担は76.1％、町の保育料に対する超過負担は23.1％となり、保護者の費用負担は比較的に高い[44]。

　子ども年齢別1人当たりのコストをみると、表4-16のように算出される[45]。この按分にあたっては、正規保育士職員を必ず1つのクラスに入れ、それ以外

第4章　過疎地と都市部における幼保一体化施設の課題

表4-15　白浜保育園収支計算書（2008年度）

収入項目	収入金額（円）	備考
児童福祉費負担金	24,228,300	保育所運営費負担金
児童福祉費補助金	4,990,000	子育てセンター事業補助金
学校健康会納付金	28,320	日本スポーツ振興センター納付金
雑　入	6,127,195	延長保育料　651,825
		保育園職員給食費　1,614,580
		保育園職員給食用燃料費　163,070
		広域入所保育受託料　3,633,820
		緊急一時保育料　63,900
合　計	35,373,815	

支出項目	支出金額（円）	備考
報酬	4,689,424	栄養士、嘱託医師、薬剤師報酬、常勤嘱託員は、職員数で按分
給料関係費等	68,729,658	職員数で按分（給料、職員手当等、共済手当等、社会保険料含む）
賃金	24,761,239	給食調理員、保育市臨時職員料
報償費	64,000	臨床心理士謝礼等
旅費	95,170	職員出張旅費
需用費	10,973,675	電気代、水道代、燃料費、消耗品、修繕料等
役務費	1,004,650	電話料、衛生検査手数料、建物火災保険料等
委託料	290,680	警備、電気管理、設備保守点検委託料
使用料及び賃貸料	242,340	コピー機、器具、自動車、清掃器具借上料
工事請負費	87,000	出入口周辺照明灯設置工事
原材料費	23,349	砂場（砂）
備品購入費	149,900	ガスマルチ給湯器、石油ファンヒーター
負担金補助交付金	57,750	幼児教育研究負担金、日本スポーツ振興センター共済掛金
合　計	111,168,835	

（出所）和歌山県白浜町（2009）『収支計算書　平成20年度』。

表4-16 白浜保育園子ども年齢別子ども1人あたりのコスト

子どもの年齢	在園児数	保育士 正規	保育士 非常勤	園長、主任(3人)	フリー及び給食関係(11人)	報酬費その他費用	1人当たり(円)
0歳	4	1	1				2,486,738
1歳	11	1	1				1,112,929
2歳	19	1	2	子どもの人数按分			875,235
3歳	27	2	2				967,447
4歳	28	1	2				699,121
5歳	28	1	2				699,121
合計	117	7	10	―	―	―	―

(出所)和歌山県白浜町(2009)『白浜幼児園要覧 平成20年度』及び和歌山県白浜町(2009)『収支計算書 平成20年度』より作成。

は非常勤とした。また園長、主任、フリー保育士、給食関係職員、その他運営費用についても人数按分とした。

　子どもの年齢別1人当たりの年間コストをみると、0歳児が248万6,738円、1歳児が111万2,929円、2歳児が87万5,235円となる。1歳児は0歳児の半分の44.8%のコストとなり、2歳児のコストは0歳児の35.2%となっている。これは保育士の配置基準が子どもの年齢が低いほど保育士を必要とするため、子どもの年齢が低いほどコストがかかる。3歳児の1人当たりのコストは96万7,447円、4・5歳児は69万9,121円である。

　2歳児と3歳児でコストの逆転が起きているのは、3歳児に正規職員が2名いる点とその他に子どもの人数按分で計算するため、27人いる3歳児は2歳児よりもコストが高いという現象がおきている。つまり正規職員の人数がコストに大きく影響するからである。

(8) 幼稚園と保育所のコスト比較

　幼稚園と保育所のコストについては、人数の規模の問題があり一概に比較することは難しい。1人当たりのコストを算出する方法には、定員1人当たりで

第4章　過疎地と都市部における幼保一体化施設の課題

計算する方法と在籍数1人当たりで比較する方法がある。幼稚園と保育所では定員割れが生じているため、在籍数で比較する方がよい。

　白浜幼児園内のコストの比較をすると、和歌山県白浜町（2009）『普通交付税、地方特例交付金等及び臨時財政対策債発行可能額算出資料　平成20年度』[46]により作成した表4-17の通りである。

　4・5歳児1人当たり年間コストをみると、幼稚園が73万5,300円、保育所が69万9,121円となり、保育所のほうが1人につき3万6,179円安い。理由としては保育所の充足率は78.0％であるが、幼稚園の充足率は32.9％と低い点と幼稚園は4・5歳児クラスにつき1人の正規職員が配置されている点があげられる。

　保護者負担については、幼稚園は定額月額5,500円のため支出に対して11.9％と低い。保育所は所得階層により異なるが、保育料は平均1万7,257円と幼稚園より保育所の保護者負担割合が高い点と国基準保育料に対する保護者負担割合が76.1％と高い点が理由としてあげられる[47]。

　保育料の設定については、国基準の保育料の中からどれだけ利用者に負担させるかを市町村に任せられているため、都市部の財政力が高い市町村ほど、市

表4-17　白浜第一幼稚園と白浜保育園のコスト比較

	幼稚園	保育所	備考
子ども1人あたりのコスト（円）	4・5歳児：￥735,300	0歳児：￥2,486,738 1歳児：￥1,112,929 2歳児：￥875,235 3歳児：￥967,447 4・5歳児：￥699,121	三位一体改革により、2004年度から公立保育所運営費の国・県負担金が一般財源化（地方交付税に）含まれることとなった。
保護者負担割合	11.9％	31.8％	
町負担割合	88.1％	68.2％	
財政措置	地方交付税単独計算可能＠281,153	地方交付税で単独計算不可能	

（出所）和歌山県白浜町（2009）『白浜第一幼稚園・白浜保育園収支計算書』及び、和歌山県白浜町（2009）『普通交付税、地方特例交付金等及び臨時財政対策債発行可能額算出資料　平成20年度』より作成。

町村の保育料負担割合が高い傾向がある可能性がある。

　幼稚園と保育所の財源構成を詳しく分析してみると、公立幼稚園の運営は、一般財源と保護者からの保育料で賄われている。一般財源の中には地方交付税[48]が含まれており、財政力の弱い市町村は、財源保障と財政調整のために国から地方交付税が交付されている。幼稚園の地方交付税は「第3節教育費」の「第4款その他の教育費」で算定され、幼稚園のみの基準財政需要額を算定できる仕組みとなっている。

　公立保育所は、2004年度より国庫負担金と県負担金が廃止され、一般財源化されたため、地方交付税の基準財政需要額に算入されることとなった。保育所の地方交付税は、「第4節厚生費」の「第2款社会福祉費」に属し、児童福祉費の児童福祉共通費、児童措置費、青少年福祉対策、児童福祉施設費の中に含まれており、単独では算出できない仕組みとなっている。

（9）結果

　過疎地である白浜町の幼保一体化施設をみた結果、公立幼稚園しかない過疎の町にとっては、公立幼稚園が公立保育所と統合することにより、施設や職員について効率化するだけではなく、幼稚園と保育所の存続を意味することにつながるという面がみえた。

　また保育所については保育士の臨時職員の割合が66.7%と高いため、保育所のコストの削減に大きな影響をもたらしていることもわかった。しかし、保育の質や保育士の労働条件の改善のためにも、非常勤を減らし、常勤に転換する必要がある。白浜幼児園の幼稚園教諭と保育士の連携については、一般行政職と教員職と給与体系が別立てであるが、両職員の初任給が同額であることも、両者の連携を強化している要素であると考えられる。

　就学前教育が幼稚園、保育所に関係なく、一緒になった点で①子どもに同じ教育・保育を提供し、②異年齢交流や集団遊びを可能にし、③保護者同士の交流も可能となったのは、人口の少ない過疎地においては大きな地域貢献の役割を果たした。

第4章　過疎地と都市部における幼保一体化施設の課題

4　福島県鮫川村さめがわこどもセンターを事例として
―過疎債とリニューアル債を利用した幼保一体化による効果―

　鮫川村は、人口4,178人[49]（2010年）、阿武隈高原南部の頂上部にあるため、山脈丘陵が連なり、村の大部分は400mから650mの範囲にあり、総面積は131.30k㎡で、林野面積が9,782haと総面積の約4分の3を占める地域である。もともと村内には、公立幼稚園が1園、公立保育所が2園設置されていた。そこで、保護者からの相談等により、幼稚園と保育所の両者の現場職員が自発的に「幼児教育検討委員会」を立ち上げ、「幼保一元化構想」を考えた。

　その時期2003年、鮫川村では、近隣の棚倉町と塙町との合併の是非を問う住民投票があり、7割の住民が反対を投じたため、法定合併協議会は解散し、村長が交代した。新村長の行政改革と保育者たちの構想の時期が合致し、廃校となった小学校を改築して、幼保一体化施設「さめがわこどもセンター」を設立するに至った。現場の声と首長の行革がマッチしたケースである。鮫川村については、野津牧・青砥ハツ子編（2008）[50]があるが、そこでは、施設開所の経緯や保育内容について述べられているだけで、費用面等財政的なものには触れられていない。そこで、さめがわこどもセンターへのヒアリングや鮫川村の『主要施策の成果及び予算執行の実績』『一般会計歳入歳出決算書』や『幼保一体運営協議』等の会議資料も含めて分析する。

（1）現場の声と新村長の公約

　鮫川村は、幼稚園1園（鮫川幼稚園）と保育所2園（鮫川保育所定員90名、渡瀬保育所定員45名）が設置されていた。公立幼稚園1園と公立保育所2園（村には0～4歳児は保育所、5歳児は幼稚園という年齢区分が慣習があった。）鮫川村における幼保一体化施設設立の経緯の特徴は、国や村からの指示ではなく、現場の保育者が住民からの声に耳を傾け、村としての幼児教育に対する今後の在り方を率先して検討したことである。既存の鮫川保育所は木造築27年、渡瀬保育所は木造築27年、鮫川幼稚園は木造築27年といずれも老朽化し建て替えの時期をむかえていたことも要因としてあげられる。

　まず、保護者から乳児保育の要請と既存の鮫川保育所の老朽化による施設の

新設の要望があった。そこで、村内の幼稚園と保育所の管理職[51]が集まり、2002年1月「幼児教育検討委員会」を立ち上げ、村内の子ども達と就学前教育・保育について話し合いを始めた。その結果鮫川村の全ての子どもに平等な幼児教育を行うために、幼稚園と保育所を兼ね備えた施設を検討し報告書を作成した。

同時期新村長は次の4つの行政改革①困難な財政状況を打破する為の「行財政改革のきめ細やかな見直し」と「新たな振興計画の策定」、②「次世代を担う子どもたちの教育の振興」と「廃校になった施設の活用」、③「産業の振興、とりわけ農業の多機能的産業の振興」、④「清潔で公平・公正な住民本位の村づくり」を掲げた。新村長は、行革のために、村内の職員すべてに報告書を書かせたが、幼稚園と保育所としては既に出来上がっている前述の報告書を提出、村長の行政改革の②と合致したのである。村内の小学校も6つの内3つが廃校となり、その施設使用についても検討がなされた。2002年1月「幼児教育検討委員会」がたちあげられ、2004年「地域再生計画認定書」が授与されるまでの経緯は、次の表4-18の通りである。

2002年村内の幼稚園と保育所の園長と教頭・次長を構成員とした「幼児教育検討委員会」が発足した。そして、村内に幼稚園と保育所を一緒にした施設を開設する旨の報告書を作成する。その後、村内の小学校の廃校等の要綱が制定された。2004年1月新村長の行政改革のひとつに「幼児教育検討委員会」の報告書が採用され、2003年9月役所内で「幼稚園保育所の一体的運営について」の検討協議が開始された。同年4月「地域再生計画」申請に向けて、役所内で協議が開始、2004年5月「保育所・幼稚園一体化に伴う地域説明会」を開催し、幼保一体化施設について村民に説明を行った。2004年6月「地域再生計画認定書」が受理され、2005年4月、さめがわこどもセンターが開所されるに至ったのである。

鮫川村の作成した『公立学校施設整備費補助金に係る財産処分承認申請所』によれば、さめがわこどもセンター設置の理由としては、次の4点をあげている。①子育て世代の移住者の受け入れを積極的に取り組むために、若い定住者が安心して働ける環境の整備の必要性、②住民より乳児保育の要望が多いが、既存の保育所は老朽化のため増設できず対応できない点、③保育所（2園）と

第 4 章　過疎地と都市部における幼保一体化施設の課題

幼稚園（1 園）の距離が離れている為、両方の施設に入園させている保護者が送迎に苦慮している点、④鮫川村には「子育て支援センター」がなく、子育てに悩む保護者から設置の要望がある点である。

③については、こどもセンターとして開所した際に、2 歳以上の希望する子どもに対しては、バス通園をすることとなった。鮫川村は山脈丘陵が連なるため、バスも 6 通路を作り、60 分以内の乗車時間となるようにした。

また、廃校校舎の利用については、①既存の保育所と幼稚園の老朽化が進み、建て替えの時期である点、②廃校校舎は普通教室が多いため、「幼稚園・

表 4-18　さめがわこどもセンターができるまでの経緯

年　次	内　　　容
2002 年 1 月	「幼児教育検討委員会」立ち上げ
2002 年 12 月	保護者会から村及び村議会に「鮫川保育所移転に関する要望書」提出
2003 年 2 月	鮫川村廃校利用検討委員会設置要網制定
2003 年 3 月	赤坂西区から村及び村議会に「西の小学校閉校後の施設の活用についての要望書」提出
〃	西野小学校閉校
2003 年 9 月	行政改革幼児教育専門委員会で「幼稚園保育所の一体的運営について」検討協議開始
2004 年 1 月	保育所及び幼稚園一体的運営に関する庁内検討会開始
2004 年 4 月	地域再生計画申請に向けての庁内協議会開始
〃	第 2 回鮫川村廃校利用検討委員会開催
2004 年 5 月	「保育所・幼稚園一体化に伴う地域説明会」開催
〃	旧西野小学校を幼保一体化施設に変更するため、「地域再生計画認定申請書」を総務省
〃	内閣官房地域再生推進室に、「公立学校施設整備費財産処分承認申請書」を文部科学省に提出
2004 年 6 月	国から「地域再生計画認定書」授与
〃	村長、認定第一号として小泉総理から直接頂く

（出所）作成。

保育所の合築施設」に効率的に転用できる点、③施設を新築すると約2億円の費用がかかるが、廃校校舎を改築する場合は約8,000万円程度で整備が可能である点、④既存の3施設を統合すれば、人件費、施設管理費等が節減できる点が利点であった。②は、改修するにあたり、保育者が何度も現場に足を運び、保育者の視点から子どもにあった水道やドアのノブの高さ等を考え、改修している。④は、「幼児教育検討会検討内容」においても、クラス数が次のように計算されており、同じ年齢の子どもの場合、1クラス少なくなる試算であるが、子どもの人数が少なくなければその分クラスも少なくなり、集団として機能する。

　保育の内容については0～4歳児を保育所児、7：00～18：30を保育時間、5歳児については幼稚園児とし、8：00～15：30を保育時間とした。新しいものとしては、幼稚園の場合、7：00～8：00と15：30～18：30の保育を希望する場合は、預かり保育[52]を開始した。

（2）地域再生計画の利用（リニューアル債と廃校施設の転用による国庫納付金返金不要）

　さめがわこどもセンターの設置にあたっては、地域再生計画に基づき、公立学校施設整備費財産処分承認申請を行い、廃校となった小学校を利用し、改築後施設を開設した点と小学校の開設時の補助金を返還せず、村債を繰り上げ償還することもなく出来た点に特徴がある。地域再生計画は、2004年6月「里山の食と農、自然を活かす地域再生計画」と名称され、支援措置概要としては、「公共施設を転用する事業へのリニューアル債の措置」と「補助金で整備された公立学校の廃校校舎等の転用の弾力化」とされ、国から「地域再生計画認定書」を授与された。

（3）過疎債とニューアル債を利用した施設等建設費

　さめがわこどもセンターは、廃校した小学校を改修し、現場の保育者が旧西野小学校へ何度も足を運び、施設の改善や水道の高さ、ドアノブの高さに至るまで吟味された。小学校とこどもセンターの平面図は図4-8、4-9の通りである。

　旧西野小学校は1階に職員室、校長室、保健室、普通教室2つと配膳室ラン

第4章　過疎地と都市部における幼保一体化施設の課題

図4-8　旧西小学校の平面図

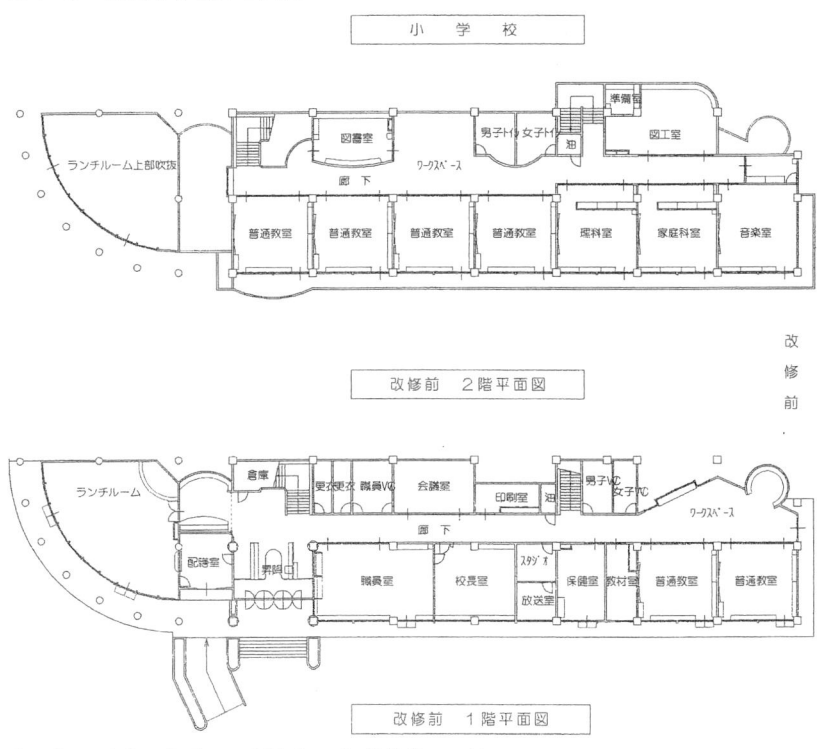

(出所）野津牧・青砥ハツ子編（2008）前掲書、p.64。

チルームがあった。こどもセンターとなり、ランチルームを一部削り、配膳室部分を増床、厨房をつくり、校長室を0歳児に保健室と教材室を1歳児の保育室に変更した。2階は普通教室4室と理科室、家庭科室、音楽室、図工室、図書室が各1室あったが、普通教室と教科専門教室をすべて3歳児と4～5歳児と幼稚園の保育室と子育て支援室に変更、図書室の部分を取り外し、廊下を広げ、活動ができるように工夫した。このように教室が大部分である小学校から幼保一体化施設へ施設を変更することは、調理室及び0歳児の施設整備等ある程度の工夫で可能であるといえる。

　改修費については、通常新規に施設を整備する場合は2億円程度と試算されていたが、改修工事の場合は8,000万円程度である。さらに前述したように地

213

図4-9 さめがわこどもセンターの平面図

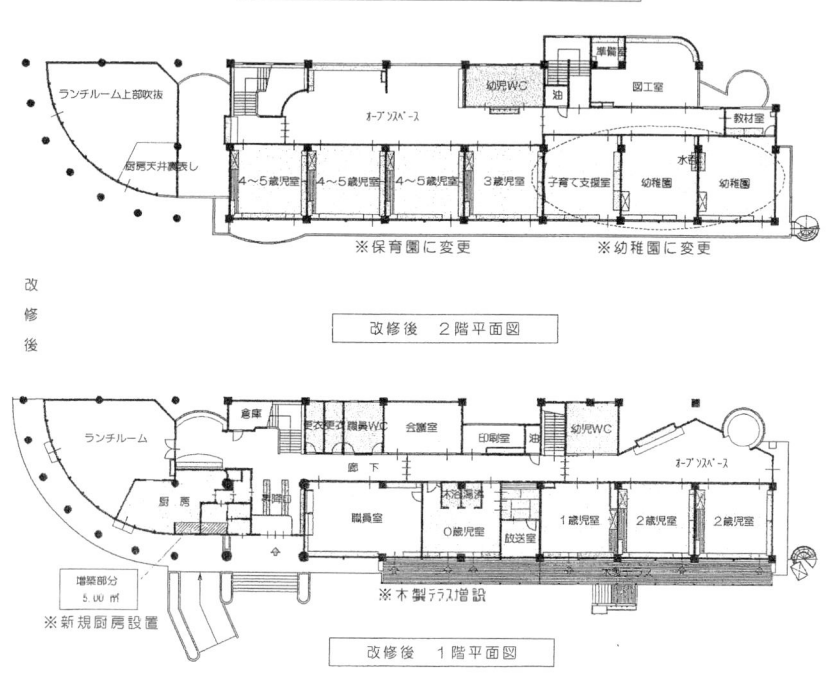

(出所) 野津牧・青砥ハツ子編 (2008) 前掲書、p.65。

方再生計画に基づき、小学校の開設時補助金を返還せず、村債を繰り上げ償還することもなくなったことは大きい利点である。

　さめがわこどもセンターの施設については、面積でそれぞれの施設（保育所、幼稚園、子育て支援センター）を按分すると、保育所0.71、幼稚園0.19、子育て支援センター0.10となるため、保育所が427.4㎡、幼稚園118.4㎡、子育て支援センター59.2㎡となり、全体が605.0㎡となる。全体の事業費は7,739万6,000円であるため、保育所は5,495万1,000円、幼稚園は1,470万5,000円、子育て支援センターは774万円となる。費用の財源内訳をみると、図4-10の通りとなる。

　費用全体が7,739万6,000円、内訳は過疎債5,430万円、リニューアル債は、800

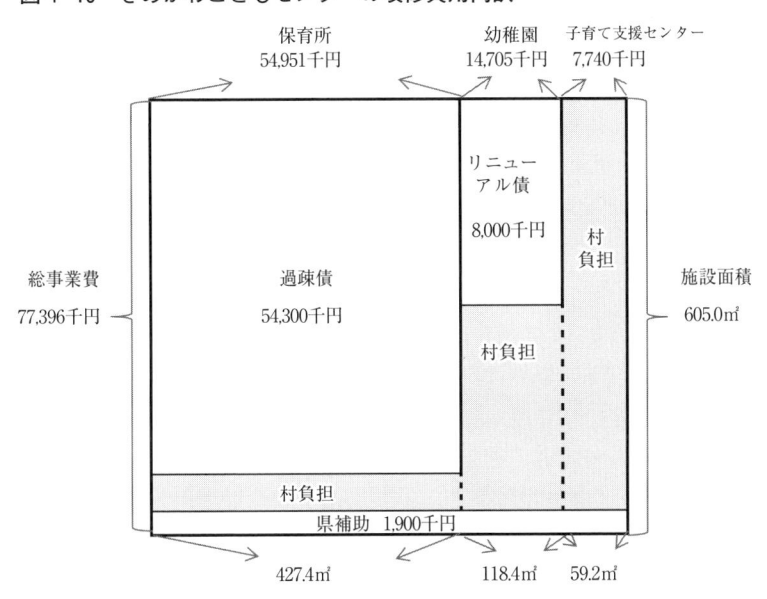

第 4 章　過疎地と都市部における幼保一体化施設の課題

図 4-10　さめがわこどもセンターの改修費用内訳

```
                保育所                幼稚園    子育て支援センター
              54,951千円            14,705千円    7,740千円

                                   リニュー
                                    アル債
                                   8,000千円    村
                                              負
  総事業費          過疎債                       担   施設面積
 77,396千円       54,300千円                       605.0㎡
                                   村負担

                    村負担
                県補助　1,900千円

                  427.4㎡         118.4㎡  59.2㎡
```

村負担 ＝ 77,396 －（54,300＋8,000＋1,900）＝ 13,196 千円

（出所）作成。

万円、県補助金が190万円となり、村負担は1,319万6,000円となる。過疎債は保育所のみ、リニューアル債は幼稚園に活用された。県補助金は、さめがわこどもセンターに補助されたものとなる。したがってさめがわこどもセンター改修費用の内村負担額は1,319万6,000円で、負担割合は17.0％と非常に低い負担状況でセンターの改修にこぎつけた。

（4）運営費からみる施設の一体化による効果

　さめがわこどもセンターが開所される前の旧保育所と旧幼稚園のそれぞれの費用とさめがわこどもセンターの費用がどのように変化しているかを『歳入歳出決算書』及び『主要施策の成果及び予算執行の実績』資料をもとに分析した。鮫川村では、旧鮫川保育所、旧渡瀬保育所、旧鮫川幼稚園のそれぞれの歳入歳出報告書が作成されており、個別の施設の歳出内容等を把握することがで

215

きる。三位一体の改革前の保育所運営費国庫補助金等があった2003年度を使用して、旧保育所と旧幼稚園の状況を分析する。

2003年度の旧鮫川保育所の年齢別子どもの数は、1歳児10名、2歳児20名、3歳児29名、4歳児26名、5歳児1名合計86人である。旧鮫川保育所の収入は、三位一体の改革前のため、保育運営費の国庫負担金1,606万1,000円と県負担金803万円が補助金であり、他は保育料1,183万9,000円、その他66万円合計3,659万円である。支出項目は非常勤を含めた人件費が7,477万1,000円、その他1,091万2,000円となる。村負担額は、4,909万3,000円である。支出に占める人件費の割合は87.3%と8割強、支出に占める国庫負担金の割合は18.7%、県負担金の割合は9.4%、保護者負担割合は13.8%、その他0.8%、村負担割合は57.3%となる（表4-19参照）。

旧渡瀬保育所の年齢別子どもの数は、0歳児3名、1歳児6名、2歳児5名、3歳児11名、4歳児6名合計31名の規模の小さい保育所である。旧渡瀬保育所の収入は、保育運営費の国庫負担金1,103万9,000円、県負担金551万円9,000円の補助金[53]があり、他は保育料358万8,000円、その他7,000円合計2,060万円である。支出項目は非常勤を含めた人件費が6,252万5,000円、その他550万5,000円となる。支出に占める人件費の割合は91.9%と9割も占めている。少人数の保育所のため、人件費の占める割合が非常に高いのが特徴である。支出に占める国庫負担金の割合は16.2%、県負担金の割合は8.1%、保護者負担割合は5.3%、村負担割合（4,743万円）69.7%となる（表4-20参照）。

旧鮫川保育所と旧渡瀬保育所については、子どもが少なく規模の小さい保育所では、人件費の割合が非常に高く、自治体負担割合は旧鮫川保育所よりも12.4ポイントも高くなり村に負担を強いらせ、財政を圧迫させていた。旧鮫川保育所の村負担が4,909万3,000円、旧渡瀬保育所は4,743万円であり子どもの人数は2.8倍であったが、村負担の格差は166万3,000円の格差しかなく、旧渡瀬保育所の村負担割合が大きいことがわかる（表4-21参照）。

旧鮫川幼稚園は5歳児のみ37名2クラス[54]の幼稚園である。旧鮫川幼稚園の収入は入園料3万7,000円、授業料（保育料）72万6,000円、保育園就園奨励費5万7,000円、その他が9,000円、合計82万9,000円である。支出は人件費が2,732万9,000円（90.6%）、その他が282万5,000円（9.4%）である。一般財源2,932

第4章 過疎地と都市部における幼保一体化施設の課題

万5,000円と財源の97.3%を占めている。人件費については、幼稚園の運営に対し、園長、教頭、教諭各1名、臨時教諭2人と多くの職員がいるため支出の9割となる。収入については、幼稚園の保育料が月3,000円と定額であるため、保護者負担割合は2.5%[55]と非常に低い（表4-22参照）。

旧鮫川保育所の子ども1人当たりのコストは、1歳児193万8,000円、2歳児160万6,000円、3歳児83万9,000円、4・5歳児85万6,000円、旧渡瀬保育所は0歳児332万3,000円、1歳児223万円、2歳児244万8,000円、3・4歳児152万

表4-19 旧鮫川保育所の収支（2003年度）　　（単位：千円）

収入項目	金額
国庫負担金	16,061
県負担金	8,030
保育料	11,839
職員給食費	640
日本スポーツ振興センター災害共済掛け金保護者負担金	20
合　計	36,590

支出項目	金額
給料	34,453
職員手当等	17,181
共済費	8,125
賃金	15,012
報償費	136
旅費	57
需用費	9,863
役務費	307
委託料	297
使用料及び賃借料	8
負担金補助及び交付金	86
公課費	158
合　計	85,683

（出所）福島県鮫川村（2004）『一般会計特別会計歳入歳出決算書　平成15年度』より作成。

表4-20　旧渡瀬保育所の収支（2003年度）　　　　（単位：千円）

収入項目	金額
国庫負担金	11,039
県負担金	5,519
職員給食費	447
保育料	3,588
日本スポーツ振興センター災害共済掛け金保護者負担金	7
合　計	20,600

支出項目	金額
給料	30,223
職員手当等	15,433
共済費	6,826
賃金	10,043
報償費	46
旅費	67
需用費	4,682
役務費	311
委託料	233
使用料及び賃借料	8
負担金補助及び交付金	63
公課費	95
合　計	68,030

（出所）福島県鮫川村（2004）前掲資料より作成。

2,000円となり、子どもの年齢が低いほど金額が高いが、旧渡瀬保育所は施設として子どもの数が少ないため同じ年齢でも、1人あたりのコストが旧鮫川保育所よりも高額となる。2歳児については84万2,000円、3歳児では68万3,000円も高くなっている。旧鮫川幼稚園の子ども1人当たりの総コストは、年間81万5,000円、純コスト79万3,000円となるが、保育所の子ども1人当たりのコストと比較すると低い金額となるが、旧鮫川保育所の4・5歳児と比較すると近いコストとなっている（表4-23参照）。

第4章　過疎地と都市部における幼保一体化施設の課題

表4-21　2003年度旧鮫川保育所と旧渡瀬保育所の負担状態　　　　（単位：千円）

	国庫補助金	県負担金	保育所使用料	諸収入(職員給食費,学校健康センター災害共済掛け金)	一般財源	支出合計
旧鮫川保育所	16,061	8,030	11,839	660	49,093	85,683
旧渡瀬保育所	11,039	5,519	3,588	454	47,430	68,030
合計	27,100	13,549	15,427	1,114	96,523	153,713

（出所）福島県鮫川村（2004）前掲資料より作成。

　さめがわこどもセンターへ移行してからも、省庁の縦割りにおける財政部分での縦割りも残っているため、収支はさめがわこどもセンターの保育所部分と幼稚園部分にわかれて記載されている。さめがわ保育所の2005年度の収支は、三位一体の改革後のため、国庫負担金と県負担金は産休代替要員等の費用のみとなり、国庫負担金20万2,000円、県負担金10万1,000円、保育料1,882万6,000円、その他101万2,000円、合計2,014万1,000円である。支出は、人件費1億1,929万（91.9％）、その他1,047万5,000円である。地方交付税を含んだ村負担額は1億962万4,000円(84.5％)、保護者負担1,885万4,000円(14.5％)、その他1％となる（表4-24参照）。

　さめがわこどもセンターの幼稚園部分の収入は、入園料・保育料・預かり保育合計224万4,000円、給食費（園児分）165万1,000円、その他28万1,000円である。支出は、人件費2,108万円（90.6％）、需要費（教材等の消耗品）203万2,000円(8.7％)、となる。村負担分1,910万(82.1％)、保護者負担分389万5,000円（16.7％）、ほか1.2％となる。（表4-25参照）保育所と幼稚園で異なるのは、幼稚園は給食費が別建てで支払うことになっているが、保育所は保育料に含まれている点である。

　さめがわこどもセンターの子ども1人当たりのコストは、保育所0歳児296万円、1歳児179万4,000円、2歳児167万2,000円、3歳児71万4,000円、4歳児69万4,000円、幼稚園5歳児は58万2,000円となる。子どもの年齢が低いほど、保育士の配置基準のため高くなる。幼稚園については、保育所の4歳児と

表4-22　旧鮫川幼稚園の収支（2003年度）　　　（単位：千円）

収入項目	金額
入園料	37
授業料	726
保育園就園奨励費（国庫補助）	57
日本スポーツ振興センター災害共済掛け金保護者負担金	9
合　計	829

支出項目	金額
給料	11,644
職員手当等	6,715
共済費	2,646
賃金	6,324
報償費	148
旅費	57
需用費	1,659
役務費	178
委託料	280
使用料及び賃貸料	23
工事請負費	54
備品購入費	324
負担金補助及び交付金	39
公課費	63
合　計	30,154

（出所）福島県鮫川村（2004）前掲資料より作成。

比較しても11万2,000円と低額[56]である。旧保育所（2園）と旧幼稚園の年齢別こども1人当たりのコストと比較すると、0・1、3～5歳児はセンターへ移行してからの方が低額となり、2歳児については、子どもの人数により保育士の配置数が異なるため、少し高くなっている。総合的に、こどもセンターへ移行してからの方が子ども年齢別1人あたりのコストは低くなったのである（表4-26参照）。

第4章　過疎地と都市部における幼保一体化施設の課題

表4-23　旧鮫川保育所、旧渡瀬保育所と旧鮫川幼稚園の一人当たりのコスト

(単位：千円)

年齢	鮫川保育所	渡瀬保育所	鮫川幼稚園
0歳児	－	3,323	－
1歳児	1,938	2,230	－
2歳児	1,606	2,448	－
3歳児	839	1,522	－
4歳児	856		－
5歳児		－	815

(出所) 福島県鮫川村 (2004) 前掲資料より作成。

　理由は、保育所施設2つを1つの施設として子どもを集約、その効果として保育士の配置数が少なくなる。保育所2つと幼稚園1つを1つの総合施設にし、管理職を6名から2名に縮小した[57]。2003年度と2005年度の職員配置については、園長が2名→1名、保育士10名→9名、調理員3名→2名に減少したが、栄養士が0名→1名に増加した結果、全体で正規職員2名減となった。さらに施設が1つとなり管理費削除に結びついたためである。

　次に旧保育所、旧幼稚園とこどもセンターの支出と保育料収入等を比較すると、表4-27の通りである。保育所部分については1施設に集約した効果により支出は2,394万8,000円減少、保育料収入は低年齢児を入れたことにより339万9,000円増加した。幼稚園の収入については預かり保育を開始し、給食の提供を始めたため76万3,000円から389万5,000円と313万2,000円増加した。保育料については、入園料と預かり保育を含めた224万4,000円となった。支出については、人件費以外の管理費が減少した。施設の集約による管理費の減少と職員の配置の見直し等により支出は減少、乳幼児の受け入れと幼稚園の預かり保育と給食の開始により保育料等収入が増加し、村の負担も減少した。

(5) こどもセンターの効果と地域再生計画の恩恵

　鮫川村は、旧保育所と旧幼稚園の職員については、保育士と幼稚園免許の両

表4-24　さめがわこどもセンター収支（2005年度）（保育所部分）

(単位：千円)

収入項目	金額
国庫負担金	202
県負担金	101
保育料	18,826
職員給食費	984
日本スポーツ振興センター災害共済掛け金保護者負担金	28
合　計	20,141

支出項目	金額
給料	63,628
職員手当等	29,472
共済費	14,722
賃金	11,468
報償費	63
需用費	10,285
役務費	23
負担金補助及び交付金	104
合　計	129,765

(出所)　福島県鮫川村（2006）『一般会計特別会計歳入歳出決算書　平成17年度』より作成。

　方を持っている者を従来から採用してきた。保育所と幼稚園の職員配置も定期的に行い人事交流を図ってきたため、幼保一体化施設へ移行した際の両者間の処遇の違いや勤務時間等を巡る問題は起こらなかったことは、連携への大きな基盤となっている。
　現場からの発信と新村長の行革の時期が重なり、急ピッチに幼保一体化施設の開所に至った点は、地域のニーズに貢献しただけでなく、財政の効率化にも貢献した。施設の開所の際に、リニューアル債を利用でき、さらに既に交付を受けた補助金[58]の返却が不要となった点は、地域再生計画の恩恵を最大限に生かせた事例である。過疎地が幼保一体化施設を開所する場合、子どもを集約し

第4章 過疎地と都市部における幼保一体化施設の課題

表4-25 さめがわこどもセンター収支（2005年度）（幼稚園部分）

（単位：千円）

収入項目	金額
入園料	40
授業料	1,760
保育園就園奨励費（国庫補助）	34
預かり保育	444
給食費（幼稚園児）	1,651
給食費（職員）	237
日本スポーツ振興センター災害共済掛け金保護者負担金	10
合　　計	4,176

支出項目	金額
給料	12,828
職員手当等	5,593
共済費	2,659
報償費	112
需用費	2,032
役務費	19
負担金補助及び交付金	33
合　　計	23,276

（出所）福島県鮫川村（2006）前掲資料より作成。

て財政的効果を狙ったとしても、保育士と幼稚園教諭の連携や保育料等の決定により、財政的効果があるとは限らない。鮫川村は、両者の連携と役所の職員が鮫川村のケースにみあった地域再生計画を見つけ、大きな効果を生み出した。

(6) 結果

　公立保育所2園と公立幼稚園1園がもとからあった村が、幼保一体化施設を開所した場合、子どもたちが集約されるため、保育士の配置が従来よりも少なくなることがわかった。さらに、全ての子どもが5歳児になると幼稚園児とな

表4-26　2005年度さめがわこどもセンターの年齢別こども一人当たりのコスト　　（単位：千円）

年齢	保育所	幼稚園
0歳児	2,960	-
1歳児	1,794	-
2歳児	1,672	-
3歳児	714	-
4歳児	694	
5歳児	-	582

（出所）福島県鮫川村（2006）前掲資料より作成。

表4-27　旧保育所・旧幼稚園とこどもセンターの支出合計と保育料収入

（単位：千円）

	保育所		幼稚園		差し引き
	保育料収入	支出合計	保育料収入	支出合計	
H15（鮫川・渡瀬保育所＋鮫川幼稚園）	15,428	153,713	763	30,154	167,676
H17（鮫川保育所＋鮫川幼稚園）	18,826	129,765	2,244	23,276	131,971

（出所）福島県鮫川村（2004・2006）『一般会計特別会計歳入歳出決算書　平成15・17年度』より作成。

り、幼稚園児が増え、預かり保育が開始されたため、幼稚園は保育料収入が増加した[59]。幼稚園、保育所単体の施設の時よりも幼保一体化施設となった方が、担任以外の管理職が少なくなり、管理費についても１つの施設に集約され削減された。

つまり幼保一体化施設となり、幼稚園児（５歳児）の少人数ではなく、保育所の５歳児と一緒となり、職員（幼稚園教諭と保育士）の配置数が減少された。旧保育所２園についても集約されたことで保育士の配置が減少し、管理職やその他の事務等も統合され人件費は削減された。もともと、保育所２園が

あったため、幼保一体化施設を開所しても運営費が増加することはなく、むしろ集約による支出軽減と保育料収入の増加の利点が効果として現れたのである。財政面で幼保一体化施設の開所の運営費を見た場合、既存の施設が何であったか幼稚園か保育所かにより影響は大きく異なる。鮫川村の場合、既存の施設が保育所2園、幼稚園1園であったことが支出削減と収入増加につながったといえる。

第2節　都市部の幼保一体化施設

1　都市部の幼保一体化施設の目的

都市部では、待機児童の問題が大きく取り上げられ、特に乳幼児保育や1～2歳児の保育所が不足している。そこで緊急に対策を講じようとしていたが、東京都は、2001年5月に待機児童の緊急対策として、東京都独自の認証保育制度を創設した。認可保育所の基準に達しないが、東京都独自の基準に達するものを東京都として認める認証保育制度[60]がスタートし、特に乳幼児保育と13時間の保育保障と駅前保育所等の対策が講じられてきている。

認証保育所制度に対し、都市部の幼保一体化施設の運営はもちろん待機児童対策ではあるが、既存の公立幼稚園の充足率低下や空き教室の利用し、保育所需要に応え、公立小学校等の改築や改修時に子育て支援の複合施設として、子育てに関するサービス機能を追加し、幼保一体化施設を開所するケースが多い。

東京都内の幼保一体化施設のケースをみると、公立の複合型幼保一体化施設、公立の認定こども園制度を用いた幼保一体化施設、公立が自治体の外郭団体に委託したこども園等形式はさまざまである。東京都23区内では、幼保一体化施設が多く開設されており、2002年千代田区のいずみこども園に始まり、多くの市区町村で幼保一体化施設の取り組みが行われている。23区の場合、公立小学校の敷地内に公立幼稚園が併設されているケース[61]が多いため、その土地を活用して保育所機能を追加しているケースが多い。

東京都23区以外については、公立幼稚園をもっていない市区町村もあるた

め、その場合は公立の幼保一体化施設はあまりみられない。したがって、公立の幼保一体化施設は、公立幼稚園の充足率の低下や空き教室、施設の老朽化による公共施設の有効活用と保育需要に応えるものでもある。都市部の幼保一体化施設は、複合施設や方式が多様化されている。

そこで本節では、施設の面から捉えた保育の方式や市区町村が抱えている幼保一体化施設の課題について取り上げることとする。事例としては、第3章で述べた初めての公立の幼保一体化施設を開所した大阪府交野市、23区内でいち早く幼保連携に取り組んだ千代田区と区内で異なる方式(「年齢区分型」「幼保連携並列型」)を運営している品川区を取り上げることとする。

2　大阪府交野市の幼児園を事例として
　　―先駆事例、公立幼稚園と公立保育所が全て幼保一体化施設―

大阪府交野市あまだのみや幼児園は、第3章でも述べたように1972年4月に開所された公立の幼保一体化施設で、保育の流れ等については、既に述べているため、この章では財政分析を行うこととする。交野市の『事務事業概要実績報告書』及び『歳入歳出決算報告書』は、公立幼稚園3園分と公立保育所3園分で記載されている。交野市の公立は全て幼保一体化施設(あまだのみや・あさひ・くらやま幼児園)であるため、ここでは、交野市の幼保一体化施設の保育所部分と幼稚園部分の財政分析をすることとする。

あまだのみや幼児園は、第1保育所と第1幼稚園を総称している。あさひ幼児園は第2保育所と第2幼稚園くらやま幼児園は、第3保育所と第3幼稚園を総称している。

(1) 交野市の公立保育所の収支について

交野市の保育所と幼稚園の充足率は、第1保育所の91.8%を除けば、残りの2園は100%を越えているが、幼稚園に関しては、63.3%から80.0%の間と充足率は低く、幼稚園の需要よりも保育所の需要が高いことがわかる(表4-28参照)。

交野市の公立保育所の収支報告は、『事務事業概要実績報告書』及び『歳入歳出決算報告書』より表4-29となる。収入は保育料のみ8,697万円、支出は

第4章 過疎地と都市部における幼保一体化施設の課題

表4-28 交野市立幼児園の定員と入所数（保育所・幼稚園別）

	あまだのみや幼児園		あさひ幼児園		くらやま幼児園	
定員	保育所(110)	幼稚園(60)	保育所(120)	幼稚園(60)	保育所(120)	幼稚園(60)
0歳	6	–	6	–	7	–
1歳	15	–	22	–	18	–
2歳	18	–	24	–	24	–
3歳	17	–	25	–	26	–
4歳	22	15	25	22	19	24
5歳	23	23	30	26	30	21
合計	101	38	132	48	124	45
充足率	91.8%	63.3%	110.0%	80.0%	103.3%	75.0%

（出所）大阪府交野市（2010）『交野市幼児園概要』より作成。

人件費（臨時職員を含める）3億3,035万4,000円、その他1億1,794万2,000円、合計4億4,829万6,000円となり、人件費が73.7％も占めている。保護者負担分は19.4％、市負担分が80.6％となり、国基準に対する市保育料の保護者負担割合は59.7％となる。

（2）交野市の公立幼稚園の財政収支

次に公立幼稚園の収支報告をみると、収入は入園料[62]19万5,000円、保育料1,145万8,000円、合計1,165万3,000円となる。支出は人件費6,960万4,000円、その他1,575万3,000円、合計8,535万7,000円となる。したがって、入園料を入れた保護者負担分は13.7％、市負担分は86.3％となる（表4-30参照）。

（3）子ども1人あたりのコスト

1人あたりのコストを『事務事業概要実績報告書 平成21年度』及び『歳入歳出決算報告書 平成21年度』、『交野市幼児園概要』より算出すると、表4-31となる。保育所は、0歳児が215万6,000円、1歳児が114万円、2歳児が108万8,000円、3歳児が75万9,000円、4歳児が61万5,000円、5歳児が69万円と

なり、子どもの年齢が低いほど保育士配置基準の影響で高くなる[63]。保育所に比べて幼稚園は61万6,000円と低く、幼稚園は1クラス35人までのため、幼稚園の充足率が高ければ、1人あたりのコストはさらに低くなる。

(4) あまだのみや幼児園からみえてくるもの

交野市は、保育所と幼稚園を開設した当初1972年度から幼保一体化施設を開

表4-29 交野市公立保育所の収支報告（2009年度）

(単位：千円)

収入項目	金　額
保育料	86,970
合　　計	86,970

支出項目	金　額
報酬	53,713
給料	139,947
職員手当等	72,443
共済費	34,803
賃金	83,161
報償費	1,470
旅費	272
需用費	41,448
役務費	1,515
委託料	10,603
使用料及び賃貸料	1,698
工事請負費	3,651
原材料費	24
備品購入費	3,210
負担金、補助及び交付金	338
合　　計	448,296

(出所) 大阪府交野市 (2011)『事務事業概要実績報告書　平成21年度』及び交野市 (2011)『歳入歳出決算報告書　平成21年度』より作成。

第4章 過疎地と都市部における幼保一体化施設の課題

所した所に特徴がある。第3章で先述した北須磨保育センターを手本とし、開所当時から幼保一体化施設であった点も、多聞台方式のような解体という結果に至らず現在までも運営されている由縁である。開所当時は大阪府より指導を受け、保育所と幼稚園の施設の区分を明確にし保育士と幼稚園教員免許の両方を持った者を採用、給与体系も同じとした点は、スムーズな運営をさらに後押しした。

保育所と幼稚園が一緒であるメリットとしては、異年齢交流と集団保育を可能にし、地域の子どもたちの就学前教育・保育を一元化することにより、スムーズな小学校への移行を促すこと言うまでもない。

表4-30　交野市第1幼稚園収支（2009年度）　　　　（単位：千円）

収入項目	金　額
入園料	195
保育料	11,458
合　計	11,653

支出項目	金　額
給料	34,310
職員手当等	16,818
共済費	8,416
賃金	10,060
報酬費	818
旅費	43
需用費	3,539
役務費	566
委託料	8,067
使用料及び賃貸料	1,675
原材料費	15
備品購入費	922
負担金、補助及び交付金	108
合　計	85,357

（出所）大阪府交野市（2011）『事務事業概要実績報告書　平成21年度』及び大阪府交野市（2011）『歳入歳出決算報告書　平成21年度』より作成。

表4-31　子ども1人あたりのコスト（2009年度）

	保育所	幼稚園
0歳児	2,156	－
1歳児	1,140	－
2歳児	1,088	－
3歳児	759	－
4歳児	615	616
5歳児	690	616

（出所）交野市（2010）『主要な施策の成果』より作成。

　保育所児と幼稚園児の両方いる4・5歳児の場合は、年齢ごとに保育士配置基準もしくは、幼稚園配置基準を満たしていれば、1名配置となる。しかし制度上、2つの施設に対する申請をしなければならないため、幼稚園教諭と保育士の各1名が必要となる。
　交野市は幼保一体化施設として保育所と幼稚園を運営しているが、幼稚園のみを考えると充足率が低いため、単体で事業を運営した場合、財政効率が悪い。幼稚園運営の継続の有無が問われ、統廃合される場合もありうる。女性の就労が増加し、保育需要が多い現在においては、公立の幼稚園の円滑な運営（人材の利用と財政の効率化）には、幼稚園と保育所を一体化した施設とする傾向が多い。
　交野市はその先行事例であるが、省庁の縦割りと制度の弊害は、現在もなお開所当時と同様であり変わらない。小泉政権が行った構造改革特区で、幼保一体化施設の運営は増加し、市町村の運営しやすい方法がとられつつあるが、地域の実情に応じた運営方法については、現場が試行錯誤して運営しており、財政面では何の変わりがなく国の制度は一向にして変革がない。つまり、2つの省庁による権限は、幼保一体化施設運営と今後の日本の就学前教育・保育の在り方に大きく横たわっている。

第4章　過疎地と都市部における幼保一体化施設の課題

3　東京都千代田区いずみこども園を事例として
　―年齢区分方式と「要保育」の緩和―

(1) 開所の背景

　東京都内の複合施設型幼保一体化施設として最初に開所を始めたのは、2002年千代田区いずみこども園である。いずみこども園は小学校、区民図書室、学童保育室などが同居する複合施設「千代田パークサイドプラザ」内に設置されている。

　1970年代後半、老朽化した区立佐久間小学校・幼稚園の改築に際して、かねてから保育所設置の要望が多く、保育所の建設が検討された。しかし、新規の公共施設用地の確保が困難であり、保育所建設地がみつからなかったため、施設の有効活用が考えられた。そこで1987年千代田パークサイドプラザが竣工した際に、区立佐久間幼稚園（3歳児より）と区立いずみ保育園（3歳未満児のみ）を併設[64]した。建物内に幼稚園と保育所の双方に必要な基準敷地面積が十分でなかったため、保育所は0歳児～2歳児、幼稚園は、3歳児～5歳児とした。3歳児になると全員が幼稚園児となり、家庭の就労状況に応じて保育時間を一般課程と長時間保育にわけて、選択できるよう「年齢区分方式」にした。

　「年齢区分方式」は、保育・教育現場の先駆的な事例として捉えられ、幼稚園の長時間保育への希望者が増加した。千代田区教育委員会事務局こども・教育部こども支援課（2008）[65]によれば、「年齢区分方式」の成果として、①施設の複合化により、給食の共同調理や園庭の共同利用、②幼児数の少ない地域でも、集団生活の中で人との関わりを持つ力を育成するために必要な一定の幼児の確保、③保護者の就労形態等が変化した場合、継続して幼稚園教育を受けられることをあげている。

　その反面、既存する文部科学省と厚生労働省の所管による制度上の違いにより、次の課題が浮上した。①年齢により幼稚園と保育所を区別しているため、一貫した方針に基づく継続した保育ができない、②法的な制約等から施設を分離した結果、職員や園児の交流が少なくなり、異年齢交流が進まない、③異なる制度の中で運営しているため、保育所と幼稚園の保育時間や保育料が異なり、一体的な運営ができない。

表4-32　千代田区いずみこども園開所の経緯

年　　月	設　　　　　置
1997年5月	「千代田区幼児教育の在り方検討会」の設置
1999年2月	「幼稚園・保育園の連携の在り方を考える懇談会」の設置
2001年4月	(仮称)こども園開設の検討を開始
2001年9月	(仮称)こども園開設準備委員会(委員長:企画部長)を設置 下部組織として「(仮称)こども園開設準備プロジェクトチーム」を設置
2001年11月	「こども園開設準備室」を設置、助役を室長とした
2001年12月	「いずみこども園開設準備協議会」を保護者代表者等が設置、「千代田区立こども園条例」を作成
2002年4月	幼保一元化施設「いずみこども園」を創設

(出所)　東京都千代田区教育委員会事務局こども・教育部こども支援課(2008)『千代田区方幼保一元施設いずみこども園』、p.2より作成。

　そこで1997年5月、幼保一体化の新たな幼児園(仮称)の創設を構想するために、現状の年齢区分方式の把握と制度上の比較をし、今後の課題等を検討するための「千代田区教育委員会のあり方検討会」を設置した。さらに表4-32のようにプロジェクト等を設置し、検討を進めた。
　1999年2月、保護者や学識経験者、公募区民等を構成員として「幼稚園・保育園の連携のあり方を考える懇談会」を設置し、幼稚園と保育園の連携のあり方を検討した。2001年4月以降は、「幼保一元化はすでに検討の段階でなく、実践の段階にきている。」[66]という石川区長のリーダーシップによりこども園(仮称)開設の検討を開始、同年9月こども園開設準備委員会を立ち上げ、プロジェクトチームを設置した。同年11月、助役を室長として「こども園開設準備室」を設置した。同年12月、保護者代表者等により「いずみこども園開設準備協議会」が設置され、準備を続け2002年4月いずみこども園が創設されるに至った。短期間での実施のスピードの速さは、1987年より「年齢区分方式」を導入し、検討を重ね、区長の強いリーダーシップ[67]によるものと考えられる。こども園については教育委員会事務局・こども教育部こども支援課が担当して

第4章　過疎地と都市部における幼保一体化施設の課題

いる。

(2) 年齢区分方式と「要保育」の緩和

いずみこども園の特徴は、2001年12月千代田区立こども園条例を制定[68]、一貫した乳幼児育成方針[69]、保育所入所要件「保育に欠ける」を緩和[70]し、区独自に「保育を必要とする」幼児の受け入れ「要保育」枠を設けたことである。この枠組みにより、0～2歳児のみ要保育児童の枠をつくり、ネグレクトや虐待に迅速に対応できるようにしていたのである。「要保育」枠は、0歳児3名、1歳児3名、2歳児1名を設けている。「要保育」枠に関しては、千代田区独自のものであるため、国と東京都からの補助対象とならない。したがって、該当乳幼児に対しては、区が単独で費用負担をしている。さらに保育時間5パターンの選択[71]、管理運営体制の一元化[72]を行っている（表4-33参照）。

こども園の所管は子育て推進室と教育委員会に属しており、幼稚園教諭は教育委員会、保育士は保健福祉部から辞令が出ている。園長と副園長は、兼務のため両方から辞令が出ている。こども園以前の和泉幼稚園の時代は、幼稚園の長時間保育と他の保育所で保育料の格差が出ていたが、現在は他の保育所と同じ時間を預けても保育料がほとんど変わらないように設定されている。

表4-33　いずみこども園の定員

	短時間児	長時間児		合計
		保育に欠ける	保育を要する	
0歳児	-	9	3	12
1歳児	-	12	3	15
2歳児	-	15	1	16
3歳児	15	20		35
4歳児	15	20		35
5歳児	15	20		35

（出所）東京都千代田区教育委員会事務局こども・教育部こども支援課（2008）前掲資料より作成。

（3） 5つの保育時間の選択肢

保育時間については、7：30～19：30迄5パターンある。7：30～8：40迄が早朝保育となり、短時間児と長時間児全員がいる時間をコアタイムといい、8：50～13：40迄をさす。その後、13：50～18：30までを通常保育時間といい、その後18：30～19：30迄を延長保育と呼んでいる。したがって、0～2歳児は長時間児の保育時間は、7：30～18：30（早朝保育＋通常保育）と7：30～19：30（早朝保育＋通常保育＋延長保育）と8：50～18：30（通常保育）と8：50～19：30（通常保育＋延長保育）の図4-11でいうと、A～Dの4つパターンの保育時間を選択することができる。

3～5歳児は、短時間児と長時間児にわかれている。短時間児は、コアタイムの8：50～13：40であるが、コアタイムより長く保育を受けたい場合は、通常保育の18：30迄可能となり通常の保育料＋預かり保育料を支払うこととなる。長時間児の場合は、先述した0～2歳児の4保育時間の中から選ぶことができる。

保育料については、0～2歳児は他の保育所の保育料と同じである。3～5歳児は短時間児・長時間児で分れている。表4-34をみると3～5歳児の短時間児は、他の公立幼稚園は毎月4,000円であるが、いずみこども園は、所得に応じた金額となっており、長時間児の所得階層（表4-35参照）と同じ区分となっている。保育料は、0～5,500円までで0円を含めると9段階の保育料となっている。3～5歳児の長時間児は、3～5歳児で所得階層ごとに統一した金額となっており、保育料と給食費の合算金額が、他の保育所の保育料の金額と同じになっている。つまり、他の保育所と合せていることになる。

（4） 異年齢交流が難しい施設による弊害（図4-12参照）

都市部のように土地が少なく狭い地域では、施設の有効活用が重要な視点となる。特に幼保一体化施設は0～5歳児の子どもの保育室の確保と職員（幼稚園教諭と保育士）配置は、短時間児と長時間児の交流や異年齢交流に大切な条件となる。

いずみこども園は、「千代田パークサイドプラザ」内にあり、こども園部分は、地下1階に調理室、1階に2～5歳の保育室、2階に0・1歳児の保育室

第4章　過疎地と都市部における幼保一体化施設の課題

がある。2歳児については、1階の玄関ホールの外側の端に保育室があるため、同じフロアーでも2歳児のみ別枠となり、他の年齢の子どもと会う機会は少ない。0・1歳児については、2階であるが、これは3～5歳児のフロアーから階段を使って歩くことはできず、2歳児の保育室外の階段をつたい上がる

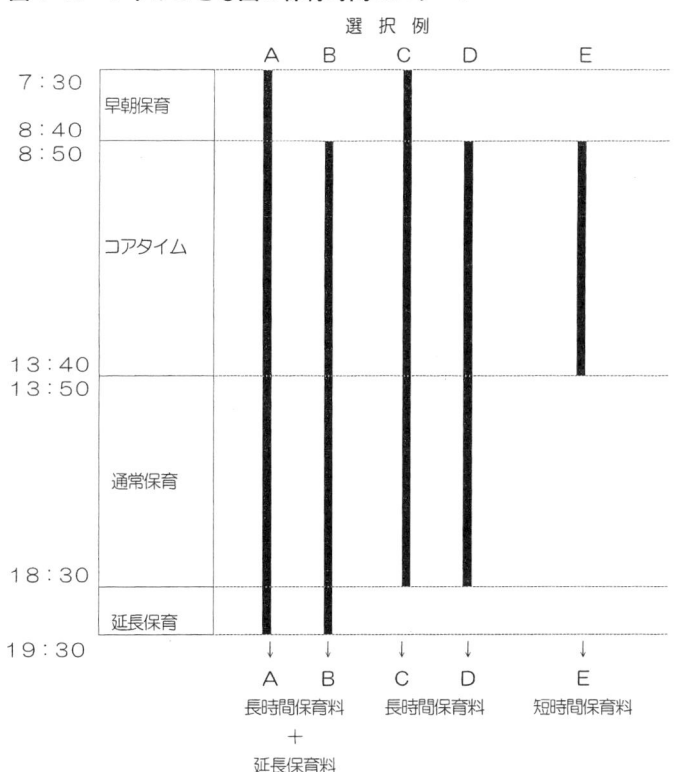

図4-11　いずみこども園の保育時間のパターン

＊1　8：40（8：50）から13：40（13：50）までは、統一した教育的活動を行う時間帯であり、必ず出席するコアタイムである。
＊2　Eを選択した園児が、選択時間より長く保育を受けた場合は、預かり保育として別途保育料を徴収する。
＊3　土曜日、夏季休業日、冬季休業日及び春季休業日は、Eを選択した園児は休業日となる。保育を受ける場合は預かり保育として、別途保育料を徴収する。
（出所）東京都千代田区教育委員会事務局こども・教育部こども支援課（2008）前掲資料、p.4。

表4-34　いずみこども園の3～5歳児の短時間保育児の保育料

区分		3～5歳児 保育料	3～5歳児 給食費	合計
生活保護世帯		0	4,000	4,000
前年分の所得税非課税世帯	前年度分区民税非課税世帯	0	4,000	4,000
	区民税均等割のみ	0	4,000	4,000
	区民税所得割7,000円未満	0	4,000	4,000
	区民税所得割7,000円以上	0	4,000	4,000
前年分の所得税課税世帯	所得税1,800円未満	0	4,000	4,000
	所得税10,501円未満	100	4,000	4,100
	所得税18,700円未満	1,100	4,000	5,100
	所得税37,500円未満	1,900	4,000	5,900
	所得税56,200円未満	2,800	4,000	6,800
	所得税75,000円未満	3,600	4,000	7,600
	所得税93,700円未満	4,300	4,000	8,300
	所得税127,500円未満	4,900	4,000	8,900
	所得税127,500円以上	5,500	4,000	9,500

（出所）東京都千代田区教育委員会事務局こども・教育部こども支援課（2008）前掲資料、p.5。

ことになっているため、交流は難しい。

　以上のように施設の都合上、フロアーが同じでも仕切られているため、2歳児は0・1歳児3～5歳児とも交流が難しい状況となり、0・1歳児については、フロアーが違い、構造上階段が他の年齢の子どもの保育室から行き来することができないため、異年齢交流は難しい。しかし、同じフロアーで保育室が近い3～5歳児は異年齢交流がしやすいようになっている。幼保一体化施設といっても、上記のように施設の構造上幼保一体施設の異年齢交流を活かすことが難しい場合もある。

第4章　過疎地と都市部における幼保一体化施設の課題

表4-35　いずみこども園における3～5歳児の長時間保育児の保育料

区分		3～5歳児 保育料	3～5歳児 給食費	合計
生活保護世帯		0	7,100	7,100
前年分の所得税非課税世帯	前年度分区民税　非課税世帯	0	7,100	7,100
	区民税均等割のみ	0	7,100	7,100
	区民税所得割7,000円未満	0	7,100	7,100
	区民税所得割7,000円以上	0	7,100	7,100
前年分の所得税課税世帯	所得税1,800円未満	0	7,100	7,100
	所得税10,501円未満	100	7,100	7,200
	所得税18,700円未満	2,100	7,100	9,200
	所得税37,500円未満	3,700	7,100	10,800
	所得税56,200円未満	5,500	7,100	12,600
	所得税75,000円未満	7,100	7,100	14,200
	所得税93,700円未満	8,600	7,100	15,700
	所得税127,500円未満	9,800	7,100	16,900
	所得税127,500円以上	10,900	7,100	18,000

(出所)　東京都千代田区教育委員会事務局こども・教育部こども支援課(2008)前掲資料、p.4。

(5) 幼稚園教諭と保育士の業務分担の違い

　幼稚園教諭と保育士の業務分担は、保育時間のシフトや内容、給与体系及び待遇が異なっている[73]。幼稚園教諭については、2000年度に都の職員から区の自治体職員へと変更[74]になった経緯があるため、幼稚園教諭の方が高い給与体系となっている。保育士は、残業手当がつくが、幼稚園教諭はつかないことも2つの職種を隔てているものの1である。幼稚園教諭は3～5歳児の短時間児がいる幼児教育の時間であるコアタイムには必ず保育をすることになっている。保育士は、0～2歳児の保育所児の保育及び3～5歳児の早朝保育→コア時間→通常保育→延長保育までの時間をシフト制で保育している。

　開所当初、幼稚園教諭は、コアタイムの時間だけの保育をしていたため、そ

図4-12 いずみこども園の施設

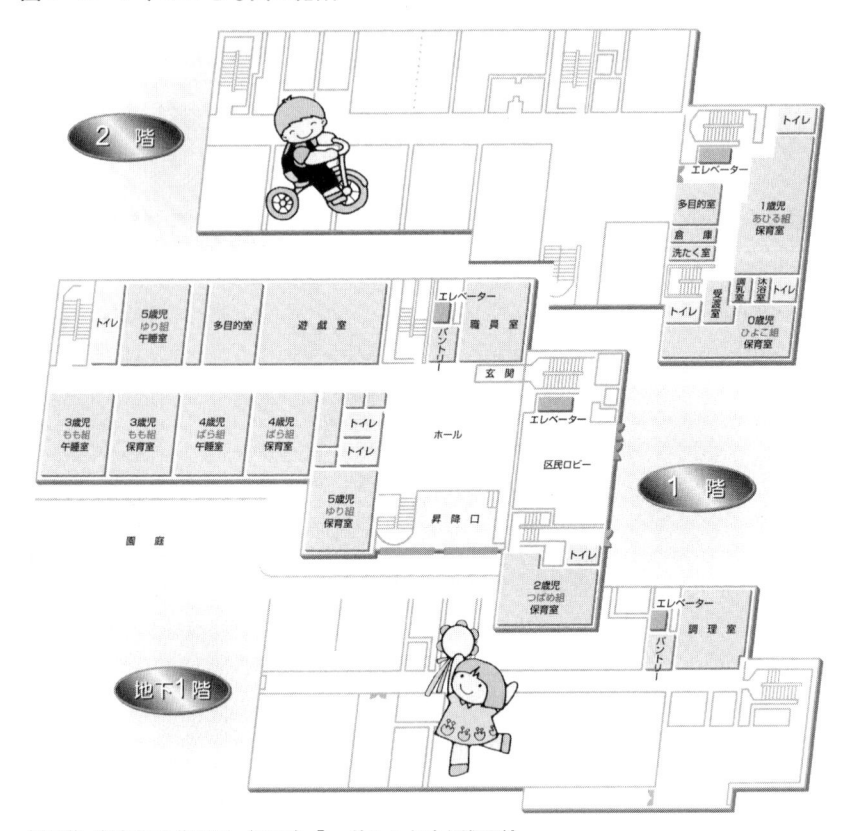

(出所)東京都千代田区(2010)『いずみこども園概要』。

れ以外を保育士が担当していたが、保育士の負担が多くなることになり、現在は、幼稚園教諭も早朝保育とコアタイムの時間までは保育をすることとなっている。

いずみこども園では、0〜2歳児の担任に保育士、3〜5歳児に幼稚園教諭が担任として配置されている。子どもたちが、乳児部から幼児部に移行がスムーズにいくように、2歳児に幼稚園教諭、3歳児に保育士を配置している。その理由としては、職員室が乳児部と幼児部の施設でわかれているため、同じ施設でありながら、子どもの成長を日々の保育でみることができない施設構造

第4章　過疎地と都市部における幼保一体化施設の課題

であるためである。

　都市部のように施設を第一に考えざるをえない地域では、このようなことは起こりやすく、特に複合施設であり、高階層の施設にみられがちなことである。幼保一体施設として利用することができるのかを施設面からも考え工夫することが、都市部には検討が必要である事例であるといえる。

（6）決算書ではひとつに記載されているこども園
　こども園の財政運営は、幼稚園と保育所でわかれているが、千代田区ではこども園は、それぞれ、幼稚園費と保育園費に分かれ、決算書では、他の公立幼稚所と保育所の費用と込々で出されている。そのため、幼稚園部分と保育所部分での費用を求めることはできない。したがっていずみこども園全体の費用について分析することとする。

　事務事業コスト状況調査（2007年度）をみると、歳入[75]歳出[76]は表4−36、4−37のようになる。歳入については、保育料3,083万8,000円と特定財源（一時保育、育休等代替要員補助金）39万7,000円の合計3,123万5,000円となる。歳出については、職員給与費（人件費）1億8,045万4,000円、事務運営費（運営費）7,148万8,000円、施設管理費（管理費）1,695万円となり、歳出合計2億6,888万2,000円となる。

　単純に子ども1人あたりの費用を算出すると、総コストは、202万2,000円、純コストは、約178万7,000円、約135万7,000円であった。人件費は、全体の67.1％[77]である[78]（表4−38参照）。

表4−36　いずみこども園の歳入（2007年度）
（単位：千円）

	詳　　細	合　計
特定財源	一時保育、育休等代替補助金	397
保育料		30,838
歳入合計		31,235

（出所）東京都千代田区（2008）『事務事業コスト状況調査　平成19年度』。

表4-37 いずみこども園の歳出（2007年度）

(単位：千円)

	詳　細		合　計
職員給与費			180,454
事務運営費			71,478
施設管理費	水道光熱費	6,681	16,950
	清掃費	2,571	
	保守管理運営費	6,023	
	維持補修等	1,675	
歳出合計			268,882

(出所) 東京都千代田区 (2008)『事務事業コスト状況調査 平成19年度』資料。

表4-38 いずみこども園の一人あたりのコスト等（2007年度）

(単位：千円)

コスト単位	(円)	負担率
一人あたりの総コスト	2,021,672	－
一人あたりの純コスト	1,786,820	－
一人あたりの職員費	1,356,799	－
保護者負担分	30,838	11.5%
区負担分	237,647	88.4%
都負担分	397	0.1%
人件費分	180,454	67.1%

(出所) 東京都千代田区 (2008)『各会計決算参考書』より作成、pp.48-243。

　次に負担割合をみると、保護者負担分は3,083万8,000円で11.5%、区負担分は2億3,764万7,000円で88.4%、都負担分[79]は39万7,000円で0.1%となった。したがって区の負担割合が約9割であり、ほとんど区の持ち出しで事業が運営されていることがわかる。

第 4 章　過疎地と都市部における幼保一体化施設の課題

（7）施設面と職員についての課題

　千代田区については、都心のため新規に公共施設の場所を確保することが難しいため、設置基準の問題で「年齢区分方式」が作られた。保育需要が多かったため、23区内でも早期から幼保一体化について取組み、2001年12月10日「千代田区立こども園条例」を作成し、1つの施設で継続的に乳幼児教育を行うという基本理念にたち、2010年に区内2番目となる富士見こども園も開所した。

　基本理念や理想像がある反面、実際の現場の保育士と幼稚園教諭の連携には、十分な配慮があるとはいいがたい。幼保一体化施設は、幼稚園教諭と保育士の連携が運営上大きな鍵となるにもかかわらず、シフト等は異なることを考えると、両者の本当の意味での連携と相互理解には繋がらない。2000年幼稚園教諭は都の職員ではなく、市区町村の職員となったわけであるが、その経緯と幼稚園教諭と保育士の初任給等の違い、園長は幼稚園教諭でないと行うことができないことも両者を大きく分けているものであるといえる。

　また敷地の関係から、乳児部と幼児部の施設がわかれており、幼保一体化施設でよくいわれる効果のひとつである異年齢交流が乳児部と幼児部で行うことが難しいというのが短所である。都内は、施設確保重視で幼保一体化施設が開所されることが多いため、理念があっても、施設の都合により運用が難しく、現場の創意工夫を要する。さらに、コア時間は必ず幼稚園教諭が保育するため、正規の保育士が4・5歳児の担当になれないこと等が保育士の不満[80]として出てきている。幼稚園教諭と保育士の任務分担や連携がどのような運用方法であれば、子ども、職員、保護者にとっていい方法であるのかを今後模索する必要がある。

　全国市長会社会文教部（2004）[81]によれば、課題として、「法的な制約等から施設を分離した結果、職員や園児の交流が少なくなり、特に異年齢間の交流が進まない。」と指摘している。

　東京都の幼稚園教諭と保育士の処遇の扱いが異なる以上、本当の意味での連携はむずかしのではないか。また、コアタイムの担当については、保育士も研修等を積み重ね担当することができるように、国と都と区が取り組み、本当の意味での幼保一元化に取り組む必要がある。

　評価できる点としてはいずみこども園の保育料設定が、基本方針として「応

能主義、時間対応、適応負担、公平性、区内の幼稚園・保育園との均衡」[82]を図り保育料を決めた点である。以前の和泉幼稚園時代の幼稚園児の長時間保育が、他の保育所の子どもの保育料と異なっていたが、この方針を基に保育料設定が他の保育所や幼稚園、預かり保育等の料金が改訂されほぼ同じとなった点である。また幼稚園の保護者が就労した場合、幼稚園の特別課程[83]の定員が空いていれば継続して同じ幼稚園で保育をうけられる点である。就労していても幼稚園で教育・保育が受けられる点も評価できる。

しかし、前述したように現場での幼稚園教諭と保育士の連携がどこまでとれるのか、統一した意思決定のもと教育・保育を子どもたちに提供することが出来るかが大きな争点である。

過疎地においては、両者の免許を持っているものを採用しているケースが多いが、東京都内では、片方の免許取得者を雇用しているケースも多いため、現在の現場にいる両者の運用について両免許をとれるようにする具体的な制度を国が作る必要がある。

4 東京都品川区「二葉すこやか園」と「のびっこ園台場」を事例として
　　―設置基準確保による「年齢区分型」と「幼保連携並列型」の運営方法の違いによる異年齢交流等幼保一体化の弊害―

(1) 待機児童解消のための開所

品川区は2011年度現在、4つの幼保一体化施設[84]を開所している。区は、急増する待機児童の解消をめざして、公立の空き教室を利用、改修して保育所の機能をプラスした幼保一体化施設を開所している。2002年9月品川区立二葉幼稚園の空き教室を回収して二葉つぼみ保育園を開所し、幼稚園と保育所を併設した二葉すこやか園を開所した。二葉すこやか園は、2005年総合施設モデル事業実施園に認定された。二葉すこやか園の保育の形式は、「年齢区分方式」と呼ばれ、0～3歳児を保育所児、4～5歳児を幼稚園児と年齢で区分している。

その後2008年10月、区長は2009年度より「緊急待機児童解消対策」を実施することを決めた。2009年10月に行われた決算特別委員会の区長の総括質疑の中で区長は「待機児童数が123名いるが、この傾向は数年がピークであり、ピー

第 4 章　過疎地と都市部における幼保一体化施設の課題

表 4 -39　品川区の待機児童対策の具体策

1．保育園の活用	・保育士を採用し、区立保育所19園で206人の定員拡大を実施 ・保育所を幼保一体化施設として整備し、平成22年度は 1 園で約60人の解消を図る ・通常の認可保育所入園の条件に満たない短時間保育を対象に「短時間就労型保育室」を区立保育所に増設し、10人の解消を図る
2．幼稚園の活用	・現在、私立幼稚園20園中 8 園で11時間の預かり保育を実施し、181人が利用 ・2010年度は、公・私立幼稚園における預かり保育を強化し、50人程度の解消の見込み
3．小学校の活用	・保育所年長児を、隣接の小学校の余裕教室で保育→ 5 歳児のいた保育室は 1 歳児等に活用し、大幅な待機児解消を行う（25人× 2 園として50人） ・品川区が進める子どもが小学校にスムーズに順応できるようにする「保幼小連携」の新しい形として実施し、学校給食も提供
4．認証保育所の開設	・ 2 カ所開設し、71人の解消

（出所）東京都品川区（2011）『事務事業概要　平成23年度版』より作成。

ク後の財政を圧迫しないような施策を行う必要がある。」と主張し、既存の施設や制度を活用し、待機児解消策を実施することとなった。具体策としては、保育所と幼稚園の活用と小学校の活用、認証保育所の開設があげられている。保育所の定員拡大や幼保一体化施設の整備、幼稚園での預かり保育の強化や小学校の空き教室の利用を行い、保育所の 1 歳児等の拡充を行うことをあげその具体策は表 4 -39の通りである。

　品川区における 4 つの幼保一体化施設の施設類型は年齢区分型と並列型の 2 つがある。年齢区分型は、二葉すこやか園（二葉つぼみ保育園・二葉幼稚園）と2006年 6 月開所の北品川すこやか園（北品川第二保育園・御殿山幼稚園）、並列型は、2010年 6 月開所のびっこ園台場（台場保育園・台場幼稚園）2011年 6 月開所の第一日野すこやか園（西五反田第二保育園・第一日野幼稚園）であ

る。
　同じ区内で2つの方式の幼保一体化施設で用いているのは、意図したわけではなく、施設の状況により2つの運営方法しかできなかったことが実情であり、前述した待機児童対策として、既存の施設を使用したためである。品川区の事例では、年齢区分型と幼保連携並列型の両者の運営方法等を比較することとする。

（2）施設面の問題からできた「年齢区分型」と「幼保連携並列型」の施設面の問題
　「年齢区分型」と「幼保連携並列型」の園舎をみてみると（図4-13〜4-15参照）二葉すこやか園は、品川区立幼稚園の空教室を改修して保育所にし、0

図4-13　二葉すこやか園園舎平面図

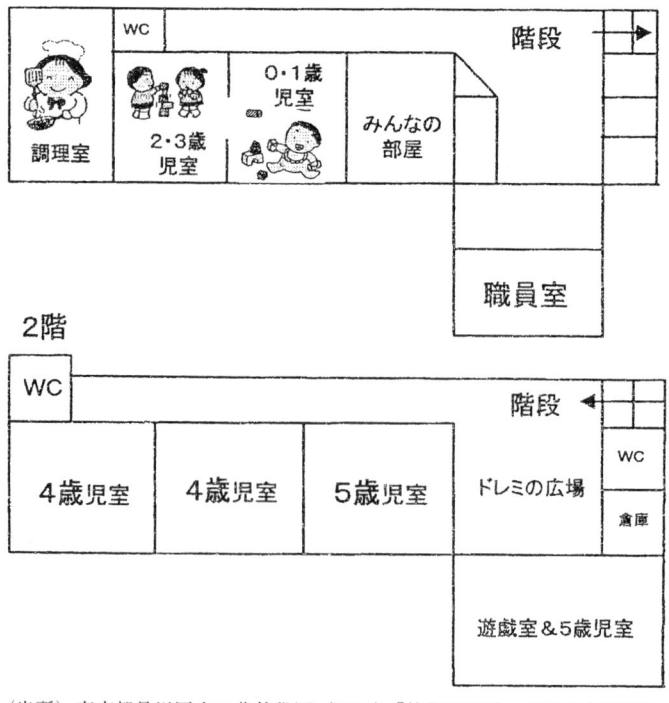

1階
| 調理室 | 2・3歳児室 | WC | 0・1歳児室 | みんなの部屋 | 階段 |

職員室

2階
| WC | 4歳児室 | 4歳児室 | 5歳児室 | ドレミの広場 | 階段 / WC / 倉庫 |

遊戯室&5歳児室

（出所）東京都品川区立二葉幼稚園（2011）『幼稚園要覧　平成23年度版』。

第4章　過疎地と都市部における幼保一体化施設の課題

図4-14　のびっこ園台場の園舎平面図（台場保育園）

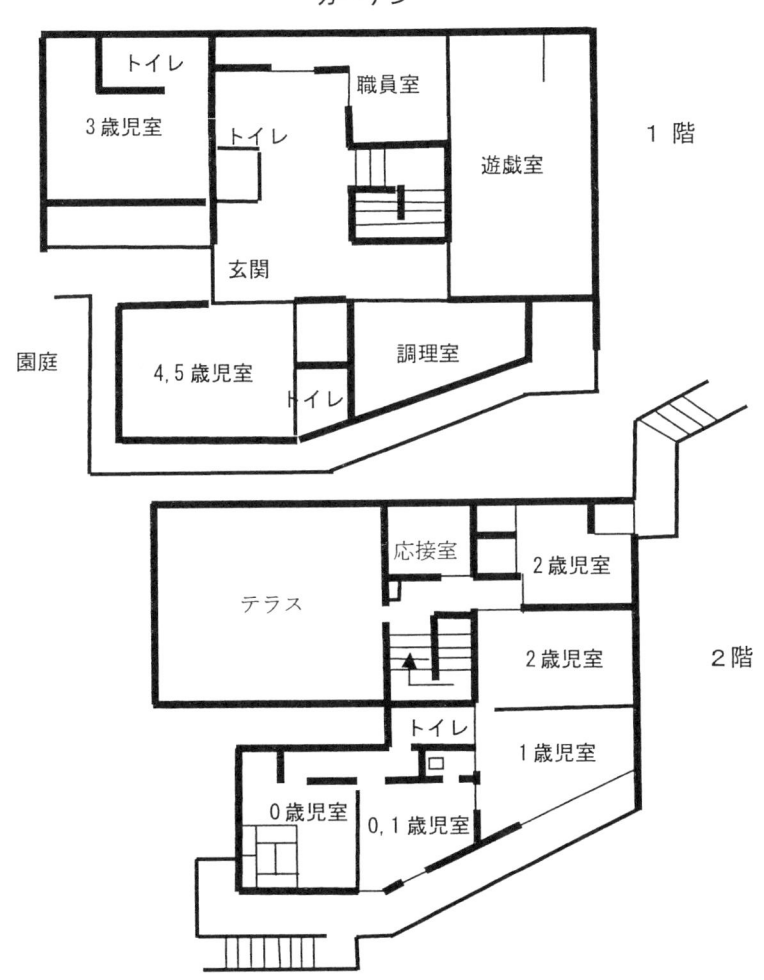

(出所) 東京都品川区 (2011)『のびっこ園台場台場保育園の概要　平成23年度版』。

〜3歳児を児童福祉法に基づく保育園（二葉つぼみ保育園）、4〜5歳児を学校教育法に基づく幼稚園（二葉幼稚園）として二つの園を品川区が統合した施設である。保育所を1階、幼稚園を2階とし、幼稚園児が預かり保育をする際

245

図4-15　のびっこ園台場の園舎平面図（台場幼稚園）

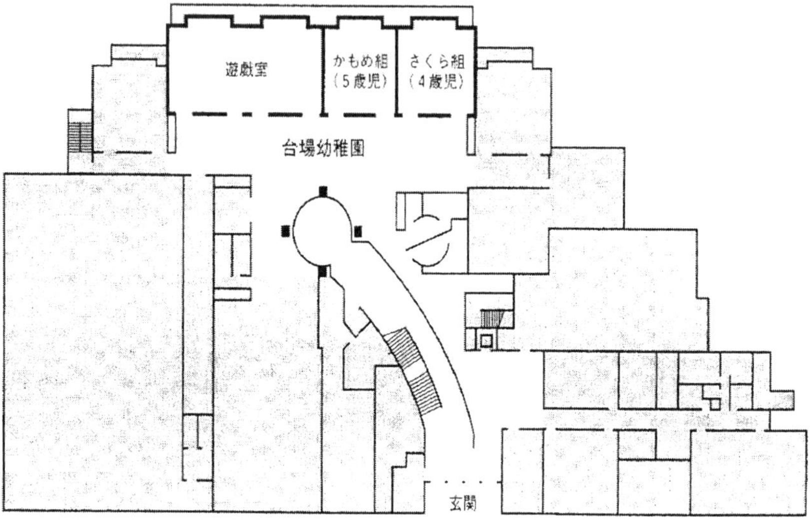

（出所）東京都品川区（2011）『台場幼稚園園の概要　平成23年度版』。

は、1階の預かり保育の部屋（みんなの部屋）に移動し保育をうける。

「年齢区分型」では、保育所の3歳児が4歳児に進級する際に、併設の幼稚園への入園を希望する場合は優先して入園することができる。幼稚園の預かり保育は、7：30〜19：30[85]（幼稚園の教育時間を除く）のため、母親が就労している場合でもそのまま二葉幼稚園へ行くことも可能である。

大谷（2006）[86]によれば、幼保総合施設には、幼稚園中心型、保育所中心型、統合型の3つがあるとした上で「二葉すこやか園は従来の幼稚園に保育所機能を追加し、短時間児が圧倒的に多く、長時間児が少ないことが特徴である。短時間児については、長期休暇期間中保育を受けることができないため、見直しの必要。」を指摘している。短時間児と長時間児の扱いについては大きな課題であり、保護者の幼稚園と保育所に対する認識と現場の考え方が反映されている。結局幼保一体化施設は、待機児童対策として政策の中に組みこまれているのである。

のびっこ園台場は、2006年に幼保一体化施設として開園した。開園当初は小学校の敷地内にある、保育所の1階に幼稚園、2階に保育所があり、二葉すこ

第 4 章　過疎地と都市部における幼保一体化施設の課題

やか園と同様に「年齢区分型」であった。2010年、台場幼稚園を併設の台場小学校の教室に移動し、台場保育所の4・5歳児クラスを新しく新設し、「幼保連携並行型」となった。「幼保連携並列型」となってから、台場保育園の4・5歳児は減少し、2011年度では4歳児5名、5歳児3名と非常に少ない。それに比べ台場幼稚園では、4歳児26名（充足率78.79％）、5歳児33名（充足率94.29％）と高いことがいえる。

　台場保育園（0～3歳児）利用者は、4歳になると台場幼稚園に就園する傾向が多い。こうした傾向は、品川区立幼稚園が預かり保育を7：30～19：30まで行っていることが幼稚園への就園を可能にしているといえる。しかし、台場保育園については、4・5歳児の人数が少ないため、集団保育が難しいのが抱えている問題である。したがって、幼稚園の園児と保育園の園児を幼稚園の教育課程の時間中、一緒に過ごすことも行っている。しかし、現状としては全く同じにすることはできないため、夏休み明けて少し落ち着いた頃等様子をみて合同にしている。

　2010年以降幼稚園が小学校の1階に移動してからは、幼稚園と保育所は建物も異なり、連携は少なくなった。例えば給食については、以前は幼稚園の子どもも保育所でつくる給食を食べていたがなくした。その理由としては、保育所の定員を増やしたために、保育所内で作成できる給食数に能力が足りなくなり、出せなくなった点ともう1つは給食の料金設定である。幼稚園における学校給食は固定数であるが、保育所は休んだ日の給食料金を漏らさない制度となっているため、両者を一緒にすると事務量が煩雑になるためであった。また幼稚園は給食費をとるが、保育所は給食料込の保育料であるため、金額設定が異なるためさらに両者を一緒にすることは事務が煩雑になり難しい。このように幼稚園と保育所では、給食費の負担方法や給食数が固定であるか否か学校教育法と児童福祉法制度上の壁が2つの機能を合同にすることを阻んでいるのである。

(3) 二葉すこやか園と公立幼稚園・公立保育所の運営費分析

　品川区の幼保一体化施設は、『主要施策の成果報告書』に支出面では、幼稚園部分と保育所部分が一緒に「幼保一体化施設」として記載され、収入面（保

育料等）は、他の幼稚園と他の保育所と一緒に記載されている。そのため歳入面については按分計算する部分もある。わかりやすくするために品川区が幼保一体化施設を最初に開所した「二葉すこやか園」のみの記載である2005年度決算を用い、二葉すこやか園、その他の公立幼稚園、公立保育所の運営費について分析することとする。

　二葉すこやか園については、幼稚園と保育所が両方一緒に記載されているため、幼稚園と保育所別ではなく、幼保合算の金額となる。他の公立幼稚園・公立保育所については、全体で記載されているため人数按分となるため概算となる。二葉すこやか園は、0～3歳児43名（保育所）、4・5歳児134名（幼稚園）と幼稚園児が多い一体化施設としての特徴をみることとする。

　二葉すこやか園の運営費等は、「教育費」の中の「幼稚園費」に「二葉幼保一元化施設費」として記載され、2005年度のみ職員給与費も含まれている。収入面の保育所保育料は「負担金」の中の「民生費負担金」―「保育園保育料」―「区立」に記載されている。延長保育については、「雑入」―「各種保育利用料」―「延長夜間保育」に記載されている。幼稚園の保育料は、「使用料」―「教育使用料」―「幼稚園保育料」として、預かり保育料は前述の延長保育料と同様に「各種保育利用料」―「預かり保育」に記載されている。収入面については、子どもの数にしたがって按分すると、二葉すこやか園の運営費は表4-40の通りである。

　幼稚園に関しては、幼稚園入園料、幼稚園保育料、預かり保育料合計1,402万2,000円である。保育所に関しては、保育料、延長保育で合計1,219万1,000円となり、収入合計が2,621万3,000円となる。支出に関しては、幼保一体化施設合計となり、1億1,525万4,000円となる。したがって8,904万1,000円が区負担となり、保護者負担割合22.7％、区負担77.3％、人件費比率は75.3％となった。

　品川区内の公立幼稚園（8園）については、390人園児が在籍している。収支については、収入が4,200万1,000円、支出が3億9,101万7,000円となり、保護者負担割合10.7％、区負担割合89.3％となる（表4-41参照）。

　公立保育所（37園）については3,084人が入所しており、収入は8億7,438万7,000円、支出合計73億8,284万9,000円、内人件費は65億6,044万2,000円[87]、

第4章　過疎地と都市部における幼保一体化施設の課題

表4-40　二葉すこやか園の収支（2005年度）
(単位：千円)

収入項目	金額
幼稚園入園料	134
幼稚園保育料	12,864
預かり保育料	1,024
保育料	11,576
延長保育	615
合　計	26,213

支出項目	金額
給与費	76,580
非常勤報酬費	10,206
給食調理台高等	26,435
教材費	2,033
合　計	115,254

(出所)　東京都品川区（2005）『主要な施策の成果報告書　平成17年度』より作成。

保護者負担割合11.8％、区負担割合88.2％となる。保護者負担割合と区負担割合は、公立幼稚園・保育所ともにあまり差異はない。

これは、預かり保育事業を利用している者が多いため保護者負担割合が保育所並みとなったためである（表4-42参照）。しかし、1人あたりのコストを算出すると、区立幼稚園は1人あたりの総コスト100万3,000円、純コスト89万5,000円に対し、公立保育所は1人あたりの総コスト239万4,000円、純コスト211万円と非常に多くの費用がかかっている（表4-43参照）。

それに対して、二葉すこやか園をみると[88]、1人あたりの総コスト65万1,000円、1人あたりの純コスト50万3,000円と公立幼稚園よりも低い費用であることがわかった。これは4・5歳児の幼稚園児に対しては35人に1人の保育者で

表4-41　品川区の公立幼稚園の収支(2005年度)

(単位：千円)

収入項目	金額
入園料	490
幼稚園保育料	37,416
預かり保育料	4,095
合　計	42,001

支出項目	金額
給与費	297,628
教材費	7,915
障害時対策費	14,633
幼稚園運営費	64,811
幼稚園保健費	6,030
合　計	391,017

(出所)　東京都品川区（2005）『主要な施策の成果報告書　平成17年度』より作成。

ある点と二葉すこやか園は、園児が134名と多く（4クラス）他の公立幼稚園の規模の2倍である。収容人数に対する保育者数と管理部分に関するものが少なくなることが影響として出ている。

　人件費は0～3歳児と低年齢児を扱っているため、保育士配置基準による影響が人件費に大きく影響があった。保護者負担割合が公立幼稚園・保育所よりもすこやか園が高く、約2倍のポイントである点は、幼稚園児による預かり保育事業の利用者数が二葉すこやか園177名のうち、134人と多いことが反映している。品川区では、幼稚園の預かり保育を19：30まで行っているため、4・5歳児の保護者は預かり保育を利用すれば保育所を利用しなくても済む場合もある。

第 4 章　過疎地と都市部における幼保一体化施設の課題

表 4 -42　品川区の公立保育所の収支（2005年度）　（単位：千円）

収入項目	金額
保育料	830,275
延長保育	44,112
合　　計	874,387

支出項目	金額
給与費	5,024,680
維持管理費	621,240
健康管理費	47,640
基本保育事業費（保育士臨時・産休代替含む）	1,535,762
特別保育	53,502
その他事業費	69,178
賄費システム等運用経費	18,063
事務費	12,784
合　　計	7,382,849

（出所）東京都品川区（2005）『主要な施策の成果報告書　平成17年度』より作成。

表 4 -43　品川区立幼稚園、保育所、二葉すこやか園の費用負担

区　分	公立幼稚園 8園 390人	公立保育所 37園 3,084人	二葉すこやか園 合築 幼134人、保43人
人件費の割合（％）	76.1%	88.9%	75.3%
保護者負担の割合（％）	10.7%	11.8%	22.7%
区負担の割合（％）	89.3%	88.2%	77.3%
1人あたりの総コスト（千円）	1,003	2,394	651
1人あたりの純コスト（千円）	895	2,110	503

（出所）品川区（2005）『主要な施策の成果報告書　平成17年度』より作成。

（4）職員数と人件費

　2000年度より、幼稚園教諭は都の職員から市区町村の職員となった。2005年度に幼稚園部門も保育課の管轄となったが、人事権は教育委員会のままである。したがって、幼稚園教諭と保育士の給与体系は異なる[89]。幼稚園教諭と保育士の勤務時間については、幼稚園教諭は、7:45〜16:45で、保育時間の9:00〜14:00までは担当するようになっている。保育士は、7:30〜22:00まで9シフトで組まれている。幼稚園教諭は、残業代が出ないが、保育士は出ることも違いのひとつであり、千代田区と同様である。

（5）設置基準確保による運営方式の違いからくる異年齢交流等幼保一体化施設の弊害

　品川区は二葉すこやか園開所の後、2006年6月に「のびっこ園台場」を「年齢区分型」で開所した後、2010年9月より「幼保連携並行型」へ方式を変更した。2010年6月「第一日野すこやか園」を品川区初の「幼保連携並列型」として導入、2011年6月「北品川すこやか園」を「年齢区分型」で運営している。このように同じ自治体内で運営方法がことなっている理由は、施設の広さの問題であり待機児童解消対策が前述した通り、既存の施設を利用する方法を主にとっているためである。つまり最低基準をみたす施設を作れるか、作れないかで「年齢区分型」と「幼保連携並列型」にわけられてしまうのである。両者の運営方法のどちらがよいのではなく、該当する運営方法をするにあたり、子どもへの配慮や保護者との信頼づくりや保育の方法の工夫が重要である。それぞれの運営方法の中で、品川区自体が幼保一体化施設をどのように運営し、就学前教育・保育の一元化をどう行うかが、これからの課題であるといえる。

　また品川区の待機児童対策を支えているのは、幼稚園の預かり保育を19:30までと遅くまで行っているため、幼稚園が4・5歳児の保育需要の受け皿になっているといえる。しかし、幼稚園児は給食を出さない等、幼保一体化施設といえども課題は大きく、施設により運営方法が異なることは、現場の職員に工夫を担わせており、区として就学前教育・保育の一元化や子どもの教育に対する平等という考えを今後どのように展開していくかが課題となる。その反面で、幼稚園の預かり保育事業が施設全体の費用を抑制し、財政削減には貢献している事例である。

第4章　過疎地と都市部における幼保一体化施設の課題

第3節　小括―過疎地と都市部の違い

　本章では、幼保一体化施設の事例を過疎地と都市部にわけ、開所年順に事例を財政分析した。自治体により、決算書や収支報告書の作成方法が異なるため、特に都市部においては分析できる内容に限りがある[90]のが実情であるが、財政の縦割りについては、過疎地と同様である。
　過疎地は、急速な少子化による公立幼稚園の充足率低下と乳幼児の保育需要により、既存の施設を統合し、子どもと職員を集約し幼保一体化施設とするケースが多い。過疎地は都市部と異なり、民間の施設がない、もしくは民間の施設の参入が難しため、幼保一体化施設にすること＝公立幼稚園を残すことを意味する。幼保一体化施設の場所は、山中地域の過疎地では通園バス等である程度の時間で往復することができる場所、もしくは既存の施設（幼稚園と保育所）の中間地点に設置し、地域住民の住居の関係を考慮している。
　また幼保一体化施設は、新規の施設を整備する場合と既存の公共施設[91]を改築する場合があり、既存の公共施設の改築は、新規整備よりも費用を大幅に削減できる。施設の再利用については福島県鮫川村の場合、地域再生計画10402号「公共施設を転用する事業へのリニューアル債の措置」10801号「補助金で整備された公立学校の廃校校舎等の転用の弾力化」を利用し、既存の施設の利用によりリニューアル債を発行し、さらに廃校校舎を利用しても既に受けた国庫補助を返却しない2つの利点を利用したケースである。
　過疎地域は、施設を一体化することにより子どもを集約し、幼稚園と保育所の両方の機能を可能にし、住民のニーズに応えている。施設を統合することは、幼稚園教諭や保育士を分散から集約という形をとり、財政の効率化を図ることも目的の一つにあげられるが、実際の所は、財政の効率化には直結していないこともわかった。職員が集約されれば、現在の多様な保育ニーズに対応するための職員も確保され、長時間保育や地域の子育て支援センターの役割も担え、子どもの教育・保育、子育て支援全般を幼保一体化施設で担える。
　さらに、地域の子どもの中で幼保一体化施設を利用していない子ども[92]に対するケアについても、幼保一体化施設の職員で把握し、その子どもの入所を促

すことができる。したがって施設により、分断されずに1つの施設で総合的な子育て支援施設としての機能が可能となり、地域貢献を果たす役割を担うことができるのである。

　財政の効率化を図る場合には、既存の施設が幼稚園のみであれば、保育所機能を新たに追加[93]するため、むしろ費用はかかる。既存の施設が保育所の場合は、幼稚園機能を追加してもあまり費用は加算されないこともわかった。幼稚園教諭と保育士のについても、両方の資格をもっている者が多く、両者の待遇や給与が一緒[94]であるため、連携が取れていることは、運営がスムーズとなり大いに評価できる。幼稚園と保育所の縦割りは、国の制度として残っているが、現場の工夫次第で可能となることがわかった。

　都市部は、行政規模が大きいため1つの施設の収支報告書を作成していないもしくは、情報公開されていない場合と決算書にも個別の施設ではなく、公立幼稚園と公立保育所に含まれているケースが多い。そのため、1つの施設の詳細な財政分析をするには限界があり、幼保一体化施設全体の財政分析となる。しかし保育所と幼稚園の財政の縦割りは、過疎地と同様のシステムである。都市部では、待機児童解消のために公立幼稚園や公立小学校の空き教室を利用して、保育施設を開所し、公立幼稚園で預かり保育を遅くまで[95]行い、保育所の補完的な役割を代替している。しかし幼稚園は、乳幼児の保育需要を補完することはできないため、0～3歳児の保育需要にどのように応えていくかが大きな課題となる。

　幼保一体化施設といっても、施設の場所の確保が重要なため、待機児童対策のための施設利用が大きな目的でもある。したがって同じ市区町村内で、幼保一体化施設の運営内容が、品川区のように「年齢区分型」と「幼保連携並列型」のように異なるケースもある。これは、幼稚園と保育所の施設基準によるもので、都市部による設置基準の確保の難しさが大きな壁であることもわかった。建物の構造上、異年齢交流が難しく、幼保連携並列型でも幼稚園と保育所が分断されているケースもあるため、幼保一体化施設の本来の子どもの教育・保育を平等で行うという目的意識をいかに実践できるかが今後の課題となる。

　都市部における幼稚園教諭と保育士は別採用であり、幼稚園教諭は教育委員会、保育士は役所の区長部局（市長部局）に属しているケースが多く、片方の

第 4 章　過疎地と都市部における幼保一体化施設の課題

免許しか持っていない者も多い。処遇が異なるため、勤務時間や研修・研究の有無等[96]により、両者の連携を阻害している原因となり、シフトやその他の運営を円滑に行うための連携が取りにくい部分も多い。特に東京都は、2000年度まで幼稚園教諭は東京都の職員であった経緯があり、市区町村の職員である保育士と東京都の職員であった幼稚園教諭との乖離の一つの要因である。幼保一体化施設は、現場の職員同士の連携と協力、工夫により運営され、その役割である就学前教育・保育の一元化の実現と異年齢交流、地域の子育て支援センターとしての役割を担っている。今後は、幼稚園教諭と保育士の処遇について、市区町村のみでなく国として検討する必要がある。

　都市部における幼保一体化施設の運営については、過疎地よりも地域性や地域のコミュニティによる関わりが少ないため、「地域の子ども」というよりも、「個人の所有物である子ども」という意識が高い。短時間保育と長時間保育の保護者の中で「地域の子育て支援」、「就学前教育・保育の一元化」としての幼保一体化施設に対する理解を保護者に対してどう深め信頼を得るかも重要な課題である。

　いずれにせよ、本研究で取り上げた事例については、公立幼稚園や公立保育所の廃止もしくは、民間委託ではなく、財政面で補助金・債権等の工夫により幼保一体化施設を開設し、公立幼稚園と公立保育所の存続を維持したことを評価しなければならない。

　2004年三位一体の改革後、公立保育所は民間委託が進んでいる中、このような幼保一体化施設が示したモデルケースは有効であり日本の公共の就学前教育・保育の一元化の重要な要の1つである。

1) 　森田明美（2000）pp. 68 - 144。
2) 　手塚崇子（2010）「過疎地における幼保一体化施設の財政分析―和歌山県白浜町幼保一元化施設白浜幼児園を事例として」日本保育学会『保育学研究』第48巻第2号、pp. 119 - 130。
3) 　手塚崇子（2010）「旧公立幼稚園と幼保一体化施設の財政比較―群馬県六合村「六合こども園」を事例として」日本乳幼児教育学会『乳幼児教育学研究』第19号、pp. 121 - 132。
4) 　過疎地域対策法の特別措置は、①産業の振興、②交通通信体系の整備、③情報化並びに地域間交流の促進、④高齢者等の保健及び福祉の向上及び増進等、幅広い範囲に及んで

5) 実際の所は三位一体の改革後、補助金が廃止されたため後者となった。
6) 六合村は2010年3月28日に、隣町の中之条町と合併し、現在は中之条町である。
7) 広域保育は、広域受託保育といわれ、他の自治体の保育所に空きがある場合、保育を受け入れてくれる制度である。こども園ができる前は、六合村に保育所がなかったため、保育所利用希望者は広域保育制度を利用し、隣町の草津町保育所を利用していた。
8) 両施設を包含する新たな施設として六合こども園を位置づけた。
9) この条例は、「保育に欠ける」という保育所要件を緩和し、村単独基準として「保育を必要とする」村単独条例として加えたのである。
10) 「幼稚園における幼稚園児および保育所児等の合同活動事業」(特区807) と「保育所における保育所児及び幼稚園児等の合同活動事業」(特区914) をさす。
11) 「保育の実施に係る事務の教育委員会への委任事業」(特区916) をさす。
12) 「公立保育所における給食の外部搬入方式の容認事業」(特区920) をさし、「くにっこニコニコ給食特区」と呼ばれている。給食については開所当初、臨時の調理員1名が園内の調理室で調理を行い、食事を提供していた。2007年度より外部委託となり、村内の学校給食センターで調理されたものが搬入され、園内の調理室で配膳されるようになった。給食の外部委託については、こども園では、調理室での調理を希望していたが、財政削減の折に、委託となった経緯がある。
13) 東京都内の幼保一体化施設では、幼稚園教諭と保育士の片方の資格の者もおり、両資格を有していても採用時の区分により、給与体系と待遇が異なるため、両資格間の連携 (勤務時間や、勤務内容) を阻害している場合もある。幼稚園教諭は園長となることができるが、保育士は福祉職のため管理職につくことができないことも幼保の資格による格差である。また幼稚園教諭は、以前都の職員であったことも給与等の格差を生んでいる要因である。
14) 六合村では、県等への報告や予算の関係上、書類上幼稚園教諭、保育園保育士にわけている。
15) ラスパイレス指数は、国家公務員の平均給与額を100とした場合の指標である。2009年度の六合村の初任給は、大卒が17万2,200円、短卒が15万5,700円、高卒が14万4,500円である。
16) 六合こども園を開設するために必要な建設費と施設費を整備費用という。
17) 群馬県六合村教育委員会 (2007)『構造改革特区と幼保一体化施設六合こども園』。
18) 過疎地域の市町村は財政が脆弱であり、自立促進のための事業を特に行う必要があるため特別の地方債の発行が認められ、その発行をもってその財源とすることができる。

第4章　過疎地と都市部における幼保一体化施設の課題

（過疎法第12条）さらに将来の財政負担を軽減することを目的として、元利償還に要する経費については、該当元利償還金の70％を地方交付税の基準財政需要額に算入することとしている。
19) 県内の木材を使用する目的のための補助であり、社会福祉法人施設と学校法人を対象にした補助金である。
20) 60人定員のための保育所本体費用が6,900万円、低年齢児のための費用が540万円である。
21) 建設費の国庫負担額については、過疎法による施策である財政上の特別措置が適用され（第10条）、公立保育所の新設の場合は、通常1／2の補助率がかさ上げされ、5.5／10となる。但し、この過疎法10条に関しては、2006年度より廃止され、施設整備事業として一般財源化されているため、地方交付税の基準財政需要額に100％算入されることとなった。
22) 60人定員のための初年度整備費が258万円、大型遊具が350万円が該当する。
23) 総コストは、1年間にその事業にかかった費用である。
24) 純コストは、1年間にその事業にかかった費用から、収入（保育料）を差し引いた金額である。（本来は、減価償却費と退職給与引当金も差し引く金額にいれるが、本稿では六合村が公会計制度を導入していないため、差し引く金額は保育料のみとした。）
25) 公立幼稚園の運営費については、補助金は無く、自治体の地方交付税を算定する際の基準財政需要額の算定の際に組み入れられる。地方交付税とは、自治体が一定の事業を行う際の行政水準を保つために行われる財政保障と財政調整の2つの役割を果たすものである。例えば、地方圏では人口1人あたりの人口密度が少ないため、需要額が大きく、収入額が少ないため、地方交付税が交付されることを財政調整機能という。
26) 保護者負担の保育料は、国基準の保育料をもとに六合村が作成しているものである。保護者の保育料負担分（3名分）は、県補助3,000円（毎月）を除き、毎月5万6,260円となり、1年間67万5,120円となる。
27) 国負担金、県負担金、県保育料補助は、一度六合村に入る。その後、六合村負担分と保護者の保育料負担分を合算、六合村から草津町へ支払われる仕組である。
28) 国庫負担金は保育運営事業に関する運営費費用に対する国の補助金である。運営費とは、児童福祉法第50条6号の2「保育の実施のために要する費用」をさす。この保育運営費の補助については、2004年度の三位一体改革により、補助金が廃止となり、一般財源化され、地方交付税の基準財政需要額に算入されることとなった。
29) 私費負担である保育料を除いたものである。
30) 拙著（2010）「過疎地における幼保一体化施設の財政分析―和歌山県白浜町「幼保一元化施設白浜幼児園」を事例として―」、pp.119-130より抜粋。

31) 白浜町では、白浜幼児園を「幼保一元化施設」と呼んでいる。しかし制度上は一元化ではないため、本来は「幼保一体化施設」である。
32) 白浜第一保育園と白浜第一幼稚園は、道を1本隔てた場所に開所されていたため、両園は交流等を行っていた。
33) 和歌山県白浜町（2009）『行政視察（幼保一元化）』、p.7。
34) 旧幼稚園の土地については、住居16区画を白浜町が販売、うち2009年度8月時点で10区画が販売済みである。
35) 白浜町内の公立しらとり保育園では1975〜1980年の間、断続的に乳幼児保育を行っていたが継続的に行うのは初めてであった。
36) 特区事業の名称は幼稚園における幼稚園児および保育所児等の合同活動事業（特区807）、保育所における保育所児及び幼稚園児等の合同活動事業（特区914）である。
37) 保育所の申請は2階の0歳児3歳児クラスがすべて該当する。
38) 和歌山県白浜町（2009）『白浜町の給与・定員管理等について』、pp.1-2。
39) 和歌山県の大学卒の一般行政職の初任給は、17万7,012円、教員職は19万7,703円である。
40) 和歌山県白浜町（2009）『行政視察（幼保一元化）』、p.11。
41) 和歌山県白浜町（2009）『白浜第一幼稚園収支計算書』、p.1。
42) 和歌山県白浜町（2009）『白浜保育園収支計算書』、p.1。
43) 保育園の保育料は所得階層別となっているが、ここでは単純に子どもの数で按分し、平均を求めた。
44) 白浜町役場に資料を依頼し、役場が作成した、保育財政に関する資料による。
45) 和歌山県白浜町（2009）『白浜幼児園要覧　平成20年度』、p.3、6と和歌山県白浜町（2009）『収支計算書　平成20年度』を利用し算出した。
46) 和歌山県白浜町（2009）『白浜第一幼稚園・白浜保育園収支計算書』及び、和歌山県白浜町（2009）『普通交付税、地方特例交付金等及び臨時財政対策債発行可能額算出資料　平成20年度』により作成した。
47) つまり国基準保育料に対しての町の負担割合が23.9％と低いのである。
48) 地方交付税は、財政保障と財政調整の2つの役割を果たす。財政保障は、国が全国に画一的に実施すべきと考える行政に必要な一般財源（必要経費から特定財源としての補助金は控除される）を保障する仕組みである。財源調整は、必要な財源を基準財政需要額に算入する仕組みとなっている。基準財政需要額―基準財政収入額（地方税収入の75％）の差額が交付される（地方圏では人口1人あたりの人口密度が少ないため、需要額が大きく、収入額が少ないため、需要額が大きく、収入額が少ないため、地方交付税が交付され

第 4 章　過疎地と都市部における幼保一体化施設の課題

る。）これを財政調整機能という。
49)　鮫川村（2010）「鮫川村調査」による
50)　野津牧・青砥ハツ子編（2008）。
51)　幼稚園・保育園の長（各施設長）と次長および教頭の 6 名。
52)　預かり保育は、月額2,000円、長期休み期間中は、2,000円と 1 日につき200円と給食費 1 日200円の料金となる。
53)　国庫補助金は、国基準の保育運営費の 1 ／ 2 、県補助金はその 1 ／ 4 となっていた。2004年の三位一体の改革により、公立保育所運営費の国庫補助金は廃止され、地方交付税の基準財政需要額に算入されることとなった。現在は、公立を除く民営保育所のみが運営費の補助がある仕組みへと変わったのである。
54)　幼稚園は、 1 クラス35名となっている。
55)　保育料と入園料を含んだ金額を保護者負担とした。
56)　保育園の 4 歳児はこども30人に保育士 1 人配置であるが、幼稚園の場合は 1 クラス35人である。
57)　管理職手当の削減等が該当する。
58)　小学校の施設に対する補助金である。
59)　幼稚園での給食が開始されたため、幼稚園児に対しては給食費を徴収するため、幼稚園での収入としては、給食費が加算されるようになった。
60)　認証保育所制度については、第 2 章第 2 節にて説明。
61)　第 2 章で前述したように幼稚園振興計画により、公立小学校に併設した形で公立幼稚園が設置された。
62)　公立幼稚園の入園料は一人2,500円である。（1997年度改定）
63)　 5 歳児については、 4 歳児よりも入所者が少なかったため、金額が高くなった。
64)　小学校・幼稚園・保育園・温水プール・図書館・児童館的機能が入る複合施設である。
65)　千代田区教育委員会事務局こども・教育部こども支援課（2008）［60］『千代田区方幼保一元施設いずみこども園』。
66)　安藤裕（2003）p.26。
67)　「幼保一元化」については、石川区長の選挙公約『千代田区新世紀構想』に記載されていた点で影響力も大きかったといえる。
68)　千代田区は、千代田区立こども園条例を制定、幼稚園・保育園を包含する新しい乳幼児育成施設として位置づけた。
69)　この方針は、保育所保育指針と幼稚園教育要領を基に、 0 ～ 5 歳児までの一貫した方針づくりを行い小学校へつなげる。

70) こども園の検討過程では、認可にこだわらず「保育に欠ける」を撤廃し、将来的には保育士と幼稚園教諭を統一した職種を新設するなどの一元化も考えられていた。しかし、東京都子育て支援課による「保育に欠ける」の条件を撤廃した園には認可はだせないという見解により、入所要件の緩和を断念し、幼保別々の認可をとることとなったのである。つまり「保育に欠ける」としないと保育需要が増えることを恐れた東京都の判断であるともえる。
71) 保育時間のパターンは、早朝保育、コアタイム、午後の通常保育、延長保育を組み合わせた5パターンである
72) 管理運営体制は、1人の園長のもと幼稚園教諭と保育士が専門性を生かし、一体となって運営する。
73) 東京都内は、幼稚園教諭と保育士の待遇が異なるが、東京都以外の市町村については、両者の給与体系を同じである市町村もある。(前述した、群馬県六合村や福島県鮫川村、があてはまる。)
74) 2000年度までは、幼稚園教諭の給与は、都から支給されていた。
75) 歳入については、その他の使用料他(課外クラブ徴収金)を含めていない。
76) 歳出については、減価償却費を含めていない。
77) 事務運営費に臨時職員の人件費が含まれているため、人件費の割合が他の市区町村よりも低い割合となっている。
78) 人件費については、こどもの年令が低いほど、保育士の配置基準が大きいため、コストがかかるが、この場合は、年齢ごとの給与費が出なかった。そのため、人件費の割合は、こどもの年令に関係なく、平均となる。
79) 2004年度の三位一体の改革により、保育所運営費の国庫負担金と県負担金は廃止、一般財源化され、地方交付税の基準財政基準額に算入されることとなったため、都の補助金は、一時保育や育児休業の代替要員費用等のみとなった。
80) 東京都千代田区 (2006) p.112。
81) 全国市長会社会文教部 (2004)「幼保一元化を見越した先行事例」『市政』、第53巻第7号、pp.40-51。
82) 東京都千代田区 (2006) 前掲資料、pp.121-122。
83) 幼稚園の特別課程とは、預かり保育をさす。
84) 4つの幼保一体化施設の他に公設民営の幼保一体化施設プリスクール西五反田があるが、ここでは公設公営をあげることとする。
85) 他の区立幼稚園の預かり保育は、17:00までであるため、品川区では、長い時間預かりの保育をしていることとなり、保育所の補完作用となっている。私立幼稚園について

第4章　過疎地と都市部における幼保一体化施設の課題

は、18：30まで行っている。
86）　大谷由紀子（2006）pp. 81。
87）　この場合の人件費は、給与費と基本保育事業費を合算したものをさす。
88）　区の公表資料上は、幼稚園と保育所利用者の平均値しか出せない。
89）　2012年度採用予定の幼稚園教諭の初任給は、短大卒が175,700円、大学卒が193,000円、保育士の初任給は短大卒185,600円であり、大卒の規定はない。
90）　過疎地は、施設ごとの収支報告書を作成している場合が多いが、都市部は、幼稚園と保育所部分が込々で計算されていることが多いため、その場合は幼稚園部分と保育所部分にわけて分析することができない。
91）　鮫川村の場合は、廃校になった小学校を利用した。
92）　ネグレクトや虐待等が含まれる。
93）　乳幼児保育のための施設整備や保育士の配置基準があるため、幼稚園よりも費用がかかる。
94）　幼稚園教諭は教員職、保育士は一般職であるが、両者の給与は同額にし、教育委員会ではなく役所の職員と同じ給与体系にしている市町村や、採用の時から両者を同様の処遇にしている市町村が多い。
95）　品川区では、全ての幼稚園で預かり保育を短くて18：30まで、一番遅い所では、22：00まで行っており、保育所の補完的な役割を担っている。
96）　幼稚園教諭と保育士では、属する研究会や研修会が異なる。幼稚園教諭には、研究や研修を他よりも行っているという自負があり、両者の歩みよりは、研究と研修の平等につながる。先駆的事例でとりあげた北須磨保育センターの「保育一元化」の3つの理念の中の幼稚園教諭と保育士の研究・研修の平等と確保の権利がそれに値する。

終章

日本の就学前教育・保育の現状と課題

第1節　日本の幼保一元化

　1990年代から始まった幼稚園と保育所の共用化を発端に、2003年に始まった小泉政権下における構造改革特区において、幼保一体化施設の開所は少しずつ増加していった。幼保一体化施設の開所は、過疎地域の主なニーズに対応することを可能にし、都市部の待機児童対策としての役割も一部担うようになってきている。

1　幼保一元化の重要性

　幼保一体化施設の開所については、親の就労にかかわりなく子どもに同じ教育・保育を受ける権利と女性の就労支援の一環としての視点、地方財政の悪化による効率化の視点があげられる。しかしその背景には、現代の急速な少子化や幼稚園の充足率の低下、老朽化した施設の統廃合、公立小学校や公立幼稚園の空き教室の再利用等のとりまく事情があげられる。

　この現代の状況下において、幼保一体化施設の開所が広がっているが、本来就学前教育・保育を日本がどのようにしていくのかが重要な課題となる。日本では、就学前教育・保育は義務教育ではないため軽視され、幼稚園と保育所、省庁は文部省（現在の文部科学省）と厚生省（現在の厚生労働省）と二元化されていたため、両省の軋轢が強かった歴史的経緯がある。それは日本の社会保障に対する子育てに関わる財政支出、文部科学省の幼児教育費に対する費用を見れば一目瞭然である。しかし、就学前教育・保育は、小学校から始まる義務教育の導入基盤となる重要な時期であることは言うまでもない。日本でも近年、幼稚園と小学校の連携が図られるようになってきており、学校同士の連携は始まりつつあるも、保育と小学校の連携は幼稚園よりもとられていないケースもある。

　世界の主流からすれば、子どもは次世代を担う重要な人材であり、「子どもは社会で育てる」という概念が、OECD 諸国をはじめとする北欧諸国が出生率の上昇や人的投資を行っており、女性の労働力を活用している国が、公共財として子どもに対する Education and Care を行っている。

終章　日本の就学前教育・保育の現状と課題

　近年日本でも「子どもは社会で育てる」というスローガンを掲げる場合もあるが、我が国の子育て支援施策は、就労条件の緩和等は行われず、急激な人口減少と女性の就労による保育需要対策が主で、長時間保育や多様な保育を効率的に提供するという観点から行われていることが多い。子育て、男女の就労支援、家族政策と包括的な政策ではなく、個々の政策のみが主張され、リンクされていないため効果は見い出せていない。子どもを人的資源と捉え、包括的な政策と財政支援が必要とされる。

　OECD（2006）[1]では、乳幼児の保育をECEC[2]と呼び、「ECECを行うことが女性支援への参加を保障するだけではなく、乳幼児期の発達が人間の学習と発達の基礎形成段階であると捉えている。親やコミュニティを支え、社会面雇用面の効果的な対策がされる場合には、乳幼児のプログラムをつくることが、すべての子どもが人生を公平にスタートするのに役立ち、教育の平等と社会的統合に寄与する。」と述べている。

　OECDは、0～6歳を対象とする乳幼児サービスの統合を強化するために、①中央レベルでの協調的な政策枠組み、②主管省庁の指定、③中央レベルと地方分権レベルの協調、④改革への協調的参加アプローチ、⑤地方レベルサービス・専門家・親の連携をあげている。

　①中央レベルでの協調的な政策枠組みについては、日本の中央と地方の関係は、長い間上下関係のもとで行われ、国は財源と権限を集中し、さらに規制をかけて自治体（都道府県・市町村）を管理してきた経緯がある。地方分権化といわれても、現在の日本の地方分権化は規制を緩和し、財源を手渡さない、渡したとしても財源の金額は国のさじ加減であることには変わりはない。第1章で述べた通り我が国は、国と地方との関係が協調的な国ではない。したがって国が財源を握るため、省庁が握る補助金や交付金の存在は大きく、しかも権限が大きい。そのため就学前教育・保育の管轄である文部科学省と厚生労働省はお互いの管理している幼稚園と保育所を手放さない。しかも保育所については民営保育所運営費補助金が残っている為、その資金源は大きい。

　②主管省庁の指定については、当時与党であった民主党は当初省庁の一元化を考え「こども家庭省」（仮称）としていたが、子ども・子育て新システム検討会議の途中で早くも断念した。3党合意後の修正では、日本の就学前教育・

保育に関する施設の管轄は、文部科学省、厚生労働省、内閣府の3つとなり、かえって複雑となってしまった。

③中央レベルと地方分権レベルの協調については、現行の保育制度は、中央レベルから地方レベルへの責任と権限を渡しても、財源は渡さない、もしくは渡すとしてもその財源の根拠等が不透明な場合が多い。

④改革への協調的参加アプローチについて、政府は大きな指導的役割を果たし、地域及び市町村、企業代表者市民団体組織、地域コミュニティのグループが、包括的な参加型の方法により、多様な視点に基づいた意思決定をくみ上げることが理想である。例えば、第4章第1節で扱った六合村は、住民にアンケートをとり、住民と話し合い、住民のニーズに沿う方法として構造改革特区を用いた幼保一体化施設を開所した。鮫川村は、住民からの相談に現場の保育者が寄り添い作成した幼保一体化施設の構想が、新村長の改革と一致し、役所との連携で幼保一体化施設を開所した。

しかし、「子ども・子育て新システム」にみられるように、社会保障審議会特別部会で既に話合われていたことが、政権が変わってもそのまま採用され、基本路線は変わらなかった。これは、現在の日本の政党政治の限界であり、政党の意思や理念が感じられず、もしくはあったとしても以前のものをそのまま引き継いで踏襲している。政党は、政策を立案する専門のスタッフを用意し、積み上げる必要がある。

⑤地方レベルサービス・専門家・親の連携については、新システムでは、「子育て支援コーディネーター」の存在があげられたが、ネットワークとして地域のさまざまな職域の者と話し合い運営することは重要である。しかし、「コーディネーター」というと現行の介護保険で行われているものと同じような、サービスの規制を行い、本来のサービスよりもサービス提供者の意思が先行してしまうイメージで捉えられてしまう。

2　幼保一体化施設の成功例

幼保一体化施設の事例については、第3章と第4章で述べてきたが、施設の運営が解体されるものもあったが、その運営が子どもの教育・保育の一体体として多様な保育ニーズを提供し、地域貢献を果たしているケースも多い。ここ

終章　日本の就学前教育・保育の現状と課題

で本節では、幼保一体化施設の成功事例をあげ、成功した理由とその内容について1970年代の先行事例、過疎地域、都市部にわけて論じこととする。

(1) 1970年代開所事例
①先駆事例の基本理念と実践方法—北須磨保育センター—

　1970年代の先行事例としては、北須磨保育センターが守屋氏の「保育一元化」理念による幼保合築施設の幼保一体化施設の運営を継続している存在が大きい。北須磨区には開所当時、乳幼児施設がなかったことが開所のきっかけであるが、保育の理念をしっかりと掲げ、「保育一元化」を実践するための目的と方法の2つを兼ね備えていたといえる。

　「保育一元化」の3つの平等は、就学前の子どもの保育の平等と女性の労働権の確保、保育者の研究と研修の平等の権利である。方法は、①幼保の子どもを差別せず、午睡と帰宅時間により両者をわけ、保育室を移動させる等の配慮を行い、それを可能にした点、②幼稚園教諭と保育士の処遇と待遇、勤務時間を平等にし、両者の連携と意識を同一にした点、③幼稚園教諭と保育士が共に研究と研修を通して、保育を行う理念による実践を可能とした点、④幼稚園教諭と保育士の給与体系と勤務時間が平等である点があげられる。

　幼稚園教諭と保育士の処遇や待遇が異なる市町村の現場で、幼稚園教諭と保育士の違いを「研修、研究をしている者としていない者」と捉えて、その区別を説明される場合があった。もちろん、市町村によっては、幼稚園教諭と保育士の処遇の違いはあっても、幼保一体化施設の職員は、合同で研究や研修を行っている施設もあったが、両者の職域の乖離は大きい市町村もある。上記の点からも、北須磨保育センターが行ってきた「保育一元化」の理念は、現代の幼保一体化施設の手本となり、都市部の課題を既にクリアしている事例であるといえる。

　現在の社会情勢と、開所当時の社会情勢は異なるが、北須磨保育センターが地域の住民のために自治組織として幼稚園と保育所の機能を備えた施設を開所し、地域の乳幼児の子どもを受け入れたことは、住民自治と子どもの保育を受ける権利、女性が就労する権利を与えることとなり、大きな功績であり、協調的参加アプローチといえる[3]。

しかも幼稚園児と保育所児の子どもの平等について当時の理念、実践方法、地域住民の自治の概念とシステムを作り上げた点は、現在の地域社会とコミュニティに関しても学ぶべき点が多い。現在は高齢化した地域のための介護施設や地域コミュニティの場も提供しており、乳幼児から老人まで、地域住民の、協調的参加アプローチを用いて地域住民のニーズをかなえているといえる。

②公立の幼保一体化施設―あまだのみや幼児園―
　交野市は、保育所と幼稚園を開設した当初1972年から、幼保一体化施設を開所した所に特徴がある。北須磨保育センターを手本とし、開所当時から幼保一体化施設であった点も、多聞台方式のような解体という結果に至らず、現在までも運営されている由縁である。保育士と幼稚園教員免許の両方を持った者を採用、給与体系も同じとした点は、スムーズな運営をさらに後押しした。
　保育所と幼稚園が一緒であるメリットとしては、異年齢交流と集団保育を可能にし、地域の子どもたちの就学前教育・保育を一元化することにより、スムーズな小学校への移行を促すこと言うまでもない。
　交野市は、幼保一体化施設として保育所と幼稚園を運営しているが、幼稚園のみを考えると充足率が低いため、単体で事業を運営した場合、財政効率が悪く継続の有無が問われ、統廃合される場合もありうる。したがって、幼保一体化施設＝公立幼稚園の存続を意味する事例であるとも言える。交野市はその先行事例であるが、現場の努力とは別に、省庁の縦割りと制度の弊害は、現在もなお開所当時と同様であり、変わってはいない。つまり、保育者と子どもの保護者と市町村（交野市）の努力や協力はあっても、国の制度の縦割りによる弊害は、何ら変わってはいないということを示したものでもあった。

（2）構造改革区域法を利用した過疎地の施設
①幼稚園機能を残して保育所機能をプラスした幼保一体化施設―六合こども園―
　六合村は、急速な少子化と既存の施設の老朽化で、幼稚園2園を1園にするか、もしくは新規に保育所を開所するかについて住民との話し合い「幼児教育を考える集い」、「幼稚園教育検討委員会」をつくった。アンケート調査等を行い、住民の意思を調書した上で構造改革特区ができることとなり、幼保一体化

施設開所を決定した市町村である。構造改革特区のおかげで、既存の幼稚園機能を残し、保育所機能を追加できたことは、住民自治を発揮できた大きな事業であった。

　地域の地理面でバス通学等になった子どももいたが、地域の子どもの集団保育、異年齢交流を可能とした点は、子どもの育ちにとって非常に重要であった。人口が少なく、山林原野の市町村にとって、住民のニーズをかなえ、旧幼稚園2園の中間地点にこども園を開園した点、子どもの教育・保育環境の場を整えた点は、大きな成果であった。しかし、給食を外部委託にしたことは、食育が大切であるといわれている現在、施設内の給食づくりの運営を継続する手段、もしくは財政措置を講ずる方法がなかったのかと疑問が残る。本論文の事例の中で唯一、給食の外部委託を行った施設であった。

　旧公立幼稚園2園をこども園にして、保育所の機能を追加したことは親の就労に関係なく、就学前の幼児教育を提供することとなった。また旧公立幼稚園と比較して、子どもの在籍数が2倍に増加したため、集団保育や異年齢交流をする機会を提供することとなった。さらに財政面においては旧幼稚園と広域保育制度の合計支出（2003年度）に比べ長時間保育の場合は、所得階層ごとの保育料のため増収となり、純コストが低くなったのである。子どもの就学前教育と自治体運営の両者にとり大きな成果となった事例である。

②幼稚園児の異年齢交流と集団保育を可能とした幼保一体化施設—白浜幼児園—
　過疎地である白浜町の幼保一体化施設[5]をみた結果、幼稚園が公立しかない過疎の町にとっては、公立幼稚園が公立保育所と統合することにより、施設や職員について効率化するだけではなく、幼稚園と保育所の存続を意味することにつながるという面がみえた。5歳児のみを幼稚園で保育していたため、子どもの減少により、集団とは言い難い保育となっていたため幼保一体化施設にし、幼児教育を守りながら、集団保育と異年齢交流を可能にした。

　また保育所については保育士の臨時職員勤の割合が66.7％と高いため、保育所のコストの削減に大きな影響をもたらしているが、安定した保育を提供できるよう正規職員の増加の見直しが必要であることもわかった。白浜幼児園の幼稚園教諭と保育士の連携については、一般行政職と教員職と給与体系が別立て

であるが、両職員の初任給が同額であることも、両者の連携を強化している要素であると考えられる。

　就学前保育が幼稚園、保育所に関係なく、一緒になった点で①子どもに同じ教育・保育を提供、②異年齢交流や集団遊びを可能、③保護者同士の交流を可能、④就学前年度の幼児教育を死守したのは、人口の少ない過疎地においては大きな地域貢献の役割を果たした。

　白浜幼児園は、総合モデル事業として先行して開所されたが、認定こども園ではない。幼稚園と保育所は既に認可を受けている為、あえて認定こども園の申請をする必要がないとの判断であった。このように幼保連携型の認定こども園となることが可能であっても申請しない施設もある[4]。

③既存の保育所と幼稚園を統合、廃校の施設を改修し、地域再生法の恩恵を利用―さめがわこどもセンター―

　鮫川村は、旧保育所と旧幼稚園の職員は、保育士と幼稚園免許の両方を持っている者を従来から採用している。保育所と幼稚園の職員配置も定期的に行い人事交流を図ってきたため、幼保一体化施設へ移行した際の両者間の処遇の違いや勤務時間等を巡る問題は起こらなかったことは、連携への大きな基盤となっている。現場からの発信と新村長の行革の時期が重なり、急ピッチに幼保一体化施設の開所に至った点は、地域のニーズに貢献しただけでなく、財政の効率化にも貢献した。施設を開所の際に、リニューアル債を利用でき、さらに既に交付を受けた補助金[5]の返却が不要となった点は、地域再生計画の恩恵を最大限に生かせた事例である。鮫川村は、両者の連携と役所側が鮫川村のケースにみあった地域再生計画を見つけ、大きな効果を生み出した。

　幼保一体化施設を開所し、子どもたちが集約されるため、保育士の配置も従来よりも少ない人数で運営していることがわかった。さらに、全ての子どもが5歳児になると幼稚園児となり、幼稚園児が増え、預かり保育が開始されたため、幼稚園は保育料収入が増加した[6]。幼稚園、保育所単体の施設の時よりも一体化施設となった方が、保育士の配置も減少し、管理職やその他の事務等も統合され、人件費は削減された。管理費についても、1つの施設に集約され削減された。財政面で幼保一体化施設の開所の運営費を見た場合、既存の施設が

何であったか（幼稚園か保育所か）により影響は大きく異なるといえる。鮫川村の場合、既存の施設が保育所2園、幼稚園1園であったことが支出削減と収入増加につながった例である。

3　幼保一体化施設の課題

（1）構造改革区域法を利用した都市部の施設

①複合施設と施設と幼稚園教諭と保育士の待遇の差異からくる幼保一体化の複合施設の弊害—千代田区いずみこども園—

　いずみこども園は、2002年東京都内の複合施設型幼保一体化施設として最初に開所され、「年齢区分方式」を導入している。いずみこども園の特徴は、①保育所入所要件、②年齢区分方式と「要保育」の緩和、③5つの保育時間の選択肢、④異年齢交流が難しい施設による弊害、⑤幼稚園教諭と保育士の業務分担の違い、⑥決算書は一つの施設として計上、⑦施設面と職員についての課題である。

　保育所要件については、「保育に欠ける」を緩和し、「要保育」を設け、ネグレクトや虐待に迅速に対応するようにした。5つの保育時間の選択肢があり、保護者が就労に応じて、園と相談して決めることが出来るようにした点は、利用者視点であるといえる。しかし、土地の確保が難しい都市部特有の施設による弊害が出ており、例えば、施設の都合上フロアーが同じでも仕切られているため、異年齢交流することが難しい。

　幼稚園教諭と保育士の業務分担は、保育時間のシフトや内容、給与体系及び待遇が異なり、幼稚園教諭はコア時間を必ず保育することになっている為、3〜5歳児については、保育士がそれ以外の時間を補完し保育をすることになっている。また幼稚園教諭については、2000年度に都の職員から自治体職員へと変更になった経緯があるため、幼稚園教諭の方が高い給与体系となっている。保育士は、残業手当がつくが、幼稚園教諭はつかないことも2つの職種を隔てているのも要因の1つである。

　都内は、施設確保が重要で幼保一体化施設が開所されることが多いため、理念があっても施設の都合により、運営が難しく現場の模索が続くのである。さらにコア時間は必ず幼稚園教諭が保育するため、正規の保育士が4・5歳児の

担当になれないこと等が保育士の不満となっている。幼稚園教諭と保育士の任務分担や連携、幼保一体化施設がどのような運用方法であれば、子ども、職員、保護者にとってもいい方法であるのかを今後も模索していく必要がある。

　評価点としては、いずみこども園の保育料設定が、基本方針として「応能主義、時間対応、適応負担、公平性、区内の幼稚園・保育園との均衡」を図り保育料を決めた点である。以前の和泉幼稚園時代の幼稚園児の長時間保育が、他の保育所の子どもの保育料と異なっていたが、基本方針を基に保育料設定が他の保育所や幼稚園、預かり保育等の料金がほぼ同じとなった点である。また、幼稚園の保護者が就労した場合、幼稚園の特別課程[7]の定員があいていれば継続して同じ幼稚園で保育を受けられる利点もあり、就労していても幼稚園で教育・保育が受けられる点も評価できる。

　しかし、前述したように現場での幼稚園教諭と保育士の連携がどこまでとれるのか、統一した意思決定のもと教育・保育を子どもたちに提供することが出来るかが大きな争点である。

　過疎地においては、両者の免許を持っているものを採用しているケースが多いが、東京都内では、片方の免許取得者を雇用しているケースも多いため、現在の現場にいる両者の運用について両免許を取得できるようにする具体的な制度を国が作る必要がある。

②設置基準確保による運営方法の違い「年齢区分型」と「幼保連携並列型」による異年齢交流等幼保一体化の弊害―品川区「二葉すこやか園」と「のびっこ園台場」―

　品川区は、2011年度に4つの公立の幼保一体化施設を開所している。区は、急増する待機児童の解消をめざし、公立の空き教室を利用、改修し保育所の機能をプラスした幼保一体化施設を開所している。2002年9月品川区立二葉幼稚園の空き教室を回収して二葉つぼみ保育園を開所し、幼稚園と保育所を併設した二葉すこやか園を開所した。二葉すこやか園は、2005年総合施設モデル事業実施園に認定された。二葉すこやか園の保育の形式は、「年齢区分方式」と呼ばれ、0〜3歳児を保育所、4〜5歳児を幼稚園で保育している。

　「のびっこ園台場」は、2006年に幼保一体化施設として開園した。開園当初

終章　日本の就学前教育・保育の現状と課題

は、小学校の敷地内にある、施設の1階に幼稚園、2階に保育所があり、二葉すこやか園と同様に「年齢区分型」であった。2010年、台場幼稚園を併設の台場小学校の教室に移動し、台場保育園の4・5歳児クラスを新しく新設し、「幼保連携並行型」となった。「幼保連携並列型」となり、台場保育園の4・5歳児は減少、平成23年度では4歳児5名、5歳児3名と非常に少ない。それに比べ台場幼稚園では、4歳児26名（充足率78.79％）、5歳児33名（充足率94.29％）と子どもの数が多い。

　台場保育園（0～3歳児）利用者は、4歳になると台場幼稚園に就園する傾向が多い。こうした傾向は、品川区立幼稚園が預かり保育を7：30～19：30まで行い保育園の機能を補完し、幼稚園への就園を可能にしているといえる。しかし台場保育園については、4・5歳児の人数が少ないため、集団保育が難しいのが抱えている課題である。

　1つの区の幼保一体化施設で2つの方式を用いているのは、意図したわけではない。施設の状況により、2つの運営方法しかできなかったというのが実情であり、前述した待機児童対策として、既存の施設を使用したためである。運営方法については区としても定まっておらず、過渡期である。

　同じ区内で運営方法が異なっている理由は、施設の広さの問題であり待機児童解消対策が前述した通り、既存の施設を利用する方法を主にとっているためである。つまり最低基準をみたす施設を作れるか、作れないかで「年齢区分型」と「幼保連携並列型」にわけられるのである。どちらの方法であっても地域の子どもと住民にどのようなサービスを展開できるのかは、区自体が、幼保一体化施設の運営について考え、子ども・保護者両者にとってよい方法を模索する過渡期であるといえる。

　また区の待機児童対策を支えているのは、幼稚園の預かり保育であり、幼稚園が4・5歳児の保育需要の受け皿になっているといえる。しかし幼稚園児は給食を出さない、もしくは幼稚園と保育所で給食費の取り扱いが異なる等、幼保一体化と言えども課題は大きく、施設により運営方法が異なることも、現場の職員に工夫を担わせており、区は就学前教育・保育の一元化を子どもの教育に対する平等として捉え、運営方法を研究し、施設方法に捉われない安心・安全な保育を行うことが求められる。その反面で、幼稚園の預かり保育事業が施

設全体の費用を抑制し、財政削減には貢献している。

③認定こども園の申請をしない幼保一体化施設

　前述したように、構造改革特区で開所された幼保一体化施設は、認定こども園を名乗ってはいないが、申請できる内容で施設整備されている。申請していない理由としては、既に幼稚園と保育所の認可をそれぞれ取得しているため、あえて認定こども園にする必要はなく、特別な財政措置もないからである。したがって、幼保一体化施設は認定こども園（幼保連携）にしなくとも、既存の規制改革で十分運営できる[8]。

第 2 節　認定こども園の拡充

　3党合意後の「子ども・子育て関連3法案」は、「総合こども園法案」を廃止し、「新たな幼保連携型認定こども園」の推進を行うことを決定した。さらに、認定こども園、幼稚園、保育所を通した共通の「施設型給付」と小規模保育所等への「地域型給付」が創設されることが決まった。

　民間保育所については、現行通り市町村が保育所に委託費を支払い、利用者負担の保育料徴収も行うことはそのままとされた。「地域型給付」については、小規模保育事業、家庭的保育事業、居宅訪問型保育事業、事業所内保育事業が含まれ、認可外保育所にも給付が行われることとなった。これは待機児童対策として、認可保育所の増設ではなく、小規模保育所等の推進を促し、財政支出を抑制する動きである。

　子ども・子育て支援法を施設ごとにみると図5-1の通りである。給付については、前述した通り、「施設型給付」と「地方型保育給付」の2本立てである。認定こども園については、文部科学省と厚生労働省も関わるが、内閣府が管轄となった。修正後の「新たな幼保連携型認定こども園」と比較すると、根拠法については「総合こども園法」は幼稚園部分の「学校教育法」と保育所部分の「児童福祉法」であったものが「総合こども園法」一本化とされていたが、「新たな幼保連携型保育所」は「認定こども園法」に一本化された。

　「施設給付」の創設にあたり、私立の幼稚園と保育所の現行制度の財源と比

終章　日本の就学前教育・保育の現状と課題

図5-1　子ども・子育て支援法について

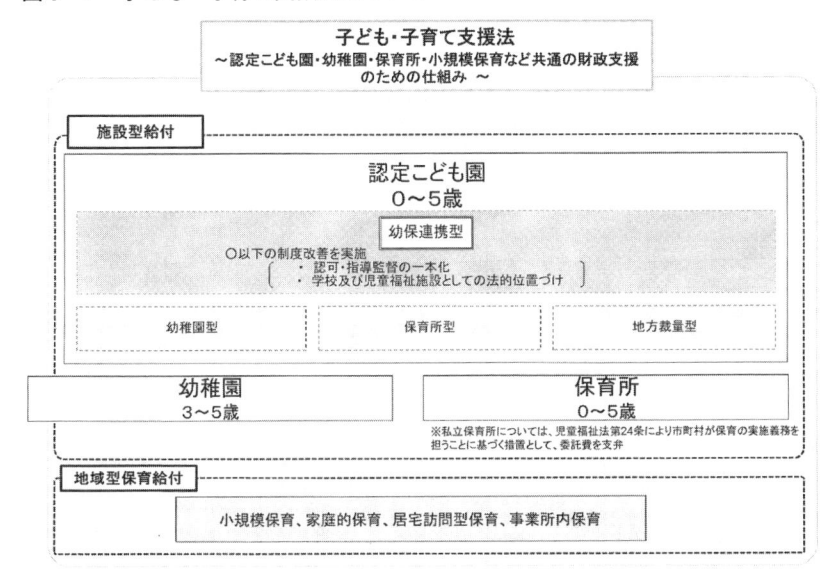

```
┌─────────────────────────────────────────────────┐
│         子ども・子育て支援法                      │
│  ～認定こども園・幼稚園・保育所・小規模保育など    │
│      共通の財政支援のための仕組み ～              │
└─────────────────────────────────────────────────┘

┌─ 施設型給付 ──────────────────────────────────┐
│                                                │
│         認定こども園                            │
│          0～5歳                                 │
│         ┌──────────┐                          │
│         │ 幼保連携型 │                          │
│         └──────────┘                          │
│   ○以下の制度改善を実施                         │
│     ・認可・指導監督の一本化                     │
│     ・学校及び児童福祉施設としての法的位置づけ    │
│                                                │
│   [幼稚園型]   [保育所型]   [地方裁量型]         │
│                                                │
│   ┌─────────┐           ┌──────────────┐      │
│   │  幼稚園  │           │    保育所     │      │
│   │  3～5歳  │           │    0～5歳     │      │
│   └─────────┘           └──────────────┘      │
│           ※私立保育所については、児童福祉法第24条 │
│           により市町村が保育の実施義務を担うこと  │
│           に基づく措置として、委託費を支弁        │
└────────────────────────────────────────────────┘

┌─ 地域型保育給付 ─────────────────────────────┐
│  小規模保育、家庭的保育、居宅訪問型保育、事業所内保育 │
└────────────────────────────────────────────────┘
```

（出所）内閣府・文部科学省・厚生労働省（2012）『子ども・子育て関連3法案について』p.6。

べてみると図5-2の通りである。幼稚園については、教育の時間（4時間程度）は私学助成と親の所得に対して保育料の補助を行う就学奨励費、教育の時間以降の預かり保育については、預かり保育補助として私学助成が行われている。民間保育所については、保育所運営費補助金（国1/2、都道府県1/4、市町村1/4負担）と利用者の応能負担に応じた保育料となり、保育料については、国基準と市町村の基準の格差を市町村が負担している形とされたのである。

現行の認定こども園については、幼稚園部分と保育所部分については、「安心こども基金」[9]で交付されている。対象は学校法人と社会福祉法人のみである。

新システムでは、市町村の位置づけ、つまり保育の実施の義務（児童福祉法第24条第1項）と責任が危惧されていた。特に、市町村が現在行っている保育所の入所受付と調整は、保育を必要とする子どもや保護者にとっても大切な市

275

図5-2 施設型給付の創設

○ 施設型給付については、次のような給付構成を基本とする。
  a. 満3歳以上児に対する標準的な教育時間及び保護者の就労時間等に応じた保育に対応する給付
  b. 満3歳未満児の保護者の就労時間等に応じた保育に対応する給付

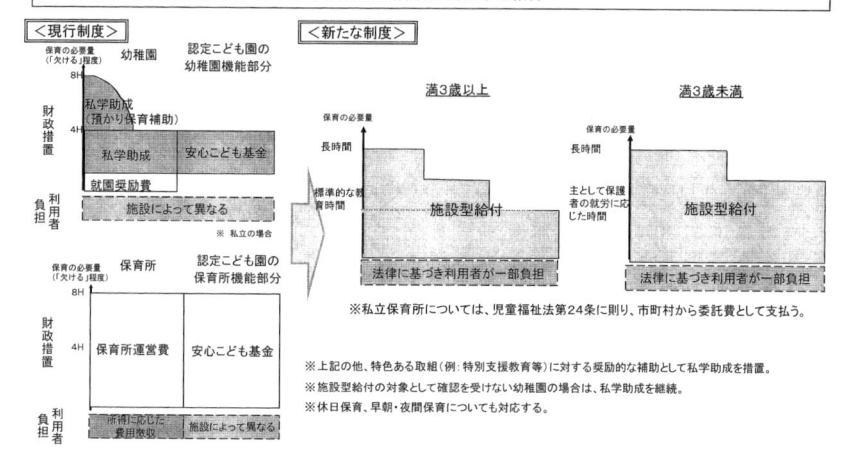

※私立保育所については、児童福祉法第24条に則り、市町村から委託費として支払う。
※上記の他、特色ある取組（例：特別支援教育等）に対する奨励的な補助として私学助成を措置。
※施設型給付の対象として確認を受けない幼稚園の場合は、私学助成を継続。
※休日保育、早朝・夜間保育についても対応する。

（出所）内閣府・文部科学省・厚生労働省（2012）『子ども・子育て関連3法案について』、p.14。

町村の機能であるからである。

　修正後は、児童福祉法第24条第1項の「市町村の保育の実施義務」については、「あり」と変更になり表5-1のようになった。保護者は施設でなく市町村に申し込を行い、保護者が市町村と契約して施設を利用することとなる。このことは市町村の保育の実施義務を守り、保護者は市町村を窓口として保育を利用でき、入所の優先順位等も施設ではなく、市町村が行うことと変更になった点は高く評価できる。

　しかしこれは私立保育所のみであり、公立保育所[10]や認定こども園は、市町村の調整により事業者間と利用者で契約を行うこととなっている。現行までの保育制度は私立保育所の入所を市町村が窓口となって行い、優先順位や希望に沿って利用者が利用する保育所を決めてきた経緯がある。つまり入所に関して市町村の介入がなくなった場合、希望の多い保育所とそうでない保育所ができ、入所者数の格差等がないようにしている。

　保育所以外（認定こども園、小規模保育所等）については、基本は施設との

終章　日本の就学前教育・保育の現状と課題

表5-1　3党合意前後の「市町村の保育の義務」等について

	修正前	修正後	結果	評価
市町村の保育の実施義務について	なし	あり	・保護者は、施設でなく、市町村に申込みを行い、保護者が市町村と契約して施設を利用する ・私立保育所に関しては、市町村から委託費が支払われ、保育料の徴収も市町村が行う。	市町村の保育の実施義務は守られ、保護者は市町村を経由して、保育を利用できる。
私立保育所以外（認定こども園や小規模保育所等）の実施義務について	直接契約	△	当分の間、全ての保育について、市町村が利用調整を行う。	当分の間と規定しているが、施設の利用調整については、市町村が責任を持ち、質の低下を予防するためにも監督する必要がある。
施設整備費について	新規建設のみ3/4の補助	整備費用と減価償却費の全国的な状況を勘案し、一定割合の給付費・委託費を設定	現行の「安心こども基金」からの施設整備補助は3/4公費補助	民間の施設整備費の補助は必要であり、これがないと認可外保育所や小規模保育等の、施設が狭く安価な施設のみが増加する可能性がある。

（出所）筆者作成。

直接契約であるが、当分の間市町村が利用調整をすることとなったのである。これについては、市町村が責任を持ち質の低下の予防や監督をする必要があるため、継続して行われる必要がある。

　施設整備費については、現行では新規のみ3/4の公費補助であったが、新築や改築、耐震化等も交付金から捻出する。民間の施設整備の補助は必要であり、この補助がなければ、認可外保育所や小規模等の施設が狭く安価な施設のみが増加する可能性があるからである。

　次に保育を必要とする場合の利用調整は、修正後の手続きは図5-3の通りである。手続きについては施設の種類により異なっているが、私立保育所を利用する場合は、まず保護者が市町村に「保育の必要性」の認定の申請を行う。次に市町村は保育の必要性の認定を行い、「認定証」の交付を行う。保護者は、

市町村に希望する保育所を記載して提出する。市町村は、優先順位等を踏まえながら施設の調整を行い、保護者と市町村の契約を行う。保育料は、市町村を通じて施設に支払われ、委託費については市町村から保育所へ支払われる。

公立保育所や認定こども園・地域型保育所を希望する場合は、市町村の調整の基で保護者と施設・事業者の契約となる。保育料は保護者が施設へ直接支払い、「施設給付」もしくは「地方型保育給付」は法定代理受領のため、市町村から施設に給付される。

第3章第4節で述べたが、認定こども園が幼稚園型と地方裁量型以外は、ほとんど市区町村が入所受付を行っていた。3党修正後の手続きは、上記のようになったが、国は地方分権と言いながら、市町村に管理を行わせることもやめ、施設との契約中心の保育所施設へと移行しようとしている過渡的段階であるといえる。

図5-3　保育を必要とする場合の利用手順（イメージ）

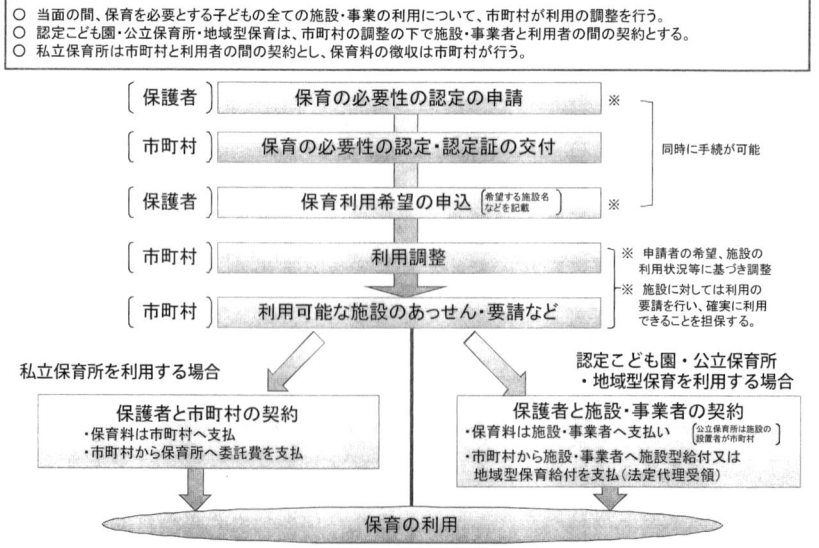

○ 当面の間、保育を必要とする子どもの全ての施設・事業の利用について、市町村が利用の調整を行う。
○ 認定こども園・公立保育所・地域型保育は、市町村の調整の下で施設と利用者の間の契約とする。
○ 私立保育所は市町村と利用者の間の契約とし、保育料の徴収は市町村が行う。

［保護者］→ 保育の必要性の認定の申請 ※
［市町村］→ 保育の必要性の認定・認定証の交付
　　　　　　　　　　　　　　　　　　同時に手続き可能
［保護者］→ 保育利用希望の申込（希望する施設名などを記載）※
［市町村］→ 利用調整
　　　　　※ 申請者の希望、施設の利用状況等に基づき調整
［市町村］→ 利用可能な施設のあっせん・要請など
　　　　　※ 施設に対しては利用の要請を行い、確実に利用できることを担保する。

私立保育所を利用する場合
　保護者と市町村の契約
　・保育料は市町村へ支払
　・市町村から保育所へ委託費を支払

認定こども園・公立保育所・地域型保育を利用する場合
　保護者と施設・事業者の契約
　・保育料は施設・事業者へ支払（公立保育所は施設の設置者が市町村）
　・市町村から施設・事業者へ施設型給付又は地域型保育給付を支払（法定代理受領）

→ 保育の利用

（出所）内閣府・文部省・厚生労働省「子ども・子育て関連3法案について」、p.17。
http://www8.cao.go.jp/shoushi/10motto/08kosodate/h240918/pdf/s1-1.pdf

終章　日本の就学前教育・保育の現状と課題

第3節　小括

1　既存の施設の種類による幼保一体化施設開所への財政の影響

　幼保一体化施設を開所する前の既存の施設が幼稚園か保育所かにより、開所前後の財政状況は異なる。本事例では六合村のように公立幼稚園2園を統廃合して、保育所の機能を追加し、幼保一体化施設にした場合、鮫川村のように公立保育所2園と公立幼稚園1園を統合し、幼保一体化施設にした場合の2つのケースがあった。六合村のように、保育所機能を追加し、0～2歳児または3歳児に対する乳幼児保育が開始すると、支出面では増加した[15]。

　一方、鮫川村のように幼稚園と保育所を幼保一体化施設にした場合は、乳幼児教育と幼稚園の預かり保育の保育料収入が増加する。支出面については施設が集約し、保育士配置についても単体の施設の時よりも連携が取れたため、管理面、人件費両面で支出削減につながっていることが判明した。

　つまり過疎地は民間の施設がないため、財政効率よりも幼稚園機能の存続と保育所機能（特に乳幼児保育）の両方を維持し、深刻な少子化のため子どもを集約し、幼保一体化施設を作り維持運営していることが大きな命題となっている。財政面では旧施設が幼稚園のみの場合は、乳幼児保育の開始や保育士の配置基準があるため、以前よりも市町村の負担が重くなる場合もある。旧施設に保育所がある場合は、幼保一体化施設として集約することにより、管理職の数が減少し、職員数も少しであるが削減、施設の管理費も集約されたことによりコストの削減につながることが判明した。都市部については、幼保一体化施設と旧幼稚園と旧保育所の部分が個別に算出されているものが少なかった[11]ため、分析できない部分も多い。

2　幼保一体化施設と幼稚園・保育所の単体施設との比較

　上記で述べた「1　既存の施設の種類による幼保一体化施設開所への財政の影響」は、財政資料の有無や情報公開の有無により、都市部については、施設個別の分析ができなかった。都市部の幼保一体化施設と他の単体の公立幼稚園

と公立保育所の比較は可能であった。そこで品川区二葉すこやか園と同区の公立の単体の幼稚園と保育所の費用を分析した。その結果、支出に占める人件費の割合についてはほとんど変わりがない。しかし施設全体の子ども1人あたりの総コストは65万千円で、公立幼稚園の約65.0%、公立保育所の27.2%と非常に低い。

就学前教育・保育の重要性を鑑みれば、まず幼稚園と保育所を管轄している省庁を統合して、就学前教育・保育の部分を統合して一つの省庁とする。次に関連する施策を統合整理して、包括的な施策を構築することが強靭な施策と協力、連携体制と財政支援への方法や内容がよりよく吟味され、質の高いサービスが提供できるであろう。

しかし、現行の日本の状況では、「子どもを社会で育てる」とは名ばかりで、それに関わる施策と関連する子どもを取り巻く施策（家族、就労、保育、幼稚園等）や財政支出が包括的に考えられておらず、国と地方と住民との間でその協調的かつ参加型であるとは言いがたい。

先にOECDの提言で述べたように、OECD諸国では政治の強いリーダーシップ、または政権交代等に伴い、省庁組織の一元化、施設の一体化、補助の一元化等が取り組まれている。日本では就学前教育・保育の重要性についての理念が薄く、待機児童や女性の就労支援、財政の効率化のどれかを行うための施策として考えられるケースが多いのが特徴である。

しかも「子ども・子育て新システム」にみられるように、政権が変化しても、以前の政権の内容（社会保障審議会少子化特別部会報告）、を引き継ぎ、しかも消費税増税のために、「子ども・子育て新システム」を3党合意で修正、「総合こども園」構想を廃止し、「幼保連携型認定こども園の拡充」へと変更とした。「総合こども園」については、保育所は期限をつけて「総合こども園」へ移管を義務付け、幼稚園は選択制であったが、「幼保連携型認定こども園」については期限等がなく選択制であり、施設の統合の形は薄れてしまった。

従来の「認定こども園」については、幼保連携型の場合、学校基本法、児童福祉法、認定こども園法と3つが必要であったが、「新たな幼保連携型認定こども園の拡充」では、内閣府を主管として「認定こども園法」で根拠法を一本化し、大都市にも軽減を移譲したことについては、地方に責任を移譲し、整理

したといえる。しかし前述したように「新たな幼保連携型認定こども園」の移行への規制がない以上、施設を統合していくには不透明な部分もある。今回の修正で他に一本化したのは、保育所と幼稚園、認定こども園に給付される「施設給付」である。この「施設給付」が、今後の幼保一元化政策の契機となるかはまだ評価できる段階ではない。

　このような「子ども・子育て新システム」の成立、修正における動向は、日本の政党における政策の違いがあまりなく、実際の制度にいかされない。また日本の国と地方の関係は、協調型よりも集権型であり、財源を分権化せず、責任のみ地方に移譲する典型といえる。

　しかし北須磨保育センターのような先行事例をみると、省庁の縦わりと制度が分かれていても、理念と実践方法で、子どもの保育の平等を実現することができることは、既に証明されている。それでも幼保一体化施設が構造改革特区法以前まであまり増えなかった理由を考えると、大阪府と交野市の集権的な上下関係が浮かんでくる。交野市の開所当時にあったように、大阪府から、強く施設の分断や、備品等の区別が指導され、施設を幼稚園と保育所に分断するために防火壁をたて、庭を分断する壁を立てる等の指導が入ったのは省庁の違いにより起こったことであった。

　現在では、地方分権改革が行われ、構造改革特別区域法ができ、上記のように施設を壁で区切ることはなくなった。両者の共用化がはじまり、運用方法は、縦割りの省庁の制度を残しつつも、地域の実情に応じた運営方法を、国が特区制度認めるものであった。その後幼保一元化関連の特区事項は全国展開され、その後認定こども園制度が施行され、子ども・子育てシステムでは、現在国は、新たに幼保連携型認定こども園制度を普及しようとしている。幼保連携型認定こども園制度は、構造改革特区で行ったものと比較すると保育料設定と直接契約が一番の違いである。縦割りを残しつつ直接契約制度を導入し、保育料を決める権限を施設に与えるため施設運営が市町村でない場合は、市町村の役割を弱体化させる恐れがあるため、今後公的保育制度の維持及び改革が注目される。

　今回取り上げた、幼保一体化施設は構造改革特区時に開所されたものであるが、縦割りの財政運営と制度が共存しても運営できることが分かった。ただ

し、この状況下における運営には、幼稚園教諭と保育士の処遇の平等等に大きな力点が置かれる。なぜなら制度は共存するため、現場での運営の工夫が広く求められるからである。

　構造改革により、市町村によっては保育所を教育委員会に委任、もしくは幼稚園を子ども課等の保育所担当、もしくは子育て支援担当部署が所管となり、幼稚園と保育所の窓口を一つにする市町村も増加している。しかし幼稚園は文部科学省、保育所は厚生労働省という国の所管は今だに変更されていない[12]。当時与党であった民主党は、「子ども家庭省（仮称）」として子どもに関わるものは全て移管するとしていたが、各関係団体等や縦わりの財政構造による弊害のため、断念した。修正後の「子ども・子育て新システム」では、「新たな幼保連携型認定こども園」を拡充し、その管轄を内閣府にした点と「教育基本法」と「児童福祉法」ではなく、「認定こども園法」に一本化した点は従来の「認定こども園制度」は、一歩前に進んだかのように見える。しかし、「新しい幼保連携型認定こども園」自体に移行の義務がなく、既存の幼稚園と保育所（私立）には補助がある以上、認定こども園となる必要性や財政措置もないため、今後の財政措置等の動向が注視される。認定こども園の内閣府管轄は、施設数の圧倒的に多い幼稚園と保育所にあまり大きな意味をもたない。

　幼稚園と保育所の一体化は、過疎地では、既存の施設の機能を残し新たに別の機能（幼稚園しかなければ保育所、保育所しかなければ幼稚園）追加し、就学前教育・保育を可能とした。さらに子育て支援センターとしての役割を追加して、家庭保育の子どもや家庭に対してのフォローもできる総合施設としている。また認定こども園を設置する理由としては、公立の幼稚園と保育所を再編する仕組みとして、取り扱われるケースもある。

　過疎地においては、急速な少子化、点在する施設の充足率の低下による子どもの集団生活や異年齢交流の困難さ、施設の老朽化による既存施設の存続等、多くの問題が山積している。その中で構造改革特区が行った特区制度は、過疎地に新たな可能性を見出したといってよい。都市部においては、施設の状態（広さ）や立地条件により、幼保一体化施設の長所を生かせない可能性もあるため、施設を開所する際には十分気を配り子どもに対する環境整備と保護者との信頼関係を築き工夫する必要がある。

終章　日本の就学前教育・保育の現状と課題

　幼保一体化施設は、就学前教育・保育を全ての子どもに保障し、就学前公共教育機関と公的保育機関を維持し保障する方法として活用していくことが望ましい。

　今後幼保一体化施設は成功例や経験値により、増加していくと考えられる。その際は、大きな課題であるが幼保一元化した諸外国の事例からもみるように、国と地方の協調関係と財源移譲、地域格差の是正、そして国の乳幼児教育・保育に関する理念の再構築を行い、関連の省庁の一元化が実現できるように、全ての条件を少しずつ前に進めて行く必要がある。段階的に制度の再編成を行うことがスムーズな就学前教育・保育を提供することができる基盤となる。

1）　OECD（2006）前掲書。
2）　Early Childhood Education and Care をさす。
3）　伊藤（2011）は、「自治と参加に基づく保育制度改革は、保育制度を統合的な制度として確立すること。そして保育に関わる機関や人々との関係を共同的な関係において実現していくことが不可欠である。」と述べている。（伊藤（2011）『保育制度改革と保育施設経営―保育所経営の理論と実践に関する研究―』風間書房。）
4）　村山（2008）前掲書。村山は、「認定こども園の認定をうけずに現行制度による共用化のほうが受難な取り組みができるため、「認定こども園」にならない施設も少なくない。」と指摘している。
5）　小学校の施設に対する補助金である。
6）　幼稚園での給食が開始されたため、幼稚園児に対しては給食費を徴収するため、幼稚園での収入としては、給食費が加算されるようになった。
7）　預かり保育。
8）　村山は、「幼稚園と保育所を一体的に運営することは、二元制度の上でも可能であると捉えた上で、制度の障害となっていることについては、「幼稚園と保育所の施設の共用化等に関する指針」で対応し、改善が進んでいる。」と述べている。
　　村山祐（2008）前掲書 p89。
9）　「安心こども基金」は、2008年度第2次補正予算により、厚生労働省に958億6,700万円、文部科学省に41億3,300万円が国から交付されたものをもとに、都道府県に基金が造成された。
10）　公立保育所については事業者が市町村のため、保育料設定と契約は、従来通り役所が

行う。
11) 個別の決算については、情報公開されていない。
12) 認定こども園制度については、文部科学省と厚生労働省の両者からなる「幼児連携推進室」であるが、幼稚園と保育所の所管は別である。

参考文献

『朝日新聞』1972年3月2日付。

網野武博（2006）「これまでの保育所の歩みと幼保一元化をめぐる論点」『月刊福祉』第89巻第9号 pp. 12 – 17。

安藤裕（2003）「幼保一元施設で一貫した乳幼児育成に取り組む—東京都千代田区」『Governance』、p26。

飯野靖四（2006）「スウェーデンにおける地方財政」日本都市センター編『分権時代の地方財政』日本都市センター pp. 189 – 212。

池田祥子他編（1997）『戦後保育50年史　第四巻　保育制度改革構想』栄光教育文化研究所。

池本美香（2002）「保育サービス供給の見直し—諸外国の保育制度改革を踏まえて」清家篤・岩村正彦編『子育て支援策の論点』、pp. 77 – 129。

清家篤・池本美香（2003）「保育制度改革を考える—ニュージーランドとスウェーデンの改革を参考に—」日本総合研究所『Japan Research Review』第13巻第1号 pp. 77 – 129。

伊集守直（2005）『スウェーデンにおける政府間財政関係』、p13。（日本財政学会第62回大会報告資料）

伊藤良高（2011）『保育制度改革と保育施設経営』風間書房。

伊藤周平（2012）「子ども・子育て支援法と児童福祉法改正案を読む」保育研究所編『保育情報』第426号 pp. 5 – 15。

伊藤良高（2011）『保育制度改革と保育施設経営』風間書房。

稲川登史子（2005）「2005年度保育関係予算の概要」全国保育団体連絡会・保育研究所編『保育白書2005』ひとなる書房 pp. 70 – 73。

井上恒男（2004）「良質で負担可能な保育サービスを全国どこでも—英国・ブレア政権下における幼保一元化の動向」法研『週刊社会保障』第2311号 pp. 60 – 61。

井上恒男（2004）「すべてのコミュニティに総合児童センターを—英国・幼保一元化の動向（2）」法研『週刊社会保障』第2312号、pp. 60 – 61。

井上恒男（2004）「中央・地方・幼保行政の全体を一元化——英国ブレア政権下における幼保一元化の動向（3）」法研『週刊社会保障』第2313号、pp. 68 – 69。

岩村正彦編『子育て支援策の論点』社会経済生産性本部生産性労働センター。

浦辺史（1972）「働くものにとって保育所とは何か」多聞台保育所父母の会『神戸市多聞台保育所父母の会の歩み』、pp. 49-52。
大阪府交野市幼児対策室（1979）『保育一元化のあゆみ』。
大阪府交野市（2010）『交野市幼児園概要』。
大阪府交野市（2011）『事務事業概要実績報告書　平成21年度』及び交野市（2011）『歳入歳出決算報告書　平成21年度』。
大阪府交野市（2010）『主要な施策の成果』。
大沢博（2004）「平成16年度普通交付税の算定方法の改正について（上）～公立保育所運営費負担金の一般財源化に伴う交付税措置について」『地方財政』、第43巻第9号 pp. 105-117。
大谷由紀子（2006）「幼保総合施設を訪ねて」『「幼保一元化」と認定こども園』大阪保育研究所、かもがわ出版 pp. 47-77。
太田美幸訳（2010）『政治の中の保育─スウェーデンの保育制度はこうしてつくられた』かもがわ出版。
岡田正章（1980）「保育所の発展と試練」岡田正章他編『戦後保育史　第1巻』フレーベル館、pp. 422-423。
岡田正章（1980）「幼・保の競合と一元化の試行」岡田正章編『戦後保育史　第2巻』フレーベル館、p394-400。
岡田正章（1982）『保育制度の課題─保育所・幼稚園の在り方─』ぎょうせい。
岡田正章（1986）『保育制度の展望』ぎょうせい。
過疎対策研究会編（2008）『過疎対策データブック』。
川瀬憲子（2011）『「分権改革」と地方財政』自治体研究社。
北須磨保育センター http://www.kitasumahoiku-center.or.jp/rekisi.htm。
久保いと（1980）「幼児教育重視の背景」岡田正章他編『戦後保育史　第2巻』フレーベル館。
群馬県六合村（2004）『歳出決算事項別明細書　平成15年度』。
群馬県六合村（2004）『歳入歳出決算事項別明細書　平成15年度』。
群馬県六合村（2004-2009）『歳出決算事項別明細書　各年度』。
群馬県六合村（2005）『歳出決算事項別明細書　平成16年度』。
群馬県六合村教育委員会（2007）『構造改革特区と幼保一体化施設六合こども園』。
群馬県六合村教育委員会（2008）『幼保一体化施設「六合こども園」』。
厚生労働省・社会保障審議会少子化対策特別部会「次世代育成支援のための新たな制

参考文献

　　度体系の設計に向けて」(第一次報告)構造改革特別区域推進本部HP。
神戸市保育園連盟 (1977)「保育制度の整備と保育園の役割」『神戸の保育園史Ⅱ』
　　pp. 103-111。
『神戸新聞』1967年1月5日付。
駒村康平 (2012)「子ども・子育て新システムの概要―検討の背景・経緯、検討委員
　　会の議論の整理―」福祉労働編『季刊　福祉労働』第134号 pp. 32-51。
白石淑江 (2009)『スウェーデン保育から幼児教育へ―就学前学校の実践と新しい保
　　育制度』かもがわ出版。
杉山隆一 (2006)「認定こども園の概要と問題点」保育研究所『保育情報』第357号
　　pp. 4-18。
全国保育団体連絡会・保育研究所編 (1993〜2010)『保育白書各年版』ひとなる書房。
(2012)
『全私学新聞』2012年2月23日付。
バルバーラマルティン＝コルピ、太田美幸訳 (2010)『政治の中の保育―スウェーデ
　　ンの保育制度はこうしてつくられた』かもがわ出版。
千年よしみ (2005)「保育・学童保育の現状と新しい動き―スウェーデンの示唆―」
　　国立社会保障・人口問題研究所編『子育て世帯の社会保障』東京大学出版会
　　pp. 209-239。
全国市長会社会文教部 (2004)「幼保一元化を見越した先行事例」『市政』、第53巻第
　　7号、pp. 40-51。
総合規制改革会議 http://www.mhlw.go.jp/shingi/2005/12/s1209-10.html。
総務省自治行政局過疎対策室 (2010)『平成21年度版過疎対策の現況について』。
総務省自治行政局過疎対策室 (2010)『平成21年度版過疎対策の現況について (概要
　　版)』。
高木健二 (2009)「公立保育所人件費の一般財源化とその財源保障」『信州自治研』第
　　207号 pp. 7-17。
高橋寿 (1972)「多聞台方式と父母の立場」多聞台保育所父母の会 (1972)『神戸市多
　　聞台保育所父母の会の歩み』。
角野雅彦 (2007)「幼保総合施設「認定こども園」の制度化に至る経緯とその課題」
　　『四国学院「論集」』第122号 pp. 21-53。
手塚崇子 (2010)「過疎地における幼保一体化施設の財政分析―和歌山県白浜町幼保
　　一元化施設白浜幼児園を事例として」日本保育学会『保育学研究』第48巻第2

号、pp. 119 – 130。

手塚崇子（2010）「旧公立幼稚園と幼保一体化施設の財政比較—群馬県六合村「六合こども園」を事例として」日本乳幼児教育学会『乳幼児教育学研究』第19号、pp. 121 – 132。

地方交付税制度研究会編（2003～2006）『地方交付税制度解説（補正係数・基準財政収入額篇）』地方財務協会。

東京都品川区（2005）『主要な施策の成果報告書　平成17年度』。

東京都品川区（2011）『事務事業概要　平成23年度』。

東京都品川区（2011）『のびっこ園台場台場保育園の概要　平成23年度版』。

東京都品川区（2011）『台場幼稚園園の概要　平成23年度版』。

東京都品川区立二葉幼稚園（2011）『幼稚園要覧　平成23年度』。

東京都新宿区子ども園化推進検討委員会（2011）『最終報告（概要）』http : //www.city.shinjuku.lg.jp/content/000081498.pdf.

東京都千代田区（2006）『いずみこども園3年間の実践』明治図書。

東京都千代田区（2008）『各会計決算参考書』。

東京都千代田区（2008）『事務事業コスト状況調査　19年度決算』。

東京都千代田区教育委員会事務局こども・教育部こども支援課（2008）『千代田区方幼保一元施設いずみこども園』。

東京都千代田区（2010）『いずみこども園概要』。

東京都福祉保健局（2010）

http : //www.fukushihoken.metro.tokyo.jp/kodomo/hoiku/n.hoikusyo/ninsyo/index.html。

内閣府・文部科学省・厚生労働省（2012）『子ども・子育て新システム関連3法案について』、p. 6。http : //www.cao.go.jp/houan/doc/180-5gaiyou.pdf#search="総合こども園の創設"。

内閣府・文部科学省・厚生労働省（2012）『子ども・子育て関連3法案について』、p. 8。http : //www8. cao.go.jp/shoushi/kodomo3houan/pdf/s-about.pdf。

内閣府・文部科学省・厚生労働省（2012）『子ども・子育て関連3法案について』。

中山徹（2006）「認定こども園をどう考えるか」大阪保育研究所編『「幼保一元化」と認定こども園』pp. 89 – 133。

野津牧・青砥ハツ子編（2008）『さめがわこどもセンター誕生物語』ひとなる書房。

林健久（2006）「水平的財政調整の動揺：スウェーデン」持田信樹編『地方分権と財

参考文献

政調整制度　改革の国際潮流』東京大学出版会 p.238。
福島県鮫川村（2004）『一般会計特別会計歳入歳出決算書　平成15年度』。
福島県鮫川村（2006）『一般会計特別会計歳入歳出決算書　平成17年度』。
藤岡純一編（1993）『スウェーデンの生活社会―地方自治と生活の権利』青木書店。
持田信樹（2004）『地方分権の財政学―原点からの再構築―』東京大学出版会。
森田明美（2000）『幼稚園が変わる保育所が変わる』明石書店。
文部科学省初等中等教育局幼児教育課（2011）『平成22年度　幼児教育実態調査』。
文部科学省（2010）『学校基本調査』報告書。
山田敏（2007）『北欧福祉諸国の就学前保育』、明治図書。
南雲文（2010）「わが国における就学前教育・保育のあり方についての一考察―幼保一元化へのアプローチを中心に」東京市政調査会『都市問題』第101巻第6号 pp.99-121。
藤岡純一編（1993）『スウェーデンの生活社会―地方自治と生活の権利』青木書店。
村山祐（2008）「『子育て支援後進国』からの脱却〜子育て環境格差と幼保一元化・子育て支援のゆくえ」新読書社。
守屋光雄（1977）『保育の原点』新読書社
守屋光雄（1990）「保育一元化論―「幼保（保幼）一元化論」の否定から止揚へ―」『兵庫女子短期大学研究集録』第23集別冊 pp.17-26。
幼保連携推進室（2006）『認定こども園の概要』。
幼保連携推進室資料 http://www.youho.go.jp/ichiran.html。
村山祐一（2008）『子育て支援後進国からの脱却』新読書社。
和歌山県白浜町（2009）『行政視察（幼保一元化）』。
和歌山県白浜町（2009）『白浜幼児園要覧　平成20年度』。
和歌山県白浜町（2009）『白浜第一幼稚園収支計算書』。
和歌山県白浜町（2009）『白浜町の給与・定員管理等について』。
和歌山県白浜町（2009）『白浜保育園収支計算書』。
和歌山県白浜町（2009）『収支計算書　平成20年度』。
和歌山県白浜町（2009）『白浜幼児園要覧　平成20年度』。
和歌山県白浜町（2009）『白浜第一幼稚園・白浜保育園収支計算書』。
和歌山県白浜町（2009）『平成20年度普通交付税、地方特例交付金等及び臨時財政対策債発行可能額算出資料』。
OECD（2001）『*Satting Strong*』。

OECD (2006)『Starting Strong Ⅱ』

おわりに

　本研究は、保育所の必要性を強く感じ、保育を財政面から研究し「保育と行財政の懸け橋になりたい」という筆者の志からはじまるが、指導教授である専修大学経済学部教授町田俊彦先生との出会により、研究への意欲と志がさらに強くなった。

　財政分野でも保育を扱う研究は少なく、保育分野でも行財政の研究は少ない状態の中、町田俊彦先生は、筆者の保育行財政に対する研究の意義をご理解頂き、いつも暖かく、そして辛抱強く大切にご指導頂きましたことを深く御礼申し上げる。町田俊彦先生の研究者としての姿勢や教育者としての配慮とお人柄に敬意を表し、先生に出会えてよかったと心から感謝している。町田俊彦先生には、お忙しい中、出版にこぎつけるまでご指導頂き、感謝と御礼の言葉しか思いあたらない。

　「保育所は金がかかる」とよく言われるが、実際のところどうなっているのか、その仕組みを知り、あえて財政面から分析することが必要なのではないかと考えた。国の動向だけでなく、地方の現状に目を向けることが重要であるが、保育行財政は、市区町村でないと細かい部分までわからないため、フィールドワークがとても重要な分野である。

　研究を進めるにあたり保育行財政の研究は少ないため、どの資料を収集しどう分析していくのかは、とにかくフィールドに出ていかなければわからない部分も多かった。自治体や保育現場での調査は、中々進まないことや情報公開を申し出てもデータを開示してもらえず、また回答がない等該当する自治体の調査を途中で諦めたケースもあった。保育行財政の研究をフィールドワーク中心に行うことは、上記のデータの開示等が重要であるが、その中ではさまざまな出会いや、お引き合わせにより、自治体職員の方や現場の先生方に教えて頂いた。特に幼保一体化施設に関しては、通常の保育所や幼稚園と違い、モデルケースも少ないため、該当園へ赴き地域の実情や抱えている問題等を伺いながら、どのように運営されているのかを自分の目と耳と役所や現場の先生方と直接話を伺うことで、見えてくる部分が多かった。「百聞は一見にしかず」とは

こういうことであると現場に行くたびに痛感し、現場へ赴く意義を強く感じずにはいられなかった。お世話になった自治体の方や保育現場の方々、そして職場である川村学園女子大学の教職員の皆様すべてにこの書面をもって御礼申し上げる。微力ではあるが、「子どもは社会で育てる」ことに対し、「保育現場と行財政の懸け橋になりたい。」と心から願っている。

　最後になったが、長い年月をかけて博士論文を書き上げることができたのも、傍で必ず応援し、支えてくれた両親の渡邊俊司・和子、妹の根岸裕子の存在はとても大きかった。ここで長年の感謝の気持ちを伝えたい。そして、筆者に叱咤激励しながら見守ってくれた夫である手塚誠にも感謝したい。

　そして専修大学出版局の笹岡五郎さんには、作業の遅い私に忍耐強く、ご協力頂き出版にこぎつけたことを感謝したい。

　なお、この本の出版に関しては、平成25年度専修大学課程博士論文刊行助成を受け、出版している。

手塚　崇子

著者紹介

手塚　崇子（てづか　たかこ）

1972年	千葉県生まれ
	川村短期大学保育科卒業
	専修大学商学部商学科卒業
	専修大学大学院経済学研究科経済学専攻修士課程修了（経済学修士）
	専修大学大学院商学研究科商学専攻修士課程修了（商学修士）
	専修大学大学院経済学研究科経済学専攻博士後期課程単位取得退学
2013年3月	専修大学大学院経済学研究科博士号取得（経済学博士）
2013年4月	川村学園女子大学教育学部幼児教育学科助教　現在に至る

幼保一体化施設の運営と行財政
―就学前教育・保育の一元化をめぐって―

2014年2月28日　第1版第1刷

著　者	手塚　崇子
発行者	渡辺　政春
発行所	専修大学出版局
	〒101-0051　東京都千代田区神田神保町3-8
	㈱専大センチュリー内
	電話　03-3263-4230㈹
印　刷 製　本	藤原印刷株式会社

ⒸTakako Tezuka 2014　Printed in Japan
ISBN 987-4-88125-285-7